教育部人文社科重大攻关课题“华侨华人在国家软实力建设中的作用研究”（项目批准号：10JZD0049）成果

广东省人文社会科学重点研究基地——暨南大学海外华文文学与华语传媒研究中心研究成果

南方传媒蓝皮书

海外华文传媒的多维审视

Multidimensional Study of Overseas Chinese Media

彭伟步 主编

暨南大學出版社
JINAN UNIVERSITY PRESS

中国·广州

图书在版编目（CIP）数据

海外华文传媒的多维审视/彭伟步主编. —广州：暨南大学出版社，2013.5
（南方传媒蓝皮书）
ISBN 978-7-5668-0533-1

Ⅰ. ①海… Ⅱ. ①彭… Ⅲ. ①中文—传播媒介—研究—世界 Ⅳ. ①G219.1

中国版本图书馆CIP数据核字（2013）第071312号

....

海外华文传媒的多维审视
主　　编：彭伟步

策划编辑：杜小陆　史学英
责任编辑：陈绪泉
责任校对：卢凯婷　黄　斯

地　　址：中国广州暨南大学
电　　话：总编室（8620）85221601
　　　　　营销部（8620）85225284　85228291　85228292（邮购）
传　　真：（8620）85221583（办公室）　85223774（营销部）
邮　　编：510630
网　　址：http：//www.jnupress.com　http：//press.jnu.edu.cn
排　　版：广州市广海照排设计中心
印　　刷：佛山市浩文彩色印刷有限公司
开　　本：787mm×960mm　1/16
印　　张：16.125
字　　数：285千
版　　次：2013年5月第1版
印　　次：2013年5月第1次
定　　价：38.00元

主编简介

彭伟步，广东人，博士毕业于北京大学新闻与传播学院，曾在暨南大学中文系从事博士后研究工作。多年从事海外华文传媒与华人、少数族群传媒等领域的理论研究，迄今已发表学术论文100余篇，出版专著5部，主持多项国家、省社科基金项目以及国务院侨办和国际研究项目。多次赴国外调研，2006、2008年两次受马来西亚星洲媒体集团邀请赴马来西亚和新加坡进行田野调查，2007年受新加坡国家图书管理局邀请赴狮城做访问学者。

目　录

第一编　海外华文传媒与业界动态

第二编　海外华文传媒与传播现象

第三编　海外华文传媒与国际传播

第四编 海外华文传媒与政治文化

第五编 海外华文传媒与业务探讨

第六编 海外华文传媒与新媒体

第一编

海外华文传媒与业界动态

东南亚华文传媒现状与趋势

彭伟步

东南亚华文传媒历史悠久，文化传承的作用显著。华文传媒除了报道华社新闻外，还努力传承华族文化，维系华族的文化之根，发挥影响社会舆论、争取华人话语权以及塑造华人形象的作用。因此，华文传媒对东南亚华人具有特别的意义与作用，它不仅是华族族群生存的象征符号，也是展现华人精神面貌的重要平台和塑造华人形象的重要力量。

一、东南亚华文传媒历史简介

1. 第一份华文专题刊物创刊

东南亚华文传媒的历史迄今将近两百年。从1815年到1837年的22年间，马六甲、巴达维亚（现雅加达）及新加坡三地，先后出现了四份宗教性的华文杂志，即马六甲的《察世俗每月统记传》与《天下新闻》、巴达维亚的《特选撮要每月统记传》以及新加坡的《东西洋考每月统记传》。

1814年初英国布道会教士马礼逊（Robert Morrison）派米怜（Wiliam Milne）到马六甲开展新教在马来半岛的宣教活动。《察世俗每月统记传》就是在这种情形下，为了适应宣传宗教的需要而创刊问世，成为马来亚的第一份华文刊物，也为《天下新闻》、《特选撮要每月统记传》以及《东西洋考每月统记传》先后在南洋一带出现埋下了伏笔。

1815年8月5日，第一份华文刊物《察世俗每月统记传》在马六甲创刊。创刊者是英国传教士马礼逊和米怜，然而除了数期为马礼逊、麦都思（Walter Henry Medhurst，1796—1857）和梁发三人合编外，其余都出自米怜之手。米怜编印《察世俗每月统记传》的目的非常明显，就是希望通过这份杂志辅助宣教工作。所以，基督教教义的阐述和介绍是《察世俗每月统记传》的基本内容和主要目标。不过，鉴于其时中国科学的落后及民智的闭塞，米怜也将科学知识（如天文、地理等）的介绍，作为《察世俗每月统记传》的部分内容，很少有一般性新闻。

《察世俗每月统记传》虽然是以木刻版线装书的形式出版并免费散发，

内容大多阐述基督教教义，但也开始刊登一些新闻及港口货物商情，后期甚至登有少量时政评论文章，这已具备了现代报纸的特质。此外，《察世俗每月统记传》虽然是在马六甲创刊，但由于它是一本华文刊物，而且主要销售地是中国，因此受到中国大众传播史学家的特别重视。

2. 教会报刊不断创刊

由两名西方商人出资与布道会教士联合发刊，由纪德（Samual Kidd）主编的《天下新闻》于1828年在马六甲创刊。其内容包括中国及外国新闻，有关科学、历史及宗教等的报道。《天下新闻》采用活版排印，同时采用白报纸印刷，这些在当时都是创举，但可惜只出版了一年就停刊了。

1829年，马六甲的布道会又来了一位普鲁士籍的教士郭实猎（Karl Friedrich August Gutzlaff）主持会务。郭氏的出现与新加坡的《东西洋考每月统记传》的刊行有密切关系。1833年8月1日，即道光十三年，郭实猎以个人名义在广州主编和发刊的《东西洋考每月统记传》是中国境内出版的第一份现代华文刊物。该刊在1835年8月停刊，1837年2月在新加坡复刊，成为新加坡第一份华文杂志。《东西洋考每月统记传》在新加坡出版20期后，于1838年10月，因中英关系恶化（鸦片战争前两年）而宣告停刊。

事实上，早期面向华人传播的华文报刊都是教会报刊。如香港的《遐迩贯珍》（*Chinese Serial*）、台湾的《府城教会报》（*Tai－oan－hú－sian Kàu－hōe－pò*），均是宗教色彩极浓的报纸。由此可见，由于封建势力太过强大，民族资本主义在中国力量薄弱，封建统治阶级为了维护封建制度，出台禁止报刊出版的律例，这导致了早期华文报刊只能在清朝政府无法管辖或管辖力量相对薄弱的地方出现，而且成为西方宗教人士传经布道的工具。

3. 传播中华文化的报刊问世

教会报刊停刊后的30多年里，东南亚一些面向华人弘扬中华文化、推广华文教育的华文报刊开始问世。《叻报》在这种特殊的环境中诞生，于1881年12月10日在新加坡创刊，是一家真正具有新闻性的日报，人称“南洋第一报”。它于1932年停刊，维持了51年，因此在华文报业史上有重要的地位。它当时重视经营管理、注重广告设计与制作的理念现在仍值得我们借鉴。《叻报》之后，又有许多报纸创刊。如《星报》、《天南新报》、《图南日报》、《日新报》、《总汇日报》、《星洲晨报》、《中兴日报》、《国民日报》等。

1911年辛亥革命成功以后，保皇派与革命派之间的论战平息，但随之产生了支持孙中山一派与支持北洋政府一派的政治论战，以及分别支持国共两党的不同派别的论战。政治论战一直延续到20世纪80年代末。

20世纪20年代以后，新加坡出现的华文报纸有《南洋商报》（1923年9月6日）、《星报》（1927年6月25日）、《星洲日报》（1929年1月29日）、《民国日报》（1930年）、《星中日报》（1935年9月11日）等。这时的南洋华文报纸逐步朝商业与企业化的方向发展，其中以陈嘉庚于1923年创办的《南洋商报》与胡文虎于1929年创办的《星洲日报》为代表。

1890年，邱义论创办《华洋新报》，开始了马来亚华文报纸的历史。之后陆续出现的报纸有邱赞佳创办的《屿报》、林花簪的《槟城新报》、吴世荣的《光华日报》等。

1815—1911年，马来亚的华文报纸共有10种，其中影响较大的《益群报》于1919年3月在吉隆坡创刊，1936年停刊，后改组易名为《新益群报》，但第二年停刊。1939年1月1日，胡文虎为了把办报事业扩张到马来亚，在槟榔屿创办《星槟日报》，该报成为北马区最重要的华文报纸。该报创办一个月后推出《星槟晚报》，发行地区更远至泰国、缅甸、苏门答腊等地，但创刊不久因日军南侵而于1941年12月停刊，战后复刊，于1986年9月29日再度停刊。停刊后其员工自行组织，另创报纸，起名为《光明日报》。《光明日报》出版初期，资金极度匮乏，经营管理不佳，直至1988年销量情况才有所好转，达44 000份。1990年9月，该报被金马扬集团（Kemayan）收购。1992年，因金马扬集团改组，《光明日报》于同年7月被迫停刊，之后被星洲媒体集团收购。

泰国华文报业的诞生时间比较早，迄今已有100年的历史。泰国最早的华文报是于1903年（光绪廿九年）创办的《汉境日报》。它是戊戌变法失败后，由保皇党创办的，但不久就停刊了。1906年，萧佛成、陈景华创办《美南日报》，后改组为《湄南日报》，因政见歧异，分裂出《启南日报》和《华暹新报》，前者宣传保皇，后者鼓吹革命。后来《启南日报》缺乏华人支持，不得不停刊。保皇、革命的言论对战，引起泰国政府的关注，于是出台限制政策，对华文报纸进行言论控制。20世纪20年代后期，先后有《国民日报》、《华侨日报》创刊。

在印度尼西亚，华文传媒也有悠久的历史，且亦经受多次波折。1823年，麦都思在巴达维亚创办《特选撮要每月统记传》，1826年停刊，共出4卷，但它不是华人创办的华文报纸，而是英国人创办的一种具有新闻性质的宗教性书册型华文刊物。有学者认为，1908年在爪哇泗水发行的《泗宾日报》才是印尼华文日报的开端，也有人认为最早的印尼华文报纸应以《新报》及《天声日报》为开端。两者皆于1921年在雅加达创刊，前者鼓吹中国民族主义思想，认同中国；而后者却是中国国民党的喉舌，宣扬三民主义。在这之前，有好几家华文报纸如《华铎报》、《爪哇公报》及《汉文新报》出版，它们创刊于1909年，宣扬孙中山的革命思想，但都是以周刊的形式出现。20世纪20年代，印尼华文日报的出版如雨后春笋般发展。许多华人聚集的地方都有华文报纸，如棉兰、望加锡及坤甸。

菲律宾华文报也有100多年的历史。据可靠的资料，第一份华文报纸叫作《岷埠华报》，于1888年创刊，总编辑为杨汇溪，但由于识字的华人不多，销量有限，一年多便停刊。杨汇溪不甘心，于1890年再创办《岷报》，但数月之后仍无法避免停刊之命运。1899年，维新派创办《益友新报》，一年后改名为《岷益报》，但仅数月即停刊。进入20世纪后，许多华文报纸创刊，如1911年创刊的《公理报》、1919年创刊的《华侨商报》、1925年创刊的《新闽日报》等。但在日本统治菲律宾3年多的时间里，华文报纸全部被迫停刊。

4．南来文人支撑华文报业

早期新加坡华人文化水平低，办报人才匮乏，阻碍了华文报业的发展。从1880年至1900年的20年间，新加坡只出现过4家华文报纸，而从1904年至1914年的10年间，便先后出现了7家报纸。从1921年至日军侵占新马之前的新马华文报纸中，日报竟有22种。之所以有如此多的华文报纸诞生，与当时的新马华人人口不断增多，物质条件改善有密切的关系。当时，新马华侨富商在南洋拥有巨大的势力，其中最主要的原因是他们掌握了锡矿与树胶的生产。园主与矿主们大量雇请华人，再加上英国人早期并不干涉新马华人的商业活动，社会亦相对稳定等种种因素，使得新马华人人数大量增加，这就为南洋华文报业的形成提供了物质和读者市场，华文报业开始以崭新面貌出现在南洋华人面前。

此外，南来新加坡的中国报人中，许多都是富有办报才华和经验的著名报人，他们带来了中国报业的办报传统和风格，促进了东南亚华文报的完善和成熟。一批当地华人参与了中国报人的办报活动，在中国报人的影响与培育下，他们积累了办报经验，提高了办报水平，成为推动东南亚华文报业发展的重要人才群。中国报人在东南亚华文报刊上发表了大量文章，当中不少堪称精品，如胡汉民、汪精卫、胡愈之的政论以及王斧的杂文，都成为东南亚华文报业史上的宝贵财富。华文报浓厚的中国意识、丰富多彩的中华文化内容，加强了华侨的民族意识，促进了文化传统的传承。

5. 报刊支持抗战

抗战前的华文报业虽然取得了相当大的发展，但是其仍然存在发行量少，质量有待提高，报社本身的采编稿件较少，无法真实地反映新闻原貌的问题。比如说，从关于《国民日报》、《新国民日报》与《南洋商报》的消息来源的统计数据来看，从 1914 年至 1935 年期间，《国民日报》、《新国民日报》记者采访的稿件都徘徊在 16% ~25%，直到 1940 年才超过 50%；《南洋商报》在日本入侵新马之前，其记者采访的稿件也低于 50%。这说明，当时报社的消息来源依靠外电和政府通告。由于报社记者亲身采访的稿件较少，因此无法真实和客观地反映新闻事实，由此造成报纸可信度和真实性较低。总体而言，虽然受到人力、物力和财力的影响，新马华文报业的发展存在一些不足之处，但是从客观的角度评价日军侵占新马后的华文报业，其还是达到了一定水准的。

抗日期间，由于军备上的巨大差距，中国军队伤亡惨重，不但军备奇缺，而且医疗药品也相当紧张。许多伤员因为缺乏药品，没有得到及时救治而死亡。《星洲日报》特地通过照片向南洋华人报道中国抗日军队医疗器械严重缺乏、药品紧张造成伤亡的情况，呼吁他们捐赠医疗器械和药品，由此形成一股捐赠热，极大地缓解了战地医疗器械、药品奇缺的紧张局面。客观而言，包括《星洲日报》在内的华文报纸，为中国抗日战争的胜利作出了重大贡献。如果没有他们的帮助和捐赠，中国的抗日战争就有可能陷入更加困难的境地，日军也有可能在更短的时间内占领中国，从而腾出兵力，与美国对峙。因此，东南亚华文报业所作出的贡献，不仅极大地帮助了中国抗日，而且也间接帮助了美国的对日战争。

6. 日军入侵东南亚后汉奸报纸出版

日军于 1941 年 12 月 19 日登陆槟榔屿之后，大多数华文报纸不愿意充当日军的喉舌，被迫停刊。为传播日本的舆论，日军利用《星槟日报》的设备出版《彼南新闻》；强行没收《新国民日报》的设备，出版《兴亚日报》。1941 年 12 月 25 日侵占东马后，在古晋出版《久镇日报》，以利于日军宣传大东亚共荣圈，美化形象，粉饰其侵略目的。日军入侵新加坡后，于 1942 年 2 月 21 日出版《昭南日报》，社长由日本人担任，主编是著名报人傅无闷。日军占领新加坡后最初 4 个月间的宣传工作，几乎都借重于报纸这一传播媒介。以当时新加坡的人口构成来看，华文报《昭南日报》是销路最广的报纸，每日发行量大约为 12 000 份。英文报 *Syonan Times* 则是一份以各民族中受英文教育者为对象的报纸，每日发行量在 10 000 份左右。两者的发行量都远远超过当地其他语文的报纸，以及马来亚其他各州的报纸。此外，当时由于各咖啡店都购买华文报供顾客茶余阅读，所以华文报纸的实际读者人数多于销售的数目。

7．抗战胜利后复兴

日本投降后，华文报人犹如久旱的大地得到甘霖的滋润一般，重新焕发热情，投身到华文报业的复刊中。许多停刊的报纸纷纷复刊，同时也出现了一批新创办的报纸。在这些新创办和复刊的报纸当中，比较有代表性的是《南洋商报》、《星洲日报》、《南侨日报》、《中兴日报》、《新报》等。报纸的复刊和创刊，呈现了盛极一时的景象，但是有些报纸的寿命短的仅有 7 天，长的不过 3 ~4 年，反映了当时办报不易、竞争激烈的情况。

在马来亚，也不断有华文报纸复刊。如《星槟日报》、《光华日报》等。1945—1957 年，华文日报有 10 种。现在马来西亚的 22 家华文报纸大多数是在战后复刊和创办的。1948 年 6 月，英国殖民政府出台“紧急条例”，宣布马来西亚共产党为非法组织，加强对进步力量的镇压。支持马共的报纸，如《民声报》、《战友报》、《现代日报》、《中华公报》（古晋）等被查封。华文报纸的办报势头由此逐渐减弱。

“二战”后，印尼华文报纸出现了生机，许多不同派别的报纸纷纷出版和复刊。1965 年之前，华文报纸发展势头良好，如战后创刊的《新报》、《竞争报》每日发行量分别有 4. 5 万份和 4 万份。1965 年，印尼爆发“九卅政变”，苏哈托上台后，随即掀起了大规模的排华运动。华文报纸遭遇前所未有的困境，当时仅存的 13 家华文报纸悉数被关闭。鉴于向华人传播政府消息的需要，政府于 1966 年 9 月 12 日出版了一份双语报纸——《印度尼西亚日报》。经过 30 多年的摧残，战后印尼华文报纸的繁荣景象已经一去不复返了，虽努力复刊，取得一些成绩，但与早期华文报业的繁荣相比，无论是数量还是发行量，抑或社会影响力，均有巨大的差距。

泰国华文报纸在“二战”后也纷纷复刊或重组，经历数十年的整合，形成了当前 6 家华文报纸的格局：《星暹日报》、《世界日报》、《中华日报》、《新中原报》、《京华中原联合日报》及《亚洲日报》，这些报纸为传播华人消息、繁荣泰华文化起到了积极作用，但是由于华人受同化的程度较高，年青一代普遍不晓华语，华文报业面临严重的受众减少的问题。

1945 年后，菲律宾华文报业重新发展，但由于经济不景气，众多报纸纷纷倒闭，到了1972年，马可斯总统实行军法统治，对华文报的压制更加严厉。同年，菲律宾政府宣布戒严，查封报社与电台，对新闻实行控制。一些华文报纸也相继被封，就连当时影响较大的《新闽日报》也难逃厄运。1986年，有华人血统的阿基诺总统上台执政13年，出台比较宽松的华人政策，华文报纸又有了一定的发展，但由于恶性竞争，结果只剩下《商报》、《联合日报》、《世界日报》、《菲华日报》与《环球日报》等几份发行量较大的报纸。

8. 现代华文报刊发展迅速

马来西亚的华文报业在20世纪70年代相当蓬勃，同时并存的华文报纸共有17家，其中影响较大的有：《中国报》、《南洋商报》、《星洲日报》、《马来亚通报》、《建国日报》（1940年创刊于怡保）、《光华日报》、《星槟日报》（1939年创刊于槟城）与《新明日报》（1967年于新加坡创刊，1971年开辟吉隆坡版）。自20世纪80年代以来，华文报纸的竞争趋于白热化，再加上纸张升价，使得报纸销量停滞不前，又遇上经济不景气，广告来源少，《建国日报》与《星槟日报》因而先后倒闭。90年代中期，《马来亚通报》与《新明日报》也宣告关门结业。其他华文报纸如《南洋商报》、《星洲日报》等得到财团收购和资助，才避免了关门的厄运。

在马来西亚，自20世纪80年代后期开始，华文报纸呈现快速发展的势头。据1989年统计，全马各语文报纸每日销售总量为265万份，其中华文报纸为61万份（比1987年增加6万份），马来文报纸为120万份，英文报纸为84万份，华文报纸占总销售量的23%。而1990年各语文报纸的读者人数则分别是：华文报纸227万（比1987年增加4万），英文报纸151万，马来文报纸305万。华文报纸读者占报纸读者总数683万的33%，约占华人总人口数的一半。

华文报纸在走向繁荣的同时，不断合并，朝集团化方向发展。如南洋报业集团拥有《南洋商报》、《中国报》、《新生活报》和多份杂志，而星洲媒体集团则拥有《星洲日报》、《光明日报》等，2007年华文报每天发行量超过100万份，超过了英文报和马来文报。

在印尼，1999年瓦希德总统上台后，华文出版业曾出现繁荣景象。《印华之声》、《华文邮报》、《和平日报》、《新生日报》、《印度尼西亚商报》、《千岛日报》、《国际日报》、《世界日报》、《印度尼西亚广告日报》、《坤甸日报》、《诚报》及《华商报》等相继创刊，再加上《印度尼西亚日报》，总共有13家。1999年9月9日发行量最大的印尼文版《罗盘报》和英文版《雅加达邮报》联合推出电子华文版《指南日报》，在因特网发布华人消息。目前在印尼发行的华文报纸有雅加达的《印度尼西亚星洲日报》、《国际日报》、《印尼商报》及《和平日报》，泗水的《千岛日报》和《诚报》，棉兰的《印广日报》和《棉华日报》，以及坤甸的《坤甸日报》等，但是这些报纸的经营状况都不甚理想。

二、东南亚华文传媒现状

近十年来，东南亚华文传媒得到了进一步的发展，但是也面临许多棘手的问题，如受众减少、新媒体冲击，对华文传媒的运作模式和报道方式提出了挑战。

1. 东南亚华文报业的现状

就东南亚目前的华文报业来说，除了马来西亚华文报业一枝独秀外，其他国家的华文报业都面临诸多困难，虽然华文教育迅速发展，但是由于受到读者群人数减少和新媒体的强烈冲击的影响，华文报业的销量均出现下滑的迹象。

（1）华文报业发展程度参差不齐。

东南亚各国的华文传媒业现状呈现出较大差距。新马相对发达，经营比较规范，影响力也较大，而泰国、缅甸、越南、老挝等国，则苦苦维持，前景不太乐观。

在马来西亚，华文报业尤其发达。据 AC 尼尔森的调查数据（2008 年 7 月 1 日至 2009 年 6 月 30 日），《星洲日报》及其属下的《光明日报》读者人数占华文报市场的 60% 至 65%。2008 年 7 月 1 日至 2009 年 6 月 30 日，马来西亚发行量稽查局（Audit Bureau of Circulation in Malaysia）公布了马来西亚的日报发行量，其中每日销量最高的是华文报，英文报排第二，马来文报排第三。在增长率方面，华文报纸高于英文报和马来文报（见图 1、图 2）。英文报销量下滑 5%，马来文报销量仅增长 1%，而华文报销量却增长 2%。

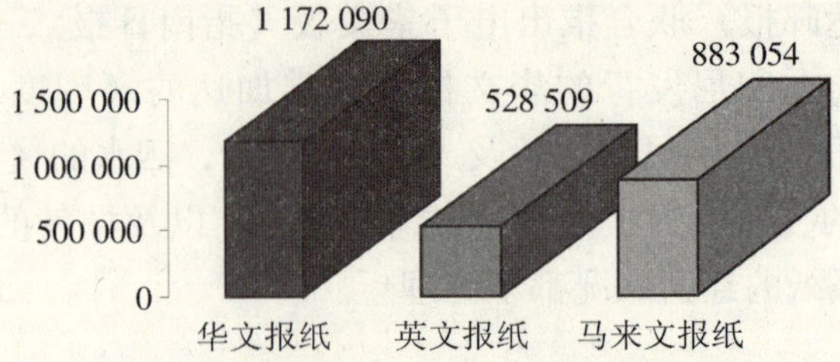

图1　马来西亚各语文报纸每日销量

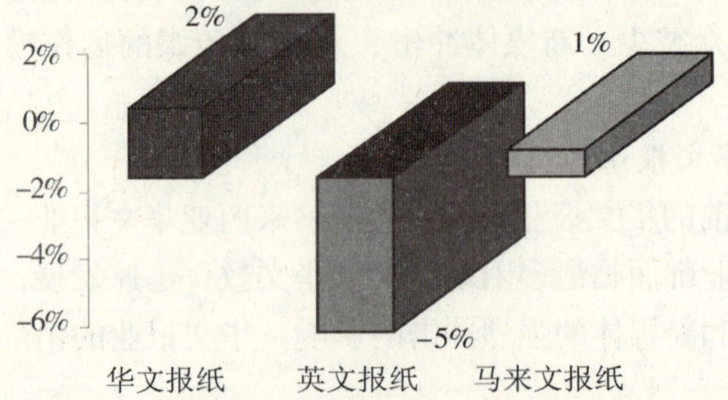

图2　马来西亚各语文报纸销量增长率

2012 年 1—6 月，根据马来西亚报纸发行量稽查局的统计，在西马，华文报在只统计四份华文报纸销量的情况下，仍超越英文报（见图3）。

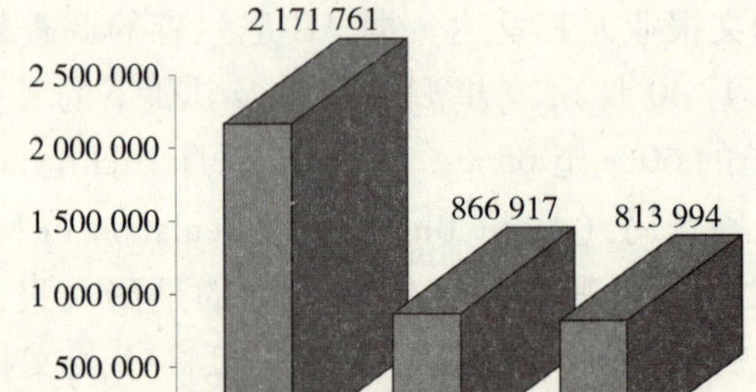

图3　西马三种语文报纸每日发行量

注：此图只统计《中国报》、《星洲日报》、《光明日报》和《东方日报》四份报纸，还有《南洋商报》、《光华日报》等报纸未统计在内。

在东马的砂拉越州，华文报纸每日销量远远超过其他两种语文报纸（见图4）。下图只统计了《联合日报》、《诗华日报》、《中国报》和《星洲日报》，还不包括《亚洲时报》等。如果加上其他华文报纸，其每日发行量更大，差距更加明显。

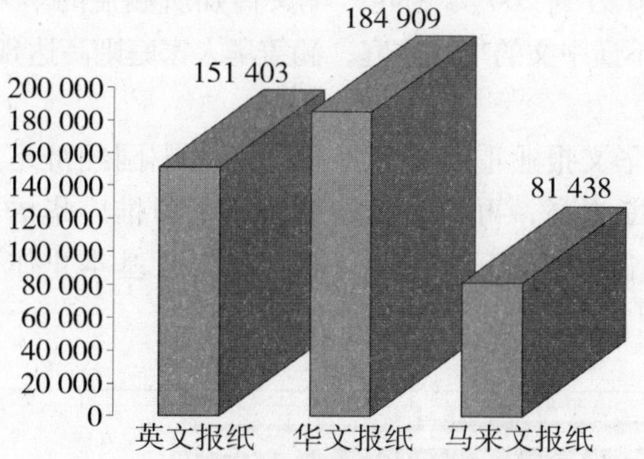

图4　砂拉越州三种语文报纸每日发行量

在东马的沙巴州，华文报的销量也比英文、马来文报纸要高（见图5）。从东马两个州的情况来看，华文报纸的发行量均比马来文报、英文报要高，说明华文报受到华人的强烈拥护，成为传播中华文化不可或缺的工具。

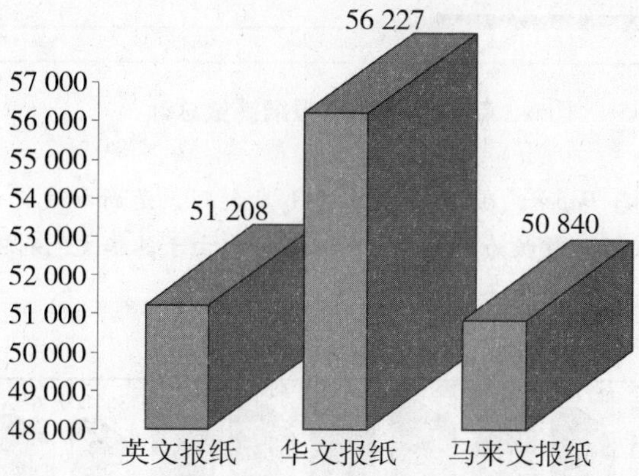

图5　沙巴州三种语文报纸每日发行量

注：上图只统计《亚洲时报》、《早报》、《诗华日报》、《联合日报》、《中国报》、《星洲日报》和《光明日报》。

2011年马来西亚发行量最大的《星洲日报》每日发行量增至42万份，比2010年增长了0.3%。如今，《星洲日报》每日发行量稳定在40万份的水平上，每天有超过118万人阅读，不仅是东南亚发行量最大的华文报纸，也是中国以外最大的华文日报。除了《星洲日报》外，其他华文报的发行量也在不断增长。当地一项调查显示，在马来西亚600多万华人中，每天阅读华文报纸的人数在230万到260万之间，华文传媒所涵盖的华人家庭达60%。如果剔除20%左右不懂中文的华人家庭，涵盖华人家庭则高达80%，由此可见华文报业的繁荣程度。

另一个东南亚华文报业重镇是新加坡。随着中国经济迅速发展，华语在商业中的地位不断提高，再加上新加坡政府大力推广华语以及华文，使得华文报业的销量能够稳定下来，如《联合早报》基本止住了销量下降的势头。（见图6、图7）

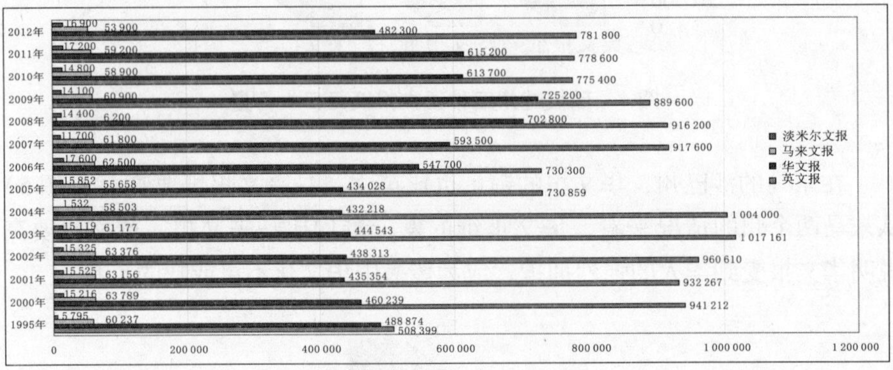

图6　新加坡各语文报纸销量总计

注：《我报》（*My Paper*）在2006年6月1日创刊，是新加坡首份免费华文报。2008年1月8日，《我报》改版为华文与英文双语报。由于其华文色彩较浓，因此在统计各语文报纸销量时，把其计为华文报。

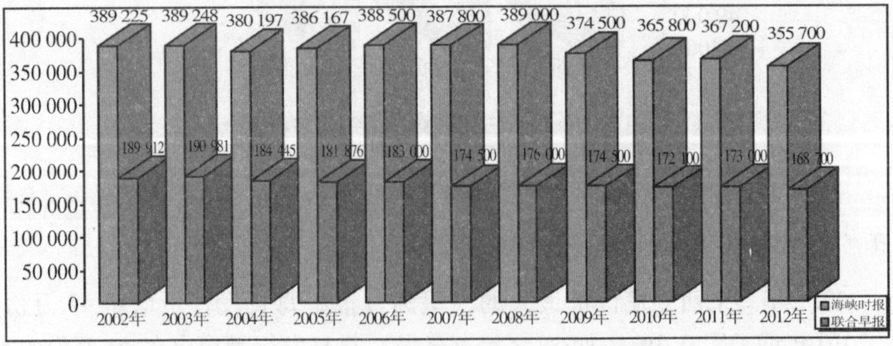

图7　新加坡两份主要的语文报纸销量比较

与新马相对繁荣的华文传媒业相比较，其他国家的华文报业则处于相对困难的境地。如泰国华人人口超过600万，但华文报纸的总发行量却不足10万份。印尼华人人口据不完全统计超过了1 000万，但是华文报销量却只在10万份左右。从2000年开始，印尼陆续创办和复刊了10多家华文报纸，但由于缺乏读者和广告，很多报纸在很短时间内就停刊了。其中已经停办或变相停办，或者转手他人的报纸主要有：雅加达的《世界日报》、《和平日报》、《新生日报》和《印华邮报》，泗水的《龙阳日报》、《诚报》，棉兰的《华商报》，西加里曼丹的《坤甸日报》等。台湾联合报系在印尼出版的《世界日报》曾一度令人瞩目，每天出版对开20个版，但发行量最高峰时也仅有3 000份，在苦苦维持了5年零8个月、亏损300万美元之后，于2007年黯然停刊。

目前在继续发行的华文报纸中，面向印尼全国发行的只剩4家，即《国际日报》、《印尼星洲日报》、《千岛日报》和《印度尼西亚商报》，地方性报纸有4~5家。这些仍在发行的报纸，前景不容乐观。一些报纸的发行量只有数千份，如《坤甸日报》早期只有两版，发行量仅1 000多份。如今，《坤甸日报》的采编队伍人数已增加到7人，每天刊登四版当地新闻，发行量近6 000份，然而从总体来说，其虽然取得了很大的成绩，但发行量偏小，老年读者逐渐流失，年青一代青黄不接。华文报纸消费群体有限，空间狭小是不争的事实。

一些国家因为有中国人移居或经商，华文报业得到了一定程度的发展，如菲律宾和缅甸。菲律宾近几年因为有大量中国新移民定居，华文报衰落的势头得到了扭转。《世界日报》的发行人陈华岳表示，他当初没有料到，新移民的到来会让他的报纸在发行量和广告业务上，都大为提升。一位年轻华商也欢迎中国新移民浪潮，他表示，这将不只对菲律宾的经济有利，还会提升菲律宾的中华文化和中文水平。[①]菲律宾现有《世界日报》、《商报》、《菲华日报》、《联合日报》和《菲律宾华报》5份华文报刊，虽然它们的经营相对艰难，但还是处于可以维持的状况中。

在缅甸，2007年10月1日，华文报《金凤凰》创刊，成为当时唯一的一份华文报。这些报纸从最初的月刊、半月刊，再到如今的周刊，说明华文报在缅甸有一定的生存空间。

（2）华文报业集团化趋势明显。

华文报业集团化趋势明显加强，其中最令人瞩目的是，马来西亚星洲媒体集团宣布南洋报业集团与星洲媒体集团、香港明报集团于2008年4月合并，成为中国内地、香港和台湾之外最大的华文传媒集团，业务足迹遍及全世界。目前，南洋报业集团、星洲媒体集团和明报集团每日报纸总发行量逾100万份，三家集团共有员工5 000人。合并后，明报集团成为拥有5大报纸（《星洲日报》、《光明日报》、《南洋商报》、《中国报》和《明报》），超过30种杂志，每年收入10亿美元的大型华文出版集团。

马来西亚已经成为中国之外最繁荣、竞争最激烈的华文报业市场。将近20份华文报刊在马来西亚展开竞争。当前该国华文报业已经形成《星洲日报》一骑绝尘、其他报纸相互混战的局面。它们不仅在马来西亚激烈竞争，还把发行领域扩展至邻近国家。比如说，东马的《国际日报》、《亚洲日报》等销至文莱，《星洲日报》则在柬埔寨、印度尼西亚开辟了新的华文报业市场。

东南亚比较有实力的华文报纸基本上都组建了华文传媒集团，如2006年8月1日泰国《亚洲日报》成立报业集团。由于华文报纸非常注重与主流社会的沟通，反映民意民声，并将各级政府的政策、当地主流社会的舆论动向及时报道给华人社区，因此受到华人传媒和当地主流媒体的关注。

三、东南亚华语广播现状

东南亚华语广播发展势头很猛，许多国家都开设了华语广播，为当地华人服务。由于成本较低，华语广播在东南亚获得了长足的发展。

东南亚作为华人聚集最多的地区，华语广播非常流行，而且受到华人的欢迎。在印度尼西亚，1966年印尼苏哈托政权严厉禁锢华文传媒、华文教育及华人社团，只发行一份双语报纸《印度尼西亚日报》。直到2000年瓦希德总统上任才重新放开对华人的政策，在印度尼西亚这个千岛之国，华人虽不少，但是如今懂华文的人并不多。

1966年以前，印度尼西亚有很多华校，华人子弟大部分进入华校读书，传承华文教育。可是后来由于政治上的原因，所有华校被封。华文报刊等差不多绝迹，华语断层30多年。瓦希德上台后，对华语、华文实行开放政策，推动了华人学习华语的热潮。2001年4月1日，印度尼西亚万隆市华裔陈如锵顺应局势，抓住这个机会，在华社的支持下成立了“万隆美声广播电台”。这个电台是全印尼首家一天18个小时用华语播出各种节目的电台，但是陈如锵去世之后，由于财力所限，再加上2008年印度尼西亚政府出台新的规定，即70%的广播必须用印尼语，30%用华语，导致部分广播员因为语言上的问题而没法正常播出，华语节目大幅减少，听众大量流失。这家电台如今面临极其困难的局面。

在马来西亚，华语广播为华人所器重。继马来西亚华语广播“988”和“MY FM”之后，又有一家华语电台——“哗！FM”向华人广播。“988”是丽的呼声有限公司属下的子公司，开播初期随即成为马来西亚最受欢迎的华语电台；而之后开播的“MY FM”，则属马来西亚有线电视台寰宇电视(Astro)所有。

在马来西亚，广播电台具有多元化的元素，而且马来西亚广播电台也以华语、粤语、英语和马来语对外播报。马来西亚广播电台每个时段都有不同的播报风格，并且每个时段都有一些专题，如时事性、休闲性和娱乐性专题节目等。广播剧很受华人欢迎，其收听率比其他任何节目都高。以“988”为例，其前身“丽的呼声”就是靠广播剧起家的有线电台，就算演变至今天的“988 有声有色”，广播剧仍然活跃在“988”的固定节目群当中。

华语广播很受华人欢迎，为了贴近听众，电台设计出许多新颖的节目。如 2007 年“Ai FM”电台打出“主持人牌”，从除夕到年初七，由碧枝、国俊、俐瑾、国祥、佩银、吉安、清清和以哲八位名主持人代表八颗各不相同的幸运之星，即“八星”，传送财、福、吉、寿、孝、爱、甜、欢八大精神元素，恭祝听众在新一年鸿运当头、吉祥如意、岁岁平安，带给听众听觉上的享受。

总体而言，东南亚华语广播以各种形式和多元节目为华人服务，由于成本低廉、覆盖面广、随听性强，又能播放原汁原味的华语节目，反映故土风情而受到华人欢迎，再加上各国逐渐放松了对华人的管制，华语广播电台因此能够得到迅速发展。

四、东南亚华语电视的现状

东南亚华语电视是继报纸、广播之后出现的另一反映华人生活和传承中华文化的重要桥梁。虽然成本很高，而且缺乏自制节目，但是华语电视仍然在世界各地得到开办，并受到当地华侨华人的欢迎。

由于境内有众多华人，马来西亚和新加坡都开设了华语频道，如国家华语电视频道；另有私人华语电视台，如马来西亚的八度空间。为了满足公众的需求，马来西亚国家电视台特地更改华语播报新闻的时间。如从 2009 年 5 月 1 日起，第二电视台（TV2）的华语新闻从原定的每日 6 时 30 分播出挪至晚上 8 时至 8 时 30 分的黄金档时间，英语新闻则从原本的晚上 8 时播出，改为晚上 7 时至 7 时 30 分播出；而淡米尔文新闻，则从原本的下午6时播出，改为晚上7时30分至8时播出。这种应华人收视习惯而改变播出时间的做法，说明华语电视在华人当中拥有较高的收视率和欢迎度。

由于华人观众众多，华语电视频道在马来西亚和新加坡均有强大的社会影响力。2012年4月10日，马来西亚首相纳吉在特地接受NTV7华语电视节目的访问时说："与马来族、印度族或其他种族选民相比，华族选民对国民阵线的支持率虽然偏低，但仍有上升趋势，希望华人多支持政府。"这个现象反映了华语电视具有较强的政治动员能力。

除了马来西亚和新加坡外，其余东南亚国家过去普遍不设立华语广播或电视频道，即使开设了华语广播和电视频道，也仅是简单地播报新闻，而且时间很短。故此，东南亚华语广播和电视的历史基本上是空白的。然而，近十年随着中国国际经济地位日益提升以及中国与东盟的贸易越来越频繁，了解中国、走进中国成为东南亚社会的迫切愿望，他们对中国新闻的需求度日益提高。东南亚各国电视台纷纷增加购买华语节目的数量，增加华语电视的播放时间。如印度尼西亚美都电视台是印度尼西亚播放华语新闻的电视台，它与中央电视台有密切的合作关系。2000年11月，用印尼语、英语和华语进行播音的"地铁电视台"开播。因此华人很容易收听收看到来自中国原汁原味的广播电视节目。

在越南，国家电视一台和二台每天都播放中国新闻，并直接采用中国摄录的新闻画面，且配有中文字幕。2005年11月26日，云南卫视在越南河内广播电视台有线网开播，成为中国首家进入东盟国家有线电视网的省台。越南观众非常喜欢观看中国的电视剧，像《英雄无悔》、《中国式离婚》等节目，均在越南创下不俗的收视率。柬埔寨目前已有7家电视台。中央一台、九台、四台，以及福建台、广东台和凤凰台的节目都能通过当地有线电视台收看到。它们成为柬埔寨人认识中国、了解中国的重要窗口。

2005年12月18日，泰国中文电视台（TCTV）开播，每天晚间播放3个小时，内容包括新闻、纪录片和文艺娱乐，填补了华文传媒在泰国电视领域的一项空白，向泰国观众传递来自中国的信息，并把真正的中国展现在泰国观众面前。该台播出的节目不仅受到华人的欢迎，而且也受到当地其他族群的欢迎。在良好业绩的推动下，该台不断拓展业务。2008年1月6日该台实现24小时播出。2009年2月28日，泰国中文电视台改名为泰国中央中文电视台，在国内外产生较大影响，信号覆盖东南亚地区480多万用户，总收视人数超过1 920万，有超过3 000万的观众可以通过有线电视网络收看泰国中央中文电视台的节目。鉴于该台不断增强的影响力，泰国的知名网站纷纷要求与其合作。我国一些传媒机构也与其建立了合作关系，如中国的腾讯网、辽宁电视台、贵州电视台、广东电视台、汕头电视台和云南电视台等均与其一起制作过节目。

当前，随着网络的迅速发展，网络华语电视也在迅速发展。它们的出现，不仅为当地的华人提供了许多新的信息来源，而且对帮助华人了解当地华人社会的情况起到了积极作用。这些网络电视运作成本相对较低，不仅能为观众提供大量适时的点播节目，而且还提供了许多其他的节目，如观众自由上传的视频等，这些服务是传统华语电视所无法企及的。网络电视由于节目丰富、收看方便，已经成为东南亚华文传媒新的发展领域，相信不久的将来，网络电视会成为东南亚华人社会重要的文化支柱和信息来源。网络电视的迅速发展，给传统华语电视也带来了显著的冲击，改变了过去传统华文传媒一统天下的局面，为东南亚华文传媒的发展注入了新的活力。

五、东南亚华文传媒发展趋势

当前，东南亚华文传媒的发展态势出现了新现象、新趋势，特别是随着新媒体的迅速发展，东南亚华文传媒呈现出传播全球化的趋势，如许多华文传媒与新浪网、腾讯网合作，实现微博信息双向传递，使信息交流更加频繁，全球化网络传播的态势更加明显。伴随国际政治形势的变化，东南亚华文传媒在立足本土的情况下，密切与中国以及其他国家的华文传媒互动合作，从而形成了跨越世界的全球性传播网络，为东南亚4 000多万华人提供了信息获取的快捷渠道。

1．海内外合作强度增大

一直以来，中国新闻是东南亚华文传媒的主要内容，华人尤其关心祖籍地的信息。在泰国，华人非常关注中国特别是广东的社会发展，一方面，广东与泰国合作密切；另一方面，许多泰国华人来自粤东，他们相当关心家乡的变化，以至于像2003年广东省政府对潮阳和澄海撤市设为汕头两个区的事情，都会引起泰国华人的强烈反应，许多华人甚至反对广东汕头撤市设区的政策。从这个实例来看，虽然生活在泰国的华人已经是第二代甚至第三代，但他们仍然相当关心祖籍地的新闻，有相当浓郁的乡情。

近年来，随着中国企业不断拓展东南亚市场，中国媒体也在不断加强与东南亚华文传媒的合作与交流，发展中国软实力，传播中华文化。中国媒体走出去采写东南亚华人事迹，并取得了很大的成绩。“许多国内传媒积极赴东南亚去采访华侨华人，让更多生活在本省的人有机会认识和了解东南亚的广东人。2006年春节期间，广州日报特派十多名记者赴各大洲向华侨华人拜年，刊发了大量有关东南亚华侨华人生活的专题报道。南方日报、羊城晚报、广东电视台、南方电视台等媒体积极拓展外宣平台，中山电视台不畏艰辛历时数年摄制过百集的《东南亚中山人》，这些都是一个很好的例证。”[②]南方日报传媒集团与马来西亚最大的华文传媒——星洲媒体集团商谈合作事宜，并多次邀请该集团访问广东，加强合作。东南亚华文传媒也非常乐意与广东传媒展开合作，如星洲媒体集团董事会主席张晓卿于2010年5月率领20人的高级访问团参观广东四大报业集团（南方报业集团、羊城晚报报业集团、广州日报报业集团与佛山传媒集团），与广东开展实质性合作的商谈。

2008年9月22日《商报·晋江经济报·菲律宾版》创刊。《菲律宾商报》与福建《晋江经济报》合作，共同推出这个版面，及时向菲律宾华人传递家乡最新资讯，充分满足菲律宾晋江华侨华人对家乡信息的需求。

新加坡《联合早报》早已加大对中国的报道力度。该报把中国新闻组从国际新闻组中分离出来，使之成为与国际新闻组平起平坐的新闻组。该报在北京、上海、广州、重庆、香港以及台北均派驻记者，全方位报道中国新闻，目前该报也在寻求与中国媒体合作的机会，希望借助中国媒体进入庞大的中国报业市场。

随着东南亚华文传媒的全球性拓展以及大陆、香港和台湾报业集团向东南亚的延伸，国内外华文信息的全球性分享与传播已成为现实。东南亚华文传媒在东南亚华人融入当地社会的同时，应该更加关心祖籍国的发展，特别是中国统一大业的进程。最近几年，东南亚各家华文传媒不断加大对中国大陆、香港和台湾的报道力度，增加中国报道的版面，积极牵手大陆、香港和台湾的强势传媒，拓展中国报道的深度、广度，架起中国与东南亚的信息桥，提供了所在地传统主流媒体之外的中国声音。

2. 传媒与社区的互动明显加强

最近几年，东南亚华文传媒出现的几大趋势是十分引人注目的。其一大趋势是东南亚华文传媒与华人社区的关系越来越密切。目前在华人社区内发挥重大影响的中文媒体，就是近几年新出现的这样一种华人社区制度机制，它是华人社区思想文化制度的创新形式，作为华文传媒本身是社区制度机制（或制度安排）的组织系统，而由媒体带出的一系列的规范、角色规则、价值和办事程序则构成了社区制度的规则系统。

在这种形势下，东南亚华文传媒更加积极参与和谐侨社的建设，为华文传媒的可持续发展打下了牢靠基础。应该清醒地看到，华文传媒的生存和发展离不开侨社和社区和谐。反过来，维护侨社的和谐，才有可能更好地为华文传媒争取长久生存和发展的空间。否则，势必束缚华文传媒的可持续发展。华文传媒在发展的过程中，致力于和谐侨社的建设，包括华文传媒本身的和谐氛围的建设，是一种维持影响的策略。中国国侨办主任李海峰在第四届世界华文传媒论坛开幕式上的致辞中说，东南亚华文传媒是营造侨社和谐氛围的重要力量。自 2001 年“第一届世界华文传媒论坛”成功举办以来，东南亚华文传媒对外影响力和话语权进一步增强并获得很大发展。她希望在构建和谐世界、和谐侨社的新历史条件下，东南亚华文传媒能在华侨华人社会中积极倡导“以和为贵”、“和而不同”、“和衷共济”、“和气生财”、“协和万邦”等理念，共同开创和谐世界、和谐侨社的新局面。

随着中国经济的发展，学习汉语的人越来越多，华文传媒在华文教育方面发挥了重要作用，前景很好。因此，华文传媒必须加强与当地华社、中国媒体的全方位、深层次的合作，除了信息交流外，还须建立某种形式的媒体联盟，甚至与它们组成传媒集团，共同开拓受众市场，实现两地全方位的信息交流，扩大中国在当地的影响力，把中华文化传播出去。这样既可帮助华文传媒增强实力，更加深入当地华社；也可实现传播中华文化，维系华族认同，促进中国与当地国的联系，帮助中国企业和文化走出去；还可实现华人社会的升级换代，推动华人社会朝着更加包容、开放、繁荣的方向发展。

3. 传播全球化趋势显著

在媒体融合的时代背景下，东南亚华文传媒实现了网络化、全球化、跨媒体化，东南亚华文传媒的媒体融合、资源融合与共享，不仅为其立足华人社区，构建全球传播网络和信息联盟，充分利用新媒体传播的优势，加强对传媒传播方式和内容的变革与创新，扩大文化传播的影响力，提供了良好的契机，也增强了文化传承的能力。

如新加坡《我报》，是一份中英文双语免费报纸，推出独具特色的电子版，只要读者连上 Mypaper. com. sg，就可以“翻阅”报章。和一般电子报的不同之处是，读者可以点击箭头翻看前页后页，就像翻报一样。除此之外，该网站还拥有丰富的图片库、录音库和录像库。录音库内收存的大多是100.3电台的访谈录音节目；录像库收存的是《我报》制作的影音时事短片。《我报》强调互动，读者可通过电话、电邮、手机短信和彩信与之联络，表达观点或是网上爆料，这使报纸内容民生性色彩更浓、贴近性更强。

作为一种信息传播工具，东南亚华文传媒是以华人社会的形成及其规模的扩大为基础的。作为少数族群传媒的典型代表，东南亚华文传媒在媒体融合的背景下，利用少数族群传媒的独特区位和角色作用、敏感的族群议题、颇具特色的族群文化，以及文化全球化等有利条件，担当了少数族群喉舌和文化传播机构的角色，增强了少数族群传媒在主流社会的话语权，承担了族际文化交流的责任，实现了维系族群认同、塑造良好的华人形象、维护中国国家形象等目的。

传播全球化展现了东南亚华文传媒从单媒体到多媒体的内涵扩展：一是单种媒体密度的加大，信息传播更加密集，表现为扩版和内容的丰富性；二是从过去的单一媒体发展到现在多种媒体共存共荣、互动频繁的局面，形成了你中有我、我中有你的新格局，特别是电子媒体和互联网的发展与成熟，使得东南亚华文传媒可以突破国界、地域甚至人种等方面的局限，实现跨区域传播。如新加坡《联合早报》的电子版中，摘录了大量来自中国大陆、香港和台湾的新闻，而浏览该网站的东南亚读者中，有87%来自中国大陆。该报虽然是新加坡政府控股的华文报纸，但在中国，特别是大陆拥有强大的社会影响力与号召力。又如马来西亚星洲媒体集团，旗下拥有报纸和网络华语电视，还通过推特（Twitter）和手机短信向读者定制和传播信息，在涉及华人利益与中国统一等大是大非问题上，发挥华文传媒的社会影响力，通过全球性的网络向世界华人进行传播。

4. 克服困难顺势发展

虽然东南亚华文传媒在新世纪的发展取得了显著成绩，但不可避免地面临许多问题。几乎所有的东南亚华文报纸都面临的问题是：读者少，华语水平低。菲律宾《世界日报》总主笔侯培水说，菲律宾华人读报率很低，而且90%的华文读者集中在马尼拉市区，华人后代读华文报纸的人越来越少，而且华语水平比较低。对于侯培水的感受，泰国《世界日报》的社长兼总编辑黄根和很有同感，认为泰国华文教育应提高对读写能力的重视。

中国改革开放以来，华语在商业中的地位不断提高。目前，全球正在兴起一股华语热潮。在这个热潮中，一部分人学习华语确实是希望了解中华文化，而更多学习华语的人则是希望通过掌握华语寻找到更好的工作。面对中国的崛起，了解中国成为世界各国的一大热点问题，为促进与中国的经贸联系，世界各国政府对待中华文化和华文教育的态度也发生了改变。新加坡政府推动华语运动，鼓励人们成为双文化精英。总理李显龙于2004 年 10 月 19 日晚在出席华侨社团举办的晚宴时，“强调中国经济崛起，带动国内外公司机构对华语人才的需求，一再呼吁华社要协助政府推动华文学习，让华语成为新加坡人的生活用语”。

马来西亚政府则逐渐增加对华文学校的拨款，在国小开设越来越多的华语课程。除了华人学习华语外，其他族裔的小孩也可进入华校接受华语教育。2005 年，马六甲郊区的一所华小，其学生来自华族、马来族、印度族和其他土著等近 10 个种族。2005 年该校录取的 55 名一年级新生中，其他族裔学生占 43 名，华族学生仅 12 名。其他族裔的学生超过华族学生的华小在部分地区已经不是个别现象。据了解，大约有 7 万名其他族裔的学生在华校接受华语教育，其中有 2.7 万人是马来族学生。“根据最新（2012 年）统计，在华小就读的非华裔生已从过去的 12% 增加至 14%，即全国 60 万名华小学生当中，超过 8 万名是非华裔学生。”[③]

而对于华人学生来说，越来越多的人青睐采用华文教学的学校。“2011 年独中（华文独立中学）共有 6 700 名学生申请报读，却因学额不足而被拒于独中门外。”[④] “根据马来西亚华校董事联合会的统计数据，截至 2012 年底，全马 61 所独中在校人数已经突破 7 万人。”[⑤]

华语热促进世界各国的人们学习华语，虽然不能为华文传媒的运营与发行带来直接、显著的提升，但从长远来说，是有助于华文传媒生存的。就像在新加坡，越来越多的人拿起华文教材学习华语，通过华文传媒了解新闻，关注中国的经济发展，这多少会促进华文传媒的发展。

虽然东南亚华文传媒的发展面临诸多难题，一些新生代华人对华语较为生疏，甚至排斥学习华语，但是只要中国经济继续发展下去，各国对外经贸离不开中国，越来越多的中国人到世界各国观光旅行，那么华语学习势将更热，华文传媒的受众群将不仅得到巩固和扩大，而且华文传媒也将获得更多的社会关注，成为人们了解和学习中国文化的重要窗口。在众多利好的条件下，华文传媒顺势得到发展。如创办于 2000 年 4 月的《千岛日报》，主动配合社会各界培养华文读者群，以扩大影响面。该报创办之初，即成立东爪哇华文教育统筹机构（何敦明任该机构秘书长），由泗水的 7

所华校校友会骨干力量组成。刚满两个月，又倡议成立印尼东区文友协会，由作家、该报副总编辑容子任会长。以此为阵地，该报团结、聚拢了印尼东区包括爪哇岛中部、加里曼丹、峇厘岛、苏拉西威岛等地的一大帮文学爱好者，不仅为华文报纸提供了大量读者，也推动了华文教育的发展。

5. 塑造华人形象

东南亚华文传媒虽然参差不齐，但是随着中国国际地位的提升，华人移民越来越多，中华文化在世界各地迅速传播，它们在传播中华文化、维系族群认同和影响主流社会，以及在东南亚维系华人对中华文化的认同等方面凸显出国内媒体无法企及的优势。东南亚华文传媒背景不一，但在传承中华文化、维系华族认同等方面却具有共同的特点，特别是在中国迅速发展的大势之下，东南亚华文传媒日益呈现出网络化、联盟化、集团化的迹象，传播力得到显著提升，话语权不断增强，在传播中华文化，塑造华人形象，展现中国的包容、开放与捍卫华族尊严中发挥了重要作用。

东南亚华文传媒是联系东南亚华人的重要桥梁和纽带，是他们重要的精神食粮，是增强华人族群认同感的重要手段，也是促进中华文化在东南亚传播的重要渠道，是促进中华文化建设和凝聚东南亚华人的强大力量。东南亚华文传媒是世界上少数族群传媒的典型代表。站在少数族群媒体的立场上，我们发现，其作为传承华族文化和推动华文教育的动力，为维护华族族群认同和文化认同作出了重要贡献。

老一辈的东南亚华人，从中国移居到其他国家，虽然长时间居住在那里，生活逐渐本土化，但他们仍然怀念祖籍国，思念故乡，喜欢阅读华文报纸。华文报纸可帮助他们了解华人社会和主流社会，是他们了解外界信息不可或缺的工具，而他们一直为维护华人和祖籍国的形象不遗余力。故此，正是建立在对族群公共利益的维护和传播族群新闻的基础上，包括东南亚华文报纸在内的少数族群传媒经历多次沧桑后仍然能够生存下来，并继续担负传承和认同族群文化的使命，同时还加深了主流社会对华人和中国的认知。从这个角度来看，东南亚华文传媒的文化认同不仅促进了华族的自我认同，而且有助于团结世界华人，打造一个整体的华人形象。

东南亚华文传媒是华人宝贵而独特的资源，在传播中华文化，开展民间外交，宣传介绍华人社会，支持和解释华人政策与行为，展示和塑造东南亚华侨华人形象等方面均可以发挥不可替代的作用。我们认为，华文传媒虽然主要面向华人传播，但是如果注重报道内容的再编码和再传播过程，注重信息的再增殖，减少向主流社会传播华人信息时的障碍，在敏感时刻及时把一些重要、敏感的内容翻译成当地的语言向当地主流社会传播，那么就可以避免主流媒体误读现象的发生，帮助塑造华人形象。

文化传播作为一种软性传播力量，对塑造华人形象作用显著。作为在东南亚进行文化传播的重要力量，华文传媒在这一方面有广阔的空间，要重视和借助这股文化力量，通过文化传播的软性诉说，以达到塑造华人良好形象的目的。

注释：

①李天荣：《中国新移民成菲律宾经济新动力》，《亚洲周刊》2002 年 8 月 30 日。

②吕伟雄：《要想收获，先去种田》，吕伟雄：《侨务与传媒》，广州：南方日报出版社 2008 年版，第 2 页。

③《魏家祥：越来越多友族念华小，60 万华小生 8 万非华裔》，《星洲日报》2012 年 5 月 28 日。

④《马国华文中学入学名额一席难求》，《联合早报》2012 年 12 月 24 日。

⑤《马独中生人数破 7 万创新高》，《联合早报》2012 年 1 月 18 日。

参考文献：

［1］［澳］王赓武著，姚楠编译：《东南亚与华人——王赓武教授论文选集》，北京：中国友谊出版公司 1987 年版。

［2］郑良树：《马来西亚・新加坡华人文化史论》，新加坡：新加坡南洋学会 1982 年版。

［3］郝时远、朱伦：《民族学人类学译丛》，北京：中央民族大学出版社 2009 年版。

［4］马戎：《中国少数民族地区社会发展与族际交往》，北京：社会科学文献出版社 2012 年版。

［5］［美］科斯塔斯・杜兹纳著，辛亨复译：《人权与帝国：世界主义的政治哲学》，南京：江苏人民出版社 2010 年版。

［6］崔贵强：《东南亚华文日报现状之研究》，新加坡：华裔馆、南洋学会 2004 年版。

［7］郭彦、陈宏昌、彭伟步：《传承与超越——海外华文传媒历史与现状分析》，北京：中国国际广播出版社2012年版。

［8］彭伟步：《东南亚华文报纸研究》，北京：社会科学文献出版社2005年版。

［9］彭伟步：《海外华文传媒概论》，广州：暨南大学出版社2007年版。

［10］彭伟步：《〈星洲日报〉研究》，上海：复旦大学出版社2008年版。

［11］彭伟步：《美国少数族群传媒理论研究的进展与缺陷》，《世界民族》2012年第3期。

［12］彭伟步：《从辛亥革命透视侨文化的精神内涵》，《南方日报·理论版》2011年4月10日。

［13］彭伟步：《尊重华侨华人差异性　提升中国软实力》，《广州日报·理论版》2012年3月13日。

欧洲华文传媒发展综述

冯　琼

有华人的地方就有华文传媒。在欧洲有将近200万华人，因此欧洲华文传媒在世界范围内有坚实的读者群，在海外华文传媒发展史上占据着重要的地位。特别是西欧地区，生活水平高，经济发达，社会基础好，推动了华文传媒的发展，华文传媒也为西欧当地的华人服务。东欧相对西欧而言则经济基础薄弱，市场狭小，但东欧的华文传媒也为华侨华人作出了突出的贡献。本文在综述中，把欧洲华文传媒的发展分为西欧部分和东欧部分进行论述。

一、欧洲华文传媒的发展历史

1．西欧华文传媒的发展历史

(1) 华文报刊历史。

西欧是华侨华人的主要聚集地之一，华人、留学生文化水平高，最早的西欧华文传媒是留学生交流和宣传的主要工具。其中最具历史代表性的华文传媒是1894年在英国伦敦创刊的华文期刊《中英商工机器时报》，距今已有109年历史。

20世纪初期，中国的一批知识青年先后到西欧的文化中心巴黎求学，在学习西方先进技术的同时，他们办起了华文刊物。1916年8月，由李石曾、蔡元培、吴雅晖等负责的《旅欧杂志》在巴黎创刊。这份杂志是宣传勤工俭学的早期刊物之一，在旅欧中国学生和华工中有较大的影响，1918年3月1日出版至第27期后停刊。

第一次世界大战促进了西欧华文传媒的快速崛起。在大战爆发后，由于西欧当地缺乏大量战地劳工，当时中国北洋政府派遣了14万华工到西欧参加战地劳务工作。战后，有部分人留下来成了华侨，他们衍化成今天的西欧华人社会。由于西欧当地有数量众多的华文读者，1917年初由巴黎法华教育会所属的勤工俭学会创办的《华工杂志》和1920年10月由旅法华工总会在巴黎创办的《华工旬刊》便应运而生。

为反对日本帝国主义对中国的侵略，号召华人团结抗日，英勇救国，西欧华文传媒中以抗日为主要内容的报刊不断问世。如1934年，由民族先锋社主办的《民族先锋》在柏林创刊，由中国共产党主办的《救国时报》在巴黎创办；1936年3月，德国旅德华侨抗日联合会成立，并出版了《抗日联合会刊》；1937年7月，荷兰华侨抗日救国会海牙分会创办了《救国报》，该刊后来改名为《抗日要讯》，继续从事抗日宣传工作。随着中国抗日战争的胜利，这些以抗日为目的的华文报刊先后停刊了，它们在整个西欧华文传媒发展史中留下了不可磨灭的丰功伟绩。

1945年至1970年前后，这段时间被称为是西欧华文传媒的沉寂期。新中国成立之初，留在西欧的大量留学生纷纷回国参与祖国的建设，西欧的华文读者减少，而留在西欧的华侨大多数为生计奔波，西欧华文报刊的发展基本停滞。

20世纪80年代，西欧的华侨华人不断增加，尤其是原属法国殖民地的东南亚三国（柬埔寨、越南和老挝）大量的华人作为难民迁到法国。这些华人在西欧的地位低下，语言交流有障碍，也看不懂当地的报纸和电视，受到当地文化的排斥。华文报刊作为其间的沟通纽带，承担着文化传播的责任与义务，为了让当地华人了解生活和法律知识，华文周刊《龙报》诞生了。《龙报》以较大的篇幅来刊登有关当地政府的法律法规和日常生活知识，为当地华人所钟爱。但是到了90年代，《龙报》渐渐失去了原来的优势，读者群不断萎缩，最终只能宣布停刊。

西欧华文报刊到达空前的繁荣期是在20世纪90年代。1982年12月16日，台湾联合报系在巴黎出版华文日报《欧洲日报》；1983年1月1日法国部分华侨华人合作创办华文日报《欧洲时报》；香港《星岛日报》在伦敦出版《星岛日报·欧洲版》。这些华文传媒极大地促进了西欧华文传媒业的新发展。①

（2）华语广播历史。

除了西欧的华文报刊，华语广播和电视的发展也比较突出。华语广播事业从土设备到数字化技术，从单一语种到43个语种，已经经历了几十年。1961年5月19日至7月15日，陈毅副总理兼外长率领中国代表团出席和平解决老挝问题的会议，应外交部的要求，华语广播每天13：00—14：00增设了普通话节目，主要对欧洲、东南亚、西北亚和北非广播，使这些地区的中国使领馆人员及时了解中国政府代表团的情况和国内舆论。1965年3月7日，德国之声华语广播成立，其通过信件、电话、电邮与听众联系，并于2006年开通手机短信平台。[②]目前，德国之声华语广播每天通过短波和互联网向全球各地的华人用普通话播音60分钟，华语节目以国际时政为主要内容，此外还有文化、地理、历史等专栏节目；到了1980年11月1日，其正式开办对西欧地区的广州话广播。1989年10月26日，法国国际广播电台华语部开播，在其1小时的播音中，前半小时为新闻节目，报道国际时事、中国动态以及法国与欧洲其他国家的大事件。目前该节目已增加到每天向亚洲播音3小时，同时通过网络及中波辐射来覆盖巴黎大区及全球其他地区的听众。

（3）华语电视台历史。

海外华语电视的发展是从20世纪60年代初期开始的，70年代开始有了明显的发展；80年代后随着中国海外移民人数的激增，海外华语电视在世界范围内站稳了脚跟；90年代，随着卫星电视技术的成熟和网络媒体技术的发展，华语电视覆盖了更多地区。

西欧华语电视的发展在整个西欧华文传媒的发展长河中留下了深刻的烙印。1993年，由香港商人出资创办的“欧洲东方卫星电视”在伦敦启播，每天用两小时播放粤语、普通话新闻及专题节目；1995年，由英国上市公司韦盾集团与邵逸夫集团联合创办了“时代华人卫星电视”，主要用粤语播音；1999年8月，总部在香港的“凤凰卫视”进军欧洲，收购了“欧洲东方卫星电视”，改名为“凤凰卫视欧洲台”，在伦敦开播，在黄金时段以普通话和广东话播送时事新闻、娱乐资讯等等。“凤凰卫视欧洲台”在欧洲华人市场拥有了独特地位之后，还成功进入了欧洲的主流卫星电视Sky Digital以及英国、法国、德国和荷兰四国的有线电视网络。2007年，中央电视台国际频道实行分地区播出，并针对欧洲地区特设了欧洲版。

（4）华文网络历史。

进入网络时代后，在西欧华人社会中也出现了一些网络网站。其中较有影响力的网站有成立于1994年10月的柏林“华德通讯电子月刊”、成立于1995年5月的奥地利“奥中资讯网”、成立于1995年1月的丹麦《美人鱼》双月刊电子版、成立于1999年2月的法国“欧中网”以及成立于2000年1月的法国“欧洲时报网络电子版”。2004年2月，文华传媒在法国诞生，并建立了网站，主要介绍中国文化，尤其是少林武功。[③]2005年7月14日，欧洲第一家面向海外华侨华人的网络电视台——欧洲华人网络电视台正式创立，采用世界最先进的网络视频传输技术，分别在欧洲阿姆斯特丹、法兰克福和维也纳3个城市设立技术服务站，将中央电视台新闻频道节目等国内多套电视节目同步传输并覆盖整个欧洲和世界其他地区，使海外华侨华人拥有一个自己的舆论媒体和网络影视平台。网络电视主要面向海外华侨华人，以转播中国国内电视节目为主，除了免费提供部分省市的电视节目、介绍国内投资政策和环境以及反映欧洲华人的创业和生活之外，还提供国内有影响力的部分收费性影视作品。

2. 东欧华文传媒发展历史

华文传媒中所指的东欧，并不是具体地理位置上的东欧地区，而是泛指前华沙集团成员国、独联体成员国及前南斯拉夫联邦各国。匈牙利和俄罗斯是东欧国家中华人数量最多的国家，因此这两个国家的华文传媒在东欧国家中是发展得较快的。

从20世纪90年代初开始，大概有20万人到俄罗斯和其他中、东欧国家开拓中国商品市场。其中，匈牙利和波兰这两个国家是中国大陆新移民的集中地。1990年，中匈两国签署互免签证协议，匈牙利成为东欧中唯一对中国人免签的国家。当时，在匈牙利的中国大陆新移民就达到了2万人。大多数中国人留在匈牙利都是为了经商，80%以上的人都从事商业。目前，“四虎市场”、“欧洲广场”、“中国商城”、“亚洲中心”等地，就是中国商人从事贸易批发生意时聚集的地方。[④]由于在异国经商需要大量的中国大陆市场信息和所在国的文化、经济等方面的信息，各种华文市场报、商业报纷纷面世，如《旅欧导报》、《欧洲导报》（1992年）和《欧洲之声》（1993年），它们在东欧华文传媒中是创刊较早的报纸。

但是从20世纪90年代中期开始，匈牙利的收缩移民政策导致许多中国大陆新移民在匈牙利的生意举步维艰，不得不选择离开。到20世纪90年代末，大约只有1万中国新移民继续留在匈牙利。中国移民在匈牙利的流失也影响了华文传媒的发展，在匈牙利的2家华文杂志已关掉1家，能够正常发行的报纸目前也只剩下8家。物竞天择、适者生存的社会环境对华文传媒而言，充满了诸多压力，但同时也是动力。

1999年《欧亚新闻报》创刊，主要针对匈牙利华人新移民和来自中国福建和浙江的居民，开辟了闽台专版，主要向海外游子介绍家乡的变化以及中国的经贸资讯。除了在匈牙利发行外，在波兰、南斯拉夫等国也有订户。从2005年6月开始，《欧亚新闻报》与中国《新民晚报》合作，开辟了《新民晚报·匈牙利版》。这一举措是匈牙利华文报刊领域中较有影响力的媒体间的合作，既巩固了读者群，也为读者了解所在国和中国大陆的信息创造了良好的环境。

20 世纪 80 年代末到 90 年代初，中俄两国关系正常化，使大量中国人涌入俄罗斯进行贸易往来，再加上 1991 年下半年华人较多的东欧国家匈牙利开始限制或禁止中国人居留，从而使大批中国人流转到莫斯科，致使 1991 年到 1993 年形成了华人在俄的第一个高潮。在俄罗斯最早出现的华文报纸是 1992 年由老华侨创办的《中俄信息报》，后因资金流通问题，被迫于 1998 年停刊。1995 年，由留学生创办的《路迅》，是俄罗斯第一家能够自负盈亏的华文报纸，经过十几年的发展，路迅公司现已形成了颇具规模的集团公司，从事传媒、留学、印刷、餐饮、贸易、旅游等业务。1996 年创办的《唐人街》(后停刊)、1997 年创刊的《莫斯科晚报》、1998 年创刊的《莫斯科华人报》、1999 年创刊的《华俄时报》、2000 年创办的《俄罗斯龙报》及《世纪日报》、2001 年创刊的《中华消息报》，使俄罗斯华文报刊初具规模。[5]

二、欧洲华文传媒现状

1. 西欧华文传媒现状

欧洲华文传媒在其发展的轨迹中，始终表现出与中国大陆经济状态和政治属性紧密相关的时代特征。20 世纪 90 年代后，西欧的华文传媒显现出了蓬勃发展的生命力和斗争性。从 20 世纪 80 年代初开始，欧洲各国的华侨华人人数急剧增加，为西欧华文传媒的发展提供了可靠的生存基础。

目前在欧洲的华侨华人总人数在 80 万到 100 万之间。西欧华文传媒主要的服务对象基本是上述部分的移民，他们因语言不通，为了在异国他乡生存发展，必须了解当地情况，同时大多数人的事业、学业又需要与中国保持着密切联系，因而需要及时了解国内的发展状况。[6]正是新移民的这种需要使得西欧的华文传媒得到蓬勃发展，西欧华文传媒可以分为华文报刊、华语广播、华语电视台、华文新媒体等几大类。

(1) 华文报刊现状。

西欧最有影响力的华文日报是法国的《欧洲时报》，于 1983 年创刊，它与《欧洲日报》和《星岛日报·欧洲版》一起被称为欧洲的三大华文日报。

2011 年 12 月 15 日，《欧洲时报》英国版在伦敦正式创刊发行。中华人民共和国驻英国大使刘晓明在致辞中表示，历经 28 年不懈努力，法国欧洲时报传媒集团已发展成为一个包括中文日报、周报、多媒体网站、视频节目、法文书籍出版社、旅行社、华文教育与文化传播中心的综合性传媒文化集团，不仅报道了大量欧洲、中国和其他国家地区的信息，而且积极承担媒体的社会责任，促进旅欧华侨华人团结，维护华人社会利益，支持中国同欧洲国家的友好合作关系的发展。

2012 年伦敦奥运会开幕期间，《欧洲时报》携手中国新闻社，在伦敦出版《奥运快报》，向英国及欧洲其他国家的华文读者提供当日的奥运资讯。2012 年 7 月 23 日，《奥运快报》创刊号正式发行，之后每天出版 8 至 16 版，直至奥运会闭幕。《奥运快报》由中国新闻社、欧洲时报社联合推出，是以奥运会为主要报道对象、在奥运会举办地发行的唯一一份华文日报。在文字通稿方面，中国新闻社开辟《奥运快报》、《奥运语录》、《华人故事》等多个栏目，对奥运会进行全方位报道，以丰富的内容服务全球华文传媒，并且通过网络、图片、视频等形式在第一时间发布比赛新闻，以华文的形式呈现给华侨华人和当地欧洲居民，为中国打气加油，为伦敦奥运会喝彩。在 2012 年 8 月 3 日伦敦奥运会闭幕式结束后，香港《文汇报》、法国《欧洲时报》等海外华文传媒纷纷刊发评论指出，随着实力和影响力的与日俱增，中国在世界体坛的表现更成熟自信，即使受到西方少数戴“有色眼镜”的媒体的质疑，也能大度从容应对，赢得了世界的尊重。法国《欧洲时报》的社论称：“本次奥运收官，可圈可点处不少。最为可贵的是，奥运会上中国选手表现出良好的素质，展示了高尚的竞技风范。中国队不仅在自己的传统强项上优势明显，而且在诸多弱项上也有所斩获，堪称本届奥运表现最为抢眼的队伍之一。”西欧华文传媒对祖国形象的维护，把华侨华人的爱国之情抒发于字里行间。

《欧洲时报》作为传播中国文化的重要媒介，传播包括儒家文化、兵家思想在内的中华文化。2012 年 7 月 16 日，欧洲时报社长张晓贝在接受中新网记者关于“华文传媒助推孙子文化在海外传播”的采访时提到：“《孙子兵法》在欧洲法国的传播最早，法国汉学家对其研究很深，西方的经济学家也很感兴趣，欧洲的华侨华人对孙子非常崇拜，孙子的智慧受到全世界的认可。”《欧洲时报》还推出了《法国巴黎商学院开设孙子兵法课》、《法国时装界卡芬女士运用孙子兵法取得成功》、《法国华人商业律师朱晓阳运用孙子兵法立于不败之地》、《陈氏兄弟闯法国　手足之情凝聚神奇力量》、法国爱丽娜时装公司董事长兼法国潮州会馆名誉顾问林子崇《创业成功　诚信为先》等一系列法国商界、华侨华人应用《孙子兵法》获得成功的典型报道，在欧洲产生了积极的影响。

《欧洲日报》作为西欧风靡一时的华文报刊，创办于 1982 年 12 月 16

日，是台湾《联合报》的子报。该报以中文繁体字在每周一至周五出版，每天20多个版面刊载当地华人社团及法国、欧洲其他国家的新闻，除此之外，也注重报道中国大陆、港澳及台湾的消息。但由于金融危机和网络媒体的双重影响，《欧洲日报》于2009年8月31日宣布停刊，结束了27年的辉煌历史。

《星岛日报·欧洲版》创刊于1975年，总部设于伦敦。曾经是欧洲最权威及销量最大的中文报纸，也是英国唯一的华文日报。它的主要读者包括在当地有影响力的政商界华人、从事中国贸易的英国商业人士以及中餐业人士。

《星岛日报·欧洲版》通过提供客观而深入的新闻报道，深获读者的好评，而且该报与当地华人社团有密切联系，多次参加欧华联会等欧洲华人社团的主要活动，积极参与中国领导人访欧和英法等国大选的报道。2011年10月27日至30日，中国政协主席贾庆林对荷兰进行友好访问，27日当天《星岛日报·欧洲版》就刊登了新闻，并且对中荷关系发展势头和各领域交流合作进行了详细的报道。

近年来，西欧华文报刊高层作为全球华媒代表到中国大陆进行实地采访报道的系列活动，为加速全球华文传媒一体化合作作出了贡献。欧洲华文传媒从诞生之日起，就肩负着两大任务：服务华人社会和广大读者，及时为他们提供各类新闻资讯和实用信息；同时也为欧中友谊和文化交流、商贸往来架起一座桥梁。2012年8月19日到26日，包括法国《欧洲时报》在内的30多家全球华文传媒到湖南参加“‘行走中国’，全球华媒高层湖南行”的活动，全球华媒高层深入长沙、株洲、湘潭、怀化等地实地考察，是中国新闻社加强与分布在世界各地的华文传媒联系，并根据海外华文传媒对中国新闻报道的需求及对中国大事、热点新闻事件的关注，定期组织有影响力的海外华文传媒高层到中国大陆进行实地采访报道的系列活动。

（2）华语广播现状。

西欧地区的华语广播发展速度虽然不及报刊、电视之快，但华语广播的声音是当地华侨华人所期盼的“乡音”。“欧洲华语广播电台”是首个由旅法华侨华人集资开办的华语电台。法国最高视听委员会已于2009年5月26日正式批准成立“欧洲华语广播电台”，该电台于2010年春节前正式开播。电台以华语和法语全天24小时滚动播出，内容涉及新闻、娱乐、服务资讯等。此外，电台还重视与听众间的互动联系，这不仅可以促进华侨华人更好地融入当地的主流社会，还可加强中法在文化、经济、科技等各领域的交流与合作。

另外，英国广播电台 BBC 在 2011 年 3 月关闭了华语广播，发展集视频、音频和文字于一体的网络服务。英国广播电台 BBC 于 1941 年 5 月 19 日用短波对远东地区进行华语广播，当时的目的是为了向世界及时传送有关“二战”战场的消息，BBC 华语广播的播出信号从伦敦发出，中转到远东地区的短波发射站再传送到中国，但在铁幕瓦解、全球化加剧时，这类广播的听众人数开始下降。从 2011 年 4 月 11 日起，BBC 华语广播突破短波广播的限制，建立广播网络以适应受众新的媒体消费习惯。目前这种广播网络已经取代短波广播成为对华宣传更有力的工具。

2012 年，葡萄牙华文传媒《葡华报》与北京国际广播电台合作，建立了“IRIS FM91.4”频道的广播电台。通过这个广播电台，在葡萄牙本土就可以收听到来自中国的声音，从中午 11 点到下午 5 点，还可收听到北京国际广播台播出的葡萄牙语节目，节目内容包括中国的政治、文化、旅游等，受众群体全部是葡萄牙人，提升了中国在海外的话语权。

（3）华语电视台现状。

华语电视在欧洲有着比较稳定的收视群体，欧洲华人数量相对较多且集中。西欧华语电视台的主办国家虽然不多，但随着卫星电视技术的进步，西欧华语电视已能覆盖欧洲大部分华侨华人聚居的地区。经历了半个多世纪，华语电视已成为华侨华人与祖（籍）国沟通的良好渠道，并形成了亚洲东南亚、美洲美加地区和西欧地区三大海外华语广播电视中心。目前，在西欧的华语电视台请见表 1：

表 1　西欧主要的华语电视台

CCTV -4/CCTV -9	中国大陆
凤凰卫视欧洲台	香港
香港无线卫星欧洲电视台	香港
传讯电视	台湾
台湾宏观频道	台湾
CNE	英国

其中全天候播放的电视台有凤凰卫视欧洲台（PCNE）、香港无线卫星欧洲电视台（TVBS）和中央电视台中文国际频道。

PCNE 是欧洲的华语电视媒体中最突出的一家，为欧洲数千万观众 24 小时不间断地提供全球范围内最新的政经信息和文化娱乐。PCNE 通过新闻集团下的欧洲卫星电视网“天空数码”（Sky Digital），以及英国、法国、德国、荷兰等国家的有线电视网，以完善的网络覆盖欧洲地区七成以上的华人，每天以普通话、粤语播送 8 小时的总台节目和欧洲的自办节目。据资料显示，其在英国的收视率已占华人总收视率的 42%，《今日欧洲》、《欧华商讯》和《欧洲印象》涵盖欧洲主流和华人小区政治、经济、商务、旅游等方面，而《直通中国》和《魅力深圳》等合作节目则成为欧洲的观众了解中国经济、政治、文化等的重要渠道。

香港无线卫星欧洲电视台前身为“时视”，1994 年 3 月在伦敦创立，每天只在凌晨广播 3 个小时的华语节目。1995 年 8 月“时视”被中国香港最大的电视台——“无线电视”收购了 60% 的股权，并更名为“无线卫星欧洲电视台”。2003 年 11 月，其全部股权被中国香港“无线电视”收购。目前，无线卫星欧洲电视台每天 24 小时以粤语和普通话广播，覆盖欧洲 38 个国家。2004 年，无线卫星欧洲电视台在巴黎成立第二家中国香港电视媒体常驻巴黎办事机构。中国文化年在法国举办之际，无线卫星欧洲电视台作为文化传播媒介发挥了很大作用，促进了东西方文化交流。

欧洲华语电视媒体在近几年中取得了较快的发展。2011 年 1 月 25 日，欧洲华语电视台正式在意大利开播，它是欧洲唯一一家由华人创办并获得意大利国家高等法院批准的电视台，于 2011 年 5 月通过卫星实施转播，覆盖区域包括欧洲、非洲、北美洲、南美洲及亚洲香港、台湾、澳门等地区。欧洲华文电视台使用 IPTV 技术落地收看，信号可覆盖全球绝大多数地方，只要有网络的地方都可以收看，成为传播范围最广的电视媒体之一，可全天 24 小时直播电视节目，而且该电视台的第二频道用意大利语播报，向意大利主流社会和普通居民传播中国及海外华人的声音。该台已于 2010 年开始向常住意大利及欧洲部分国家（英国、德国、法国、西班牙、葡萄牙、荷兰、卢森堡、比利时、奥地利、瑞士、瑞典、丹麦、芬兰、罗马尼亚、匈牙利、克罗地亚等）的华人发行中文版的《欧联时报》、《欧华联合时报》和《欧洲侨报》。[7]

2011 年 9 月 30 日，欧洲华语电视台与温州电视总台签订了战略合作协议。结成长期、稳定的战略合作伙伴，可以充分发挥各自的优势和特色，形成资源共享、品牌共塑、人才培养和收入提高的合作新格局。温州电视总台在媒体资源、内容产品、市场运营和人才技术等诸多方面都具有强大的优势，通过合作，一方面可以提升温州的对外宣传形象，更好地为温州经济社会服务；另一方面能让生活在世界各国的温州人了解温州、了解中国。

2012 年 3 月“两会”召开期间，意大利欧洲华语电视台客观、真实地将中国政府的政策、国家发展大计及时传递给海外华人社会与西方社会。为了让旅居意大利的华侨华人第一时间了解“两会”信息，欧洲华语电视台从众多华侨华商的视角出发，将经济发展和民生问题作为本次“两会”报道的重点，让旅居在外的华侨华人感受到祖（籍）国的力量，并让国际社会真实地了解中国。[⑧]

（4）华文新媒体现状。

在新媒体时代，西欧华文传媒纷纷推出符合自身发展的新形式，实行内容资源和传播渠道的服务化。自 20 世纪 90 年代末以来，德国、奥地利、丹麦及法国陆续出现华文网络媒体，服务对象年轻化。一些有实力的报纸也纷纷开办网络版，进一步扩大影响力。网络为传统单一的报业经营带来了新的发展机遇，《欧洲时报》网站在大大增加了信息量的同时，于 2011 年 4 月推出 iPhone 版，正式参与移动互联网业务，向无线网络用户提供《欧洲时报》的最新新闻内容，主要栏目有《今日头条》、《法国新闻》、《欧洲华社》、《欧时评论》和《欧时专栏》等。《欧洲时报》是西欧华文传媒中与移动互联网合作的先锋。

除了华文报刊开通电子网络版之外，华文传媒开通手机报也成为近几年的主渠道之一。2011 年，中国浙江温州日报报业集团与意大利天天电信有限公司、法国泛欧传媒有限公司签署了“海外手机报合作协议”，并正式运行《意大利中文手机报》，为意大利 10 万余华侨华人提供服务。《意大利中文手机报》的运营方式是，温州网将手机报编辑好之后，通过网络发送到意大利的技术平台，然后由意大利天天电信有限公司负责将手机报内容发送给用户，这为久居在意大利的华侨华人提供了更快捷、更有效的资讯。温州日报报业集团已加快推进海外手机报项目，力争在意大利发展首批收费订户，并在法国正式开通法国中文手机报，条件成熟后逐步向欧洲其他地区推广。2012 年 3 月，温州日报报业集团与意大利欧华传媒集团共同主办《欧华联合时报》、欧华传媒网的请示得到批复，通过在周边国家设立分社，在当地融资等形式，实现从传统版面到数字文化的合作，拓宽传媒集团的市场渠道，为海外手机报、数字报纸等文化产品构建营销网络。[⑨]

2. 东欧华文传媒现状

目前，受到世界经济、东欧政局各方面的影响，东欧的华文传媒所面临的环境并不乐观，承担的压力巨大。据统计，截至目前，在东欧地区能按时发行的华文报刊如表2所示：

表2 东欧报刊出版发行情况

国家	报刊名称	目前出版周期
俄罗斯	《莫斯科晚报》	日报
	《华俄时报》	
	《环球日报》	
	《捷通时讯》	
	《商旅生活》	
	《路迅参考》	
	《中俄日报》	
	《龙报》	
乌克兰	《华商报》	周报
	《华声报》	旬报
匈牙利	《布达佩斯周报》	周报
	《市场报》	
	《中华时报》	
	《新导报》	
	《欧亚新闻报》	
	《欧洲论坛》	
	《每日观察》	日报
	《世界华人名人录》杂志	不定期
罗马尼亚	《旅罗华人》	周报
	《欧洲华报》	
	《欧洲商报》	
斯洛伐克	《中欧华报》	双周刊
捷克	《捷华通讯》	不定期

但是就在这严峻的环境下，东欧的华文传媒仍迎接挑战，应对困境。东欧很多地方的消息相对闭塞，市场狭小，本地的读者群对单一的从网络中摘抄的新闻信息并不感兴趣，加上华侨华人的组成成分复杂，文化各异，众口难调。因此，一份与中国大陆紧密接轨的报刊或杂志是当地华人

所需求的。2006年，匈牙利驻华大使馆文教参赞的中国夫人纳吉·麟女士打造了一个中国人和匈牙利人可以共用资源的平台——《欧洲丝绸路》，这是一份中匈双语杂志。杂志的读者群主要是匈牙利国会议员，中匈两国政府官员、外交官，在匈华侨华人，公司企业、旅行社及学术研究人员，语言学习爱好者以及对中匈双边贸易感兴趣的商人，这份杂志聘请了匈牙利资深编辑、摄影师和译员，并在北京设立代表处负责组织中国稿件，把更多的中国文化介绍到东欧。

2011年3月，中国浙报与波兰《环球周报》建立新闻交流合作，浙报集团海外版定期为波兰《环球周报》提供浙江新闻文字稿件和新闻图片，由《环球周报》编辑刊发浙江新闻专版。许多报道引发了波兰浙江商人的极大关注，比如《浙江，向海洋进军》、《浙江打造海外高层次人才创业创新热土》、《〈富春山居图〉在台北故宫合璧展出》、《西湖申遗成功》、《舟山群岛新区——引领长三角驶向蓝海》等。

东欧的华文传媒虽然还不能与当地的主流传媒相比，但华文传媒利用自身的资源优势与主流社会企业合作，逐渐融入主流社会。创刊于2000年的华文报纸《布达佩斯周报》与匈牙利公司及在匈跨国公司合作，利用中国大陆经济高速发展的社会形势整合资源，为报纸的发展拓展空间。报纸与跨国公司亚洲中心合作，负责与中国有关的公关活动以及市场开发，亚洲中心则为报纸提供办公场地、合作伙伴和赞助。匈牙利另一份华人周报《新导报》为当地华人提供新闻资讯，以本地侨界新闻、本地政经新闻为主要内容。2004年胡锦涛访问匈牙利时，《新导报》是唯一被指定随团采访的本地华文传媒；2008年北京奥运会，《新导报》开辟了奥运专栏，不仅大力宣传中国的辉煌形象，还义务承担了许多工作；2012年匈牙利《新导报》组织了12名匈牙利华裔少年参加“中国寻根之旅”河南夏令营活动，他们用15天的时间学习少林功夫、书法、剪纸等，感受河南的悠久历史和厚重文化，围绕中原文化、少林文化以及根亲文化三大特点，强化了中华文化在海外华裔青少年中的传承，进一步增强了他们对祖籍国的认同感和归属感。

2012年8月24日，《欧洲时报》在奥地利首都维也纳创办《中欧·东欧版》，目的是服务在中欧和东欧的侨社，更好地贴近中欧、东欧十来个国家的需求，促进中国和欧洲在社会、经济、文化和教育等领域的交流合作，同时促进华文教育和弘扬中华文化。《欧洲时报》已发行至奥地利、捷克、斯洛文尼亚和斯洛伐克4个国家，并且于2012年10月扩大发行至包括波兰、克罗地亚、塞尔维亚、波黑、匈牙利和瑞士在内的10个国家，阅读人数达到20万。

三、欧洲华文传媒展望

近几年，欧洲华文传媒的影响力越来越大，话语权也越来越大。2010年4月10日，葡萄牙首都里斯本召开了欧洲华文传媒协会第九届研讨会，研讨核心是在后全球金融危机时期，海外华文传媒所承受的压力及其所面对的行业危机，以及在新形势下海外华文传媒的经营和发展之路。研讨会作为欧洲华文传媒进行同业信息交流、促进横向合作的平台，在欧洲华文传媒的发展进程中，发挥了无可替代的积极作用。

2012年8月23日，欧洲华文传媒协会第十届年会在奥地利首都维也纳举办，主要分析与探讨了欧洲华文传媒在金融危机背景下的现状、生存和发展，以及欧洲华文传媒之间如何加强合作和交流。可见，欧洲华文传媒受到传媒界内相关人士的高度重视，俨然成为海外华文传媒的主流大军。笔者认为，纵观欧洲华文传媒一百多年的发展历程，虽然道路是曲折的，但前景是光明的。对此，笔者提出以下三点建议：

1. 重视媒体资源，逐渐融入主流社会

影响主流媒体，掌握话语权，并融入主流社会，是许多海外华文传媒正在追求的发展道路。2001年，《欧洲时报》和法国本地著名的期刊《巴黎竞赛周刊》合作，出版以中国为主题、以法文为主的《巴黎竞赛周刊·中国周刊》，受到了法国等地主流社会的欢迎。欧洲华文传媒在服务侨胞、维护权益、促进团结、促进中外友好交流等方面有重要的责任和义务，华文传媒要利用同祖国接触密切、信息渠道广的优势，融入主流社会，全面展现一个负责任的大国形象，减少西方舆论对中国的偏见和误解，不断增强自身话语权，扩大在所在国上层社会和民间舆论中的影响力。

在欧洲华文传媒协会第十届年会上，郭锦玲司长说道："欧洲华文传媒协会应该带领欧洲传媒界为推动中华文化走向世界、促进中西文化交流和谐共生发挥更大的作用；为增强华文传媒在国际传播领域的话语权和影响力发挥更大的作用；为客观真实地向世界介绍中国的国情民情，讲好'中国故事'发挥更大的作用。"[10]这就要求海外华文传媒要努力融入主流社会，为华侨同胞发声，为维护海外侨胞的合法权益发挥积极的作用。只有与主流媒体保持良好的关系，通过人员、信息之间的相互交流，华文传媒才能获得更长远的发展。

2. 提升华文传媒的质量，向多语种媒体转变

2011 年 9 月 17 日至 19 日，第六届世界华文传媒论坛在中国重庆举办，论坛以“国际话语体系中的海外华文传媒”为主题，探讨了全球化时代华文传媒新格局，并一致认为在中华文化、中国和平崛起的大背景下，包括华文传媒在内的多语种、多族裔、多元文化传媒平台在世界各地迅速成长，其中，华文传媒对提升国家软实力起到了积极作用。

多语种的媒体平台是跨国界、跨文化及跨语言的传播，对华文传媒来说并不是简单的华文版本的翻译版，而是要对受众的文化信息需求有充分的认识，才能生产出符合所在国文化的信息产品，为海外华文传播奠定基础。另外，目前的欧洲华文报纸在栏目设置、广告投放、内容编排等方面都很类似，造成读者群的定位不清，报纸间竞争激烈，一些小报随时可能被挤出市场。多语种媒体的创办能够让华文传媒的整体质量有较大的突破，在数量和质量上都可以实现整合。

3. 发展新兴技术，迎接全媒体时代

在全媒体铺天盖地的重整格局下，欧洲的华文传媒更应该把握住全新的媒体步伐，更好地为华人服务。《华商时代》是法国唯一针对侨界、商界的杂志和网站，是华人华商与当地社会、商界之间沟通的桥梁，为华人融入当地社会贡献力量。2011 年到 2012 年期间，《华商时代》创立了针对新华商的互动视频传媒平台：@ media 传媒。@ media 传媒是面向法国华人区域的液晶电视联播信息平台。这个新兴的平台涵盖了特定场所及室内视频广告媒体，覆盖了商务办公楼宇、酒店、餐厅、电影院、高尔夫球场、健身中心、高档公寓、娱乐场所、银行、医院、大型超市等。[11] @ media 满足了全媒体时代下受众随时随地享受信息、分享信息的心理，在法国华文新媒体领域一枝独秀，并且《华商时代》与@ media 传媒相结合，达到了“1 +1 >2”的效果。欧洲海外华文传媒在全媒体时代应该着重发展新兴技术，与时俱进，成为传媒领域的先锋。

经历 100 多年的风风雨雨和酸甜苦辣，欧洲华文传媒的发展道路虽然充满了坎坷，但亦收获了累累硕果。尽管华文传媒仍面临着资金短缺、制作水平不够高、人才匮乏等诸多困难，但是我们依然坚信，在不断的探索中，欧洲华文传媒的未来将一片光明。

注释：

① 彭伟步：《海外华文传媒概论》，广州：暨南大学出版社 2007 年版，第 96 ~ 99 页。

②范韩生：《华语广播 57 年》，国际在线，2007 年 1 月 17 日，http：//gb. cri. cn/1321/2007/01/07/157@ 1406291. htm。

③彭伟步：《海外华文传媒概论》，广州：暨南大学出版社 2007 年版，第 100 页。

④赵成：《匈牙利华人社会掠影》，腾讯网，2007 年 8 月 24 日，http：//news. 99. com/a/20070824/002675. htm。

⑤张执任：《东欧华文传媒发展综述》，夏春平：《世界华文传媒年鉴》，北京：中国新闻社、世界华文传媒年鉴社 2003 年版，第 99 页。

⑥彭伟步：《海外华文传媒概论》，广州：暨南大学出版社 2007 年版，第 99 页。

⑦史词：《加大投入完善技术　欧洲华文电视台实现全天直播》，中新网，2011 年 7 月 25 日，http：//www. chinanews. com/hr/2011/07 - 25/3206857. shtml。

⑧王海波：《温州侨办牵线搭桥　欧洲华文电视台与温州媒体结好》，中新网，2011 年 10 月 2 日，http：//www. chinanews. com/hr/2011/10 - 02/3367459. shtml。

⑨王玉娟：《温州日报：文化走出去　收益走进来》，新华网，2012 年 3 月 19 日，http：//news. xinhuanet. com/newmedia/2012 -03/19/c. 122853747. html。

⑩李建兴：《未来 10 年是华文媒体发展重要战略机遇期》，人民网，2012 年 9 月 5 日，http：//media. people. com. cn/n/2012/09 -05/c40606 -18928914 -1. html。

⑪孔敬凡：《新型海外华文传媒如何真正融入当地社会》，中新网，2009 年 9 月 4 日，http：//www. chinanews. com/cul/news/2009/09 - 04/1851288. shtml。

参考文献：

[1] 彭伟步：《海外华文传媒概论》，广州：暨南大学出版社 2007 年版。

［2］程曼丽：《海外华文传媒研究》，北京：新华出版社 2001 年版。

［3］张执任：《东欧华文传媒发展综述》，夏春平：《世界华文传媒年鉴》，北京：中国新闻社、世界华文传媒年鉴社 2003 年版。

［4］夏春平：《世界华文传媒年鉴》，北京：中国新闻社、世界华文传媒年鉴社 2005 年版。

［5］方庸骏：《东欧华文传媒发展综述》，夏春平：《世界华文传媒年鉴》，北京：中国新闻社、世界华文传媒年鉴社 2005 年版。

［6］吴沛林：《俄罗斯华文传媒概览——〈莫斯科华人报〉社长温锦华访谈录》，《华人时刊》2002 年第 3 期。

［7］虞宝竹：《世界华文传媒、网络媒体异军突起　打破西方话语权单极封锁》，《中华新闻报》2008 年 4 月 23 日。

［8］萧良：《欧洲华文传媒发展的历史轨迹》，《中国绿色画报》2004 年第 6 期。

［9］高闻：《华语电视台在欧洲市场的竞争战略研究》，浙江传媒学院硕士学位论文，2009 年。

北美华文传媒发展综述

王　昊　周津晶

北美主要由加拿大和美国两个国家组成。这两个国家经济比较发达，资讯比较自由，而且国内传媒业也相对发达。同时，在这两个国家生活着数以万计的华人，这就使华文传媒具备赖以发展的经济、物质和受众三个基础因素，从而为华文传媒的发展打下良好的基础，并促进它们快速健康发展。

一、加拿大华文传媒现状与前景

加拿大是世界上典型的移民国家，它的历史就是移民迁入史。华人移民加拿大可以追溯到19世纪中叶。“二战”前移居加拿大的华人主要来自广东珠江三角洲地区。“九七”回归前，大量香港人涌入加拿大，再加上大量大陆留学生定居，使加拿大华人人口不断增加，直接推动了该地华文传媒的发展。

1．华文传媒的发展历史

(1) 华文报纸历史简介。

中文报纸在加拿大历史最悠久的，首推有80多年历史的《醒华报》，但这份老报已从过去的日报变成了如今的月刊。另外，台湾、香港以及当地一些商业团体先后出资办过《快报》、《城市周刊》、《经济时报》、《晨报》、《大中报》、《大公报》、《侨报》等近百种华文报纸，有的办了两年，有的只发行了三四期，就因没有读者等各种原因，无声无息地停刊了。

沉寂了许久之后，从20世纪90年代开始，加拿大的华文报纸开始迅速发展，其中《星岛日报》、《世界日报》和《明报》的发展尤为出色。这三份日报分别是由港台的报业集团在北美创办的，有着充裕的财力、人力支持，在多伦多有自己的采编班子和印刷厂，在港台有基地配合，发行覆盖全北美。

其中《明报》于1993年5月在加拿大问世，两年后打开市场，三年后形成与《星岛日报》和《世界日报》“三分天下”的局面，并且后来居上，每日拥有5万多名读者，已成为目前加拿大阅读人数最多的华文报纸。《明报》是香港《明报》的加拿大版，除了刊登香港《明报》的内容外，还转载《明报》周刊和月刊的文章。

但这样的格局也发生过变化。在以往的加拿大华文报纸市场上，港台报纸一直占据主导地位。自从《人民日报·海外版》1994年5月在多伦多发行以来，格局开始发生变化。1997年3月，新民国际有限公司与加拿大博道影视传播公司合作，把《新民晚报》美国版从洛杉矶空运到温哥华，再由博道公司发到大温哥华地区的130多个发行点，使读者能够看到当天的报纸。温哥华地区原有的三家主要华文报纸中，《明报》及《星岛日报》偏重香港新闻，《世界日报》偏重台湾新闻，如今的《新民晚报》着重报道中国大陆新闻，从而使大陆方面的声音从无到有，由弱变强，成为华人了解加拿大社会的窗口和联络祖籍国的感情纽带。

（2）华语广播发展历史。

加拿大最早的华语广播是汇声广播华侨之声，创办于1972年。创办之初，该台只有一小时的中文节目，1993年，华侨之声改成多元文化广播电台——汇声广播华侨之声 CHMB AM1320，为大温哥华地区的多元文化小区服务。目前已经发展为全天24小时广播的多元文化电台。华侨之声多年来致力于制作多元文化节目，公正、准确地反映大温哥华地区各族裔社会的核心价值。除了满足华语小区的需求外，华侨之声也向日益增长的大温哥华各族裔小区提供12种不同语言的服务，包括葡萄牙语、巴西语、希腊语、日本语、淡米尔语、乌克兰语、越南语、丹麦语、冰岛语、挪威语和瑞典语。

20世纪80年代到90年代，是加拿大华语广播的发展时期。1982年，一班热心的华侨华人义工组织“黎明之声”，在一个FM频道的合作社电台中以粤语广播，每天早晨为观众播放音乐、信息和时事等节目。该台坚持了13年，最后因缺乏人手于1995年停播。1988年，“多伦多美加华语电台”在多伦多首播，该台属于多伦多地区的美加华语广播网。目前全天24小时播出中文节目，介绍政治、经济和社会时事并加以分析、评论，同时还提供娱乐节目。1993年1月，温哥华“加拿大中文电台”启播，有5个频道、5套节目，覆盖温哥华、多伦多和卡尔加利，目前每周广播时间超过110小时。“多伦多广播电台”（即现多伦多加拿大中文电台的前身）也在这一时期启播，1995年并入新时代媒体集团，成为一个多元文化电台。目前提供20种语言的广播服务，以华语广播时段最长，每周华语广播时段约95小时。1996年1月，“商业电台”正式启播，成为唯一以副频道方式广播的华语电台，听众需要购买译码器来收听节目。

（3）华语电视发展历史。

加拿大的华语电视台，也在20世纪80年代至90年代期间诞生。温哥华“世界电视”和“中文电视”，分别在1982年及1984年以有线电视形式启播。其后，“世界电视”于1985年改名为“国泰电视”。1993年底，有香港背景的“新时代集团”收购了“国泰电视”和“中文电视”两家电视台，并改组为“新时代电视”和“城市电视”两家电视台。1990年，卡城亚洲电视台在阿尔伯塔省卡尔加利创办，为卡城华侨华人社区免费提供华语节目和社区信息。1993年，多伦多新时代电视台成立，隶属新时代媒体集团，是目前加拿大唯一的全国性华语电视台。每天通过有线、数码及卫星传输播出21小时华语节目。节目内容除本地制作外，主要来自中国大陆、香港、台湾电视台等。广播范围覆盖安省、卑诗省和阿尔伯塔省。这一时期的加拿大华文传媒受港台影响极深，在新闻及公共事务节目上，经常出现“拿来主义”，照登或照播香港、台湾新闻。1998年3月，温哥华“城市电视”推出一系列普通话新闻节目，成为加拿大第一个以普通话播音为主的电视频道。加拿大华语电台和华侨之声，也增加了普通话广播时间。蒙特利尔第一个以普通话播音为主的电视栏目《蒙城华苑》，于2001年9月8日在14频道正式播出。香港凤凰卫视节目于2002年进入温哥华萧氏有线电视网多元文化台。

加拿大是一个鼓励多元文化的国家，华文传媒担当了一个在不同华人社区、不同文化间的桥梁的角色。加拿大各华文传媒都致力举办各种同类型的活动，以宣扬传播中华文化为己任，以促进中外交流为使命，在中华文化走向世界以及中国的文化软实力建设中，扮演了一个不可或缺的重要角色。华文传媒不仅是沟通侨胞与祖国的桥梁，也可以促进华侨华人更好地融入当地社会。华人传媒早就不仅仅将目光专注于华人社区，对国际新闻及时事评论等方面也是“兼收并蓄”，发出各种各样的声音。同时，也对加拿大联邦政府，以及省、市政府的每一项政策，尤其是关系到华人利益的信息展开评论，进行舆论引导。

2. 华文传媒现状

（1）华文报纸现况。

加拿大华文传媒的区域性分布明显。加拿大东临大西洋，西面太平洋，历来有加东加西之分，传统三大华文日报也分别推出加东版和加西版，向全加拿大播送的华文电视台也分加东、加西时段。

由于加拿大的人口和资源主要集中在温哥华、多伦多、蒙特利尔等几个主要的大城市，所以媒体资源也相应地集中于这几个大城市，加拿大的华文传媒在这几个大城市得到了较好的发展。比如，多伦多就是加拿大华文传媒发展较为成熟的城市之一，但同时也是华文传媒竞争最为激烈的战场之一。今日，光多伦多的华人传媒就有数十家之多，除报刊、电台和电视外，还有为数众多的网站，估计约有千人从事与华文传媒相关的工作。同时，多伦多还产生了华裔媒体工作者协会，这是多伦多华文传媒繁荣景象的表现。

加拿大的华文传媒拥有良好的受众基础。根据加拿大官方的统计资料，中国是加拿大移民最大的来源国，2001 年加拿大的华人人数已达 102 万，分别占全加拿大总人口和少数族裔人口的 3.5% 和 26%，成为继英裔、法裔之后的第三大族裔，并且这个数字还在以每年 5 万人左右的速度增长。到 2015 年，全加拿大华人数量将达到 180 万。另外，华侨华人在移民后仍注重保持文化传统，87% 的大陆、香港和台湾移民在家中均以中文交流，大部分移民将子女送入中文学校学习中文，使中文成为第一大非官方语言。据一家研究公司调查，温哥华 74% 的华侨华人有阅读华文报刊的习惯，而收听华语电台、收看华语电视的华侨华人比例分别是 61% 和 64%。这为华文传媒的存在和发展奠定了坚实的基础。

《星岛日报》、《明报》和《世界日报》在加拿大呈三足鼎立之势，虽然中国新移民不断增加，但这 3 家报纸的发行量却不见增长，有的甚至不增反降。究其原因，是新增的和原有的市场被不断创刊的免费报纸蚕食了。加拿大有 130 多万华裔，正是由于市场过小、竞争激烈，令这些媒体从业者或成了匆匆过客，或依然在竞争格外激烈的报业市场苦苦挣扎。华文报纸在过往 10 年总的发展趋势是“办报不难，维持不易”。靠微薄的广告收入维持生存的报纸，其受众主要是近年来增长势头较快的大陆移民。而大陆移民来加拿大以后有免费报纸可读，大多不愿意再掏钱买收费的报纸，并渐渐习以为常。《星岛日报》、《世界日报》和《明报》这 3 家大报不甘心眼睁睁地看着市场流失，于是开始推出简体的免费周刊，导致竞争更加激烈。

（2）华语广播现状。

目前加拿大的华语广播主要有温哥华的 AM1470、FM96.1，多伦多的 AM1470、FMS88.9，卡尔加里地区的 FM94.7，加拿大华语电台，华侨之声广播电台 AM1320 以及中国内地、港台在加拿大开放的华语广播。前 5 个加拿大华语电台频率都属于在加拿大华文传媒电子媒体里一枝独秀的“新时代传媒集团”。

加拿大华语电台（Fairchild Radio）是隶属于新时代传媒集团的多元文化电台，亦是北美最具规模的华语电台，有 5 个频道覆盖加拿大东西两岸 3 个华人聚居的城市，为华人社群提供每日 24 小时的普通话和粤语广播服务，提供多元的节目内容。

以温哥华为基地的加拿大华语电台（AM1470、FM96.1），成立于 1993 年，过去 15 年连续 5 次于加拿大极具代表性的市场调查中，成为温哥华最多人收听的华语电台。加拿大华语电台不断引进先进科技，接通世界各地，并制作不同类型的节目以满足听众需要，除本地新闻、时事、音乐、娱乐、财经、体育、文化艺术及广播剧外，每天转播来自北京、上海、台北和香港各电台的新闻，华人因此可以第一时间得悉中国政经时情。加拿大华语电台亦积极推动与跨国广播机构的合作交流，除提供节目予美国华语电台播出，还定期举办地区性的专题广播，如“上海广播周”等，充分发挥了文化桥梁的重要作用。

加拿大华语电台的多伦多分台 AM1430 早在 1925 年已启播，虽然多年来几经易手，但仍维持以英语广播，直到 1997 年由新时代传媒集团收购后才改用中文广播。新时代传媒集团与星岛集团于 2008 年联手接管 AM1540（呼号：CHIN）的华语广播时段，并将之易名为 A1 华语电台。

华侨之声广播电台 AM1320 自 1973 年启播，是大温哥华地区第一家华语广播电台。华侨之声广播电台全天 24 小时用 12 种语言播音，但以普通话及粤语为主，为大温哥华地区的多元文化小区服务，是温哥华最受华裔小区欢迎的广播电台。华侨之声一直为不同社会群体提供多种多样的新闻，以及富有信息、教育意义和娱乐性的节目。就本地服务而言，华侨之声一直在很多领域支持各社团和慈善机构筹款等社会公益活动。广大听众群对华侨之声发起的社会公益活动非常信赖与支持。除了参与小区活动之外，华侨之声一直致力于满足大温哥华地区不断增长的多元文化社会群体的需要，帮助他们了解彼此间不同的文化背景，协助他们融入加拿大的主流社会。2012 年 1 月，华侨之声与中国驻温哥华总领馆合作，在华侨之声网站创建“中国文化之窗”的网页，得到了中国文化部和中国国家旅游总局的大力支持，该网页以华侨之声为平台，通过多媒体向华裔和非华裔加拿大人全面介绍中国悠久的传统文化和丰富的旅游资源。同时也为中加两国文化交流和旅游产业合作搭建桥梁，让海外侨胞和对中国文化感兴趣的加拿大人更方便、直接地了解中国、认识中国。

（3）华语电视现状。

加拿大华语电视主要由两大“巨头”掌控，他们分别是华裔商人冯氏的新时代集团旗下的新时代传媒集团和加拿大人罗渣士先生创立的罗渣士传媒集团（Rogers Media）。新时代传媒集团的新时代电视和城市电视，与罗渣士传媒集团的多元文化电视台（OMNI Television）一直都是强劲的竞争对手。加拿大现在比较有名的华语电视有新时代电视、城市电视、多元文化电视台、多元文化电视台的卑诗省分台、加拿大中文电视台、长城平台、龙祥电视频道以及温哥华的肖氏多元文化频道（Shaw Multicultural Channel）、卡尔加利的卡城亚洲电视台、蒙特利尔的多元文化频道（CJNT－TV）和多伦多的加华视讯（WOWTV）等。这些华语电视的地域性比较强，观众通常只在播出地收看。

新时代电视是加拿大的一个粤语收费电视频道，隶属于新时代集团旗下的新时代传媒集团。新时代电视在卑诗省大温哥华地区列治文及安大略省大多伦多地区列治文山均设有节目制作中心与新闻中心，另外在亚伯达省卡尔加利设有办公室。加拿大全国以有线电视、宽带电视和卫星电视可接收到该频道的节目。除了新时代电视外，新时代传媒集团还拥有加拿大中文电台以及普通话收费电视频道城市电视。目前香港电视广播有限公司（TVB）通过其直属公司持有新时代电视约两成的股权，间接成为该台的股东之一。目前新时代电视台播放的电视节目绝大部分都是原创节目，如温哥华华裔小姐竞选、多伦多华裔小姐竞选、新秀歌唱大赛多伦多选拔赛等娱乐类节目，《大城小聚》、《时代杂志》等社会类节目，以及《最紧要运动》、《养生补典》等生活类节目。

城市电视是加拿大一个收费电视频道，大部分时段以普通话播报，少量时段播送韩语及越南语节目。该台的最大股东为新时代集团的子公司新时代传媒集团，总部设于卑诗省大温哥华地区的列治文，在安大略省大多伦多地区的列治文山设有分部。城市电视通过加拿大全国的有线电视、宽带电视和卫星电视播送节目。城市电视采用卫星技术引进中国中央电视台和台湾 TVBS 的新闻节目。除了从海外购入电视节目外，城市电视还有自制的电视节目，这是加拿大广播电视暨电讯委员会制定的本地制作条款所要求的。城市电视有自制新闻节目《晚间新闻》以及其他节目，包括《在加学英语》、《城市大视界》、《专家来开讲》、《枫华博览》、《都市有约》、

《新枫采》、《家国纵横》和《两岸三地加国情》。这些都是报道本土华人社区状况、社区华人如何适应移民生活、家居常识以及时事访谈的节目，主要目的是帮助移民熟悉和尽早融入当地社会。

多元文化电视台是加拿大一家私营的多元文化电视频道，隶属于罗渣士传媒集团。多元文化电视台源于安大略省多伦多，其后扩张至卑诗省温哥华以及阿尔伯塔省埃德蒙顿和卡尔加利，现于全国拥有5间地区分台。其节目语言众多，包括粤语、普通话、旁遮普语、意大利语和葡萄牙语等，部分时段也以英语播出，具体节目编排随地区而异。电视台网站上提供新闻回顾。多伦多分台于网上提供浓缩版新闻报道，由本台或友台采访的本地新闻及获通讯社允许于网上播放的国际新闻片段剪辑而成。

加拿大华语电视台是以说普通话的华人为主要收视对象的电视台，于2007年初以网络形式播出节目，共开设新闻、生活等6个频道。其节目特点是贴近本地华人的现实生活，为他们提供及时的社区新闻及与加拿大生活紧密相关的信息。该电视台在加拿大华人电视媒体中具有极强的节目制作能力。目前播出的节目都属于自制性质，主要有《安妮专访》、《社区在线》、《移路枫情》、《教育园地》、《地产沙龙》、《时尚生活》、《加国安居》等十几个节目，在华人社区拥有较高的声誉。

长城平台是由中央电视台、地方电视台和相关境外电视台的频道集成的海外播出平台。经国家广播电影电视总局批准，中国国际电视总公司所属的中视国际传媒有限公司负责长城平台海外落地项目的运营。2006年12月22日，由包括中央电视台、上海东方电视台、北京电视台国际频道等在内的9个电视频道组成的长城（加拿大）平台获准在加拿大落地。目前，该平台通过罗渣士和麒麟电视两个节目运营方播出。该平台从落地加拿大至今取得了很大发展，其重要优势之一是它有多渠道的内容提供方和经过慎重选择的国外平台运营方，而另一个重要优势就是中国文化。通过电视媒介多角度展示中华文化精髓以及全方位展现当代中国，让观众在浓厚的文化氛围中了解中国、学习汉语。除了特色中文节目，长城平台也有英文节目，这顺应了海外华人人口结构的变化，也满足了海外华人家庭中不同年龄华人的不同需求。

龙祥电影频道（LS Movie Channel）隶属于台湾龙祥集团。1995年龙祥集团在加拿大成立分公司，从事华语电影发行。龙祥电影台于2009年11月在加拿大多伦多开播，节目内容主要是中国内地、香港、台湾以及日韩和其他亚洲国家、地区的电影。此台节目播送仅局限于加拿大东部多伦多地区，目前在加拿大西部温哥华地区都不能收视。

（4）华文网站概况。

网络新媒体对报业格局的冲击是巨大的，也对海外其他华文传媒有着相应的影响。现在每天买报纸看的还是老华侨，其中港台人士居多，而大陆移民则是每天上网的居多。因此，加拿大的中文网站在抢占新移民，尤其是大陆移民市场上占得了先机，成了大陆新移民的精神家园。

网络媒体是加拿大华文传媒中发展最快的。近年来，加拿大的华文网站发展迅速，大大小小的中文网站已有600多个，这些网站定位各异，功能繁多，各类政坛网站上的知识分子政论、学术网站上的学术研讨以及个人博客上的观点言论等纷纷涌现，可谓“百家争鸣，百花齐放”。

为便于研究，我们将加拿大的华文网站分为四类：新闻性网站、信息性网站、论坛性网站和专业性网站。第一类是提供新闻信息的综合性网站，其主要代表有星岛网、世界新闻网、加国无忧、星网、加拿大华网、加拿大华人信息港、万维读者、龙在他乡、枫华园、多伦多信息港、多伦多在线、中加在线、多伦多生活等；第二类是提供加拿大各类生活常识的信息性网站，其主要代表有蒙城华人、加西生活、卑诗华人、安省华人、温哥华天空、加拿大就业指南、佳华网、枫情网等；第三类是纯粹提供网上聊天和留言服务的论坛性网站，其主要代表有温哥华阳光中文网、华枫论坛、卑诗阳光、相约加拿大、温哥华留言板等；第四类是提供财经、地产等服务的专业性网站，其主要代表有环球财经、多伦多房地产、枫国安居、温哥华汽车在线、BC餐饮大全等。

3. 华文传媒展望

加拿大华人众多，总数已超过全欧洲华人的总和，而且这里的华人素质较高，承继着源远流长的中华文化脉络。目前加拿大境内华文传媒发展空间依然很大，就拿电视媒体来说，实际上只有一个华语电视频道，无论从商业角度还是从消费角度看，这块商业宝地的潜在商业价值是不言而喻的。

加拿大的华文传媒正朝以下几个方向发展：

（1）向专业化发展。多伦多出现的《电脑报》、《健康时报》和《环球财经》，说明新移民报纸开始向专业化发展。这些报纸以某个群体为读者对象，介绍专业性的新闻和专题。从华人社会的状况看，专业化的报纸有相当大的发展空间。北美华人社区比中国大陆、香港和台湾更需要介绍新技术和其他专业技术的华文报刊。因为在其原居住地，人们可以通过当地的时尚消费、聊天交流、电视广播等多种渠道了解新技术和新产品的动向与应用；而在海外，华人需要更多以母语出版的报刊来获取时尚信息和新科技知识。

（2）向网络化发展。现代网络技术使得异地之间的合作，信息以及人力资源的有效利用成为现实。在海外华文报刊读者有限的情况下，华文报刊只能通过以合理有效的资源配置降低办报成本来解决生存与发展问题。在加拿大的近20种新移民创办的报刊中，大部分有网络电子版或者自己的网站，通过把现代网络媒体的时空无限性与报纸媒体的传统性结合起来，打造强势媒体。报纸发行的时间和空间非常有限，只有把传统的纸质媒体与现代的网络媒体结合起来，才能把信息最大限度地发布给更广泛的读者。

（3）向主流化发展。早在1998年，加拿大《星岛日报》就把5%的股权转让给了加拿大主流报业集团《多伦多星报》。此后的《星岛日报》经营管理更加到位，市场竞争力更强，媒体资源利用率更高。星岛的模式告诉加拿大传媒业界，主流媒体介入华文传媒不仅理论上可行，而且在实际中已取得成功。多伦多《现代日报》创办一年后，也致力于探索与主流媒体的合作之路。2006年8月，《现代日报》与加拿大上市公司下属的全国性报纸《多伦多太阳报》达成商业合作伙伴协定，从新闻、广告、印刷及推广宣传等方面进行合作。《星岛日报》和《现代日报》的主流化已说明加拿大主流媒体看好华人市场的潜力和华媒的发展空间。

无论是专业化转型或是全媒体转型还是主流化转型，加拿大华文传媒业似乎正在酝酿一场更大规模的资源整合。媒体产业要做强做大，整合是大势所趋。在加拿大的华文传媒业中，这种趋势正在显现，并呈现出很好的发展前景。

二、美国华文传媒现状与前景

美国华人是人数最多、最早移民美国的亚裔群体。当代美国华侨华人包括：20世纪60年代前来的旧移民；60年代及之后来的新移民，包括留下来的学生；美国土生华裔。华人移居美国比较早，且人数较多，这不仅使美国华文传媒历史相对久远，而且推动了美国华文传媒的发展。

1. 华文传媒的发展历程

（1）报刊的诞生与发展。

1856年12月，美国一位华裔英语翻译、教师司徒源创办了《沙加免度新录》（*Chinese Daily News*）。该报创办人司徒源是来自中国广东四邑的华侨。这是美国最早的华文日报，从此拉开了华文报纸在美国发展的序幕。但是零星的华文报纸并没有很快地发展壮大起来，而是时有时无，小打小闹。《沙加免度新录》也于1858年停刊。究其原因，是当时在美的华侨人数不多，华文报刊市场有限。《沙加免度新录》停刊后，美国华文报刊进入了沉寂期，这种局面一直持续到19世纪70年代。

进入20世纪以后，华文报纸再次进入一个发展期。这一时期的华文报纸最显著的特点就是政治功能突出。随着中国国内时局的变迁，美国华文报刊成为当时中国各派政治力量在海外进行舆论斗争的重要阵地，其发展与中国国内局势和社会运动紧密相连，表现出了极为突出的时代特征。比如梁启超于1900年4月在檀香山创办的《新中国报》，次年更名为《新中国日报》，作为当地保皇会的机关报。1903年孙中山抵檀香山后，将1883年在夏威夷创办的《檀山新报》进行改版，使该报成为当地兴中会的机关报。中国的革命派和改良派以美国华文报刊为阵地，展开了一场政治大论战。进入20世纪20年代以后，美国华文报刊的政治纷争则主要围绕着支持共产党还是支持国民党而展开。

从20世纪60年代末开始，美国的华文报纸呈现出迅猛的增长势头，美国也在70年代之后成为世界上华文传媒最发达的地区之一。这其中有4份报纸值得关注，一是1968年，香港的星岛报系在纽约开办的美国版《星岛日报》，是创办较早且获得成功的美国华文报纸；二是1976年2月，台湾“联合报系”在纽约创刊的《世界日报》，发行至今，已经成为北美地区最大的华文报纸之一，在华人社会中有着重大影响；三是1990年1月5日在洛杉矶登陆的《侨报》，该报致力于向读者提供迅速、客观、准确的大陆新闻，近20年来已经在美国华文报刊中确立了对中国大陆新闻报道的领军地位；四是1997年4月8日，香港“明报系”在纽约开办的《明报》美国版，该报迅速抢占华文报刊市场。《星岛日报》、《世界日报》、《侨报》和《明报》是美国兼跨东西两岸发行的四大报纸，发行量大（四大报的发行量占了全美华文报纸发行量的近一半），影响范围广。这些70年代后创办的报纸的最大特点就是在政治倾向上更加多元化，但这些报纸同时也在逐步淡化政治因素，朝着更加客观中立的方向发展，特别是在一些重大事件如“李文和案件”上，这些华文报纸还是保持了相当一致的论调。经过不断的磨合发展，这些美国的华文传媒越来越趋于一致，把报道的重点放在维护当地华人利益的基础上。

2008年下半年开始的经济危机给美国的整个传媒业造成了巨大的影

响，许多知名的报纸在危机中倒闭停业，而作为传统媒体的报业更是这场灾难中的重灾区。华文传媒也同样受到了不利经济环境的影响，它们的处境虽不至于像其主流同业那么凄凉，但身处寒流，再也无法像几年前那样“风景这边独好”了。适者生存的规律，迫使同业间的竞争更加激烈。作为四大报刊之一的《明报》也没能在这场经济危机中幸免，于 2009 年 2 月停刊，从此退出美国华文传媒市场。

美国许多华文报纸虽然遭受了经济上的重创，出现了疲态，但挺进的步伐并未停息。它们在节约成本的同时，均提高质量或推出新产品以求稳固阵脚，力图闯出新局面。

（2）华语广播的诞生和发展。

美国是除东南亚以外目前全球华侨华人最多的国家，在美国，中文广播、中文报纸及中文电视承担着为移居海外的华侨华人填补新闻信息空缺的使命。

华人社会最早的华语广播机构于 1933 年 4 月 30 日创立于美国的檀香山，《自由新报》职员蔡融勋、佐治林金和刘惠略三人创办了“华人播音局”，其初衷是由于各国侨民大都有本国语言的广播，而华侨没有，故创办此台。他们租用英文早报播音台的广播时段，从 1933 年 4 月 30 日起开始用粤语播音。之后在 1933 年 5 月 10 日，华人彭爱贤在檀香山又创办了另一家华语广播机构“檀华播音社”，也是租用当地英文电台的广播时间段。其后，祖籍广东的华人唐宪才于 1939 年 4 月在旧金山创办了金星广播电台（于 1977 年停办）。后来，华人在旧金山和洛杉矶又先后创办了一些华语电台。华语广播机构是海外华语广播的开始，之所以都出现在美国，是因为美国的言论较为自由，当地政府限制较少，而其他国家和地区，广播被置于政府的严密控制之下，且需要租用频率及波段，华侨华人很难涉足。

1968 年，纽约出现了第一家粤语广播电台——中华商台。这家电台早期是利用电话线路进行广播，据老华侨说，当年居住在“唐人街”的华人，几乎没有人不知道中华商台，而且大部分人都是它的忠实听众。它以原始的播音方式，给相对封闭的唐人街带来许多信息。中华商台的广播持续了 8 年。

1976 年，美国多元文化广播集团成立，这是纽约地区第二家华语广播电台，仍是以粤语为播音语言，用 FM 调频波段发射。经过 24 年的不断扩张，华语广播如今的收听范围已扩大至北美地区的纽约、多伦多、洛杉矶、旧金山、芝加哥和蒙特利尔公园市6个城市，号称北美最大的华语广播电台。

20世纪80年代初，来自台湾和中国大陆的移民日益增多，大部分在纽约皇后区、布鲁克林区等地聚居，形成了商业繁荣的新兴第二和第三中国城。由于华人中使用普通话的人越来越多，1986年，纽约首家普通话广播电台侨声广播电台应运而生，这是第一家普通话广播台，它结束了纽约华人只能收听英语或粤语广播的历史。

1988年2月，已经拥有华语广播台的美国多元文化广播集团，再次看好纽约普通话广播市场，创建纽约对华人的第四家广播电台——中国广播网。该台用普通话全天24小时播音，是美国纽约地区唯一以两个频率播出的广播电台。从那时开始，四家电台在纽约这片华人口中的“别人的土地”上各自为政，展开了长达14年的竞争。80年代后期创建的华语广播机构还有纽约的“中华商业电台”、旧金山的“华声电台”、休斯敦的“华夏之声广播电台”等。

除了纽约，在美国的其他大城市，华文传媒也渐成气候。在旧金山，“美国之音”于1942年开始华语广播，第二次世界大战结束后迁到纽约。1950年朝鲜战争爆发，机构扩大，每天播音达十几个小时。除普通话以外还有粤语、厦门话、上海话、客家话、潮州话和藏语。在洛杉矶，80年代以来先后开办了3家华语广播电台，它们是“中华之声广播电台”、“中文广播电台”和“联邦电台华语广播”。

随着华人社会的不断发展，华语广播也蓬勃发展，逐渐成为美国华侨华人不可或缺的精神食粮提供者。随着华语广播的数量增多、规模不断扩大，播出时间也越来越长。到1990年，美国的华语广播电视机构不下20个。经营上从租用美方广播电视频道若干小时发展到拥有某一频道频率的专营权。华语广播的覆盖面也扩大了。其中一部分是无线频道，覆盖面为10~200英里，但有的需要购买专用收音机才能收听。1987年纽约“华语广播”信号上了卫星，发展成美加广播。在内容上，有了更多的自编节目，并从单纯播放文艺、知识性节目发展到部分台有了现场声音、图像的新闻节目，如洛杉矶的“中华之声广播电台”开始有了新闻节目，华语广播电视的功能扩大了。

（3）华语电视的诞生和发展。

20世纪70年代，华语电视问世。海外华语电视最初诞生在美国。1972年，美国华人刘昶创办的纽约第一家华语电视台“华语电视”启播；

1974 年，旧金山的陈立欧创办了“美亚电视”；1975 年，吴式坤兄弟也在旧金山创办了“海华电视”；1976 年，旧金山这个华人相对集中的地方，又出现了“天祥电视”、“中华电视”。这时，美国的华语电视可谓初具规模。

20 世纪 80 年代是美国华语电视的蓬勃发展阶段，纽约先后出现了“苹果电视”、“宏声电视”、“世界电视”、“侨声电视”和“联合华语电视”；旧金山出现了“世华电视”、“太平洋电视”等十几家新的华语电视。从 1981 年开始，“联合华语电视”随着华人的足迹，从美国西海岸扩展到东海岸，从沿海扩展到内陆。先后在旧金山（26 频道）、洛杉矶（18 频道）、纽约、新泽西地区（25 频道）、夏威夷地区（13 频道）、华盛顿地区（56 频道）、芝加哥、密尔互基地区（26 频道）、休斯敦地区（48 频道）等地开播。台湾的三家电视公司（中国电视公司、中华电视公司和台湾电视公司）也于 1980 年合股在美国成立国际视听传播公司，总代理中视、华视和台视的电视节目在美国的播映及节目录像带的发行。该传播公司经营“联合华语电视”，在美国各大城市转播台湾的新闻与专题节目。

20 世纪 90 年代，美国的华语电视依然发展迅猛，并且出现了卫星电视。90 年代初，华语卫星电视的问世使华语电视突破地区限制，走向全美广大地区。1990 年创办的纽约“中文电视”，采用有线与无线两种方式播出，覆盖了纽约、洛杉矶、华盛顿、新泽西、宾夕法尼亚州、涅狄格州等地区，所覆盖人数达 7 000 万。1990 年 1 月在洛杉矶正式开播的北美卫星电视，是全美第一家卫星直播华语电视，收视地区遍及旧金山、西雅图、达拉斯、华盛顿等地。北美卫星电视公司透过“小耳朵”传送节目，每天播映 6 小时。洛杉矶地区其余的华语电视台每天播映时间在半小时至 1 小时之间，再加上重播时间，每天播映 1 小时至 2 小时不等。作为电视大国的美国，从未给予华语电视应有的位置，但 90 年代的洛杉矶却出现了一个少有的华人电视火爆的局面。除了历史较久的世华、翡翠两家华语电视台外，一下子涌现出了亚洲、华美、中国、中华、海洋、北美卫星、洛城华语、加丽、熊猫等 13 家华语电视台。洛杉矶华语电视这种火爆局面与美国近 10 年来亚裔移民的迅速增加是分不开的。另外，在芝加哥，1993 年 8 月华人子繁等创办了美洲东方卫星电视，使美国 15 个州、50 个城市以及加拿大、墨西哥和加勒比地区的华侨华人均可收视。

2. 华文传媒现状

（1）华文报纸现状。

报纸在华文传媒中历史最悠久，也是华人获取信息最主要的渠道。自

2009年2月2日《明报》退出美国华文日报市场，全美的华文日报业呈三足鼎立（《星岛日报》、《世界日报》和《侨报》）之势，分享全美主要城市的中文读者市场。这三大报纸报道世界各地的新闻，并配合必要的言论，信息的数量和覆盖面都比较大，有各种副刊以适应不同层次读者的需要。美国的华文报纸除了上面提到的三大报纸外，还有众多全国性发行的报纸以及只在城市内部发行的地方社区小报。这些社区报纸的报道范围比较窄，不刊登或较少刊登国际新闻，主要报道华埠社区的有关新闻、社会活动，刊登华人的工企业广告，一般都是每周出一期，也有每天出刊的，它们不收报费，出版后置于华埠的超级市场或餐馆免费赠阅。这种报纸有芝加哥的《华报》和《芝加哥时报》，波士顿的《波士顿新闻》、《亚美时报》，休斯敦的《美南新闻》，达拉斯的《达拉斯时报》，旧金山的《金山日报》，西雅图的《西华报》等。

这些林林总总的报纸在美国大约有50多家，占据着美国的三类华人市场。一是当地华人人口在30万以上的城市，如纽约、旧金山、洛杉矶等地，是日报的市场，这也是《世界日报》、《星岛日报》、《侨报》等全国性华文报纸的兵家必争之地；二是当地华人人口在10万到20万之间的华盛顿、新泽西、芝加哥、休斯敦等地，有4~7家地方华文报纸；三是当地华人人口在3万到8万的费城、底特律、丹佛、佛罗里达、亚特兰大、波士顿等地，有1~3家地方华文报纸。目前美国的华文日报市场已基本饱和。

华文报纸在华人社区内具有较大的影响力。2009年的民调显示，全美各地的华文报纸覆盖了70%的华裔成人，54%的华裔上网阅读本族裔网站。而据业内人士统计，美国华文日报的实际发行总量中，《世界日报》和《星岛日报》共占去六至七成的份额。《世界日报》发行范围基本上覆盖了北美的主要华人社区，是北美发行量最大的华文报纸。

华人移民这种复杂的背景使移民彼此间信息需求的差异很大，这就造成华文传媒需要在此基础上再进行第二轮受众细分。针对这种错综复杂的受众结构，各大媒体依据地缘关系、文化依存关系与商业利益关系，使出浑身解数，瞄准对象，细分市场，基本稳定目标受众群。《侨报》的主要读者为老侨民、老移民或者跟他们有密切关系的华人团体，这些人一般年龄比较大，大陆情结比较浓，与内地有千丝万缕的联系。《世界日报》的主要读者为与台湾关系比较密切的人，比如从台湾到美国的移民及其后裔，台湾旅美人士，台资企业人士，台湾在美国的各种组织、机构和办事处的工作人员等。《星岛日报》的主要读者群为20世纪80年代以后到美国的新侨民、新移民，他们中大部分人学历与知识水平比较高，历史意识弱，对香港很关注。

（2）华语广播现状。

美国是世界上最早兴起广播事业的国家，广播在美国一直是最普遍、最个人化的一种媒体。美国是世界上媒体最发达、竞争最激烈的国家之一，美国的华语广播也发展得相当成功。说到美国的华语广播媒体，最有影响力的华语广播电台几乎都隶属于一家叫做多元文化广播集团（www. mrbi. cn）的媒体集团。在华人聚集的纽约、洛杉矶等地，这家媒体集团旗下的华语广播媒体都处于绝对领先地位。在以洛杉矶为核心的南加州地区有 5 个华语广播频率，其中影响力最大的三家为多元文化广播集团所有。这三家电台分别是：洛杉矶 KAZN AM1300 广播电台（号称北美最大的华语广播电台）、洛杉矶 KMRB AM1430 粤语广播电台（是南加州唯一也是北美最大的粤语广播电台）和 KAHZ AM1600 华语广播电台。另外，隶属美国鹰龙传媒集团的 AM1370 洛城双语电台在洛杉矶的影响力也很大。

KAZN AM1300 是目前美国南加州家喻户晓、极具影响力的中文媒体。它的节目主持人是来自世界各地的、多才多艺的广播人才。他们直抒在美华人的心声，丰富华人的生活，同时增加了新移民对美国的了解并促使其融入主流社会。AM1300 中文广播电台的另一大特色是走出播音间，与听众联合举办各种小区服务性质的活动。电台组织的旅游，音乐会，大小慈善事业的募捐、义演、舞会、餐会、比赛、讲座、商展等，广受华人小区的好评。近两年来，每年固定举办的“中华文化节”盛况空前，吸引了许多海外表演者参与。

在纽约和新泽西地区，四家全频率华语广播电台中有两家隶属于这家集团。另外纽约还有一家部分时间讲华语的 AM930 频率也属于这家集团。其中多元文化广播集团旗下的纽约华语广播 AM1480，影响巨大，同时在线收听率曾经一度超过美国最大的广播网 CNN。经过 24 年的不断扩张，纽约华语广播如今的收听范围已扩大至北美地区的纽约、多伦多、洛杉矶、旧金山、芝加哥和蒙特利尔公园市 6 个城市，就覆盖范围而言，它是北美最大的华语广播电台。另外在华盛顿、旧金山、蒙特利尔、达拉斯、圣地亚哥等华人聚集的地方，多元文化广播集团还有数家电台全部或部分时间用华语广播节目。多元文化广播集团，堪称海外最大的华语广播媒体集团。

休斯敦是美国南部的经济文化中心，是美南地区华人的主要居住地，大约20万华人在这里居住，数量还在迅速增加。这里有一家华语广播电台——休斯敦时代华语广播电台。它是休斯敦播音历史最长的华语电台。时代华语广播电台在中波调幅 KCHN AM1050 播出，广播区域覆盖了大休斯敦地区，包括休斯敦市、哈里斯郡、盖文斯屯郡等美国南部经济发达和华人人口稠密区。时代华语广播电台服务广大的华人听众，精心设计栏目，充分满足各层面听众的需要，专题节目包括新闻、时事、理财、人物、法律、健康、音乐、娱乐、生活等。时代华语广播电台采用先进技术建立了功能全面的网站，让使用者不受时间和地域的限制，实时收听和随时回放节目，扩大收听人群和传播地域。时代华语广播电台与全球最大的两家广播公司——英国广播公司 BBC 和中国国际广播电台建立了长期的合作关系，可独家向美国南部地区听众提供世界最高水平的华语节目。与洛杉矶 KAZN AM1300 电台相似，时代华语广播电台也积极倡导并致力于小区服务，免费协助低收入家庭报税，定期举办健康、治安、小型企业经营和文化教育讲座，与政府、警察机关等密切协作，及时向华人小区提供紧急支援、市政项目支持等义务服务，因此备受信赖。

（3）华语电视现状。

目前美国的华语电视主要有新唐人电视台、美国中文电视、旧金山有线电视、天龙电视、天下卫视、宏星卫视、华语电视、华语电视2台、泰盛卫视、泰盛娱乐台、凤凰卫视美洲台等。这些华语电视台主要集中在洛杉矶、旧金山和纽约，其中有7家频率隶属于美国多元文化广播集团。这些电视台主要是租用无线或有线频道播放节目，提供的节目主要是大陆制作的连续剧和台湾制作的娱乐综艺。当地制作的节目则以新闻为主。在以纽约、新泽西为代表的美国东海岸，主要的华文电视频道是多元文化广播集团旗下的纽约华语电视、时代华纳78台、华语电视时代华纳501台、华语电视时代华纳502台以及华语电视在 Cablevision 有线电视网上的238台。除了多元文化广播集团旗下的华语电视，纽约的华语电视台还有“海外电视公司”、“宏声电视台”、“苹果电视台”、“世界电视”以及专门为中国台湾政府宣传、全部播放由台湾三家电视台制作与配备好的节目的“联合华语电视公司”。多元文化广播集团旗下的四个频道都是当地发展起来的地方电视台，以服务华语社区为主要定位，贴近华人群体，加上该集团强大的广播、报刊媒体的互动，在华人社区家喻户晓，影响巨大。

多元文化广播集团旗下华语电视公司的7个频道24小时全天候为华人社区提供适合他们的节目。每天播放的节目除了新闻资讯外，还包括通俗喜剧、儿童节目、深宵剧场等，形式多样，内容丰富。例如多元文化广播集团旗下的黄金电视黄金台（501台）华语电视服务增长迅速，它24小时全天候播放来自中国大陆、台湾和香港的各式节目。每天播放的节目有电视连续剧、综艺、电影、烹饪、运动、儿童节目等。501台心系社区，它的服务宗旨就是娱乐、教育和提供信息给华裔大众。此外，还有《访谈》及《热线电话》节目，为听众提供发表意见的公开论坛。501台的大部分节目有中文字幕，或者有普通话和粤语双声道，以减轻不同方言的观众的语言障碍。有些节目甚至有英文字幕，便于非中文观众欣赏。

目前整个北美的华语收费电视，共有15万多户受众，主要集中在华人及移民聚居地如纽约、洛杉矶、旧金山、休斯敦以及其他一些大城市。对于电视运营而言，广告的开发不管对美国主流电视台、有线频道还是少数族裔的电视台，都同样重要。就纽约地区而言，付费收看华语电视的观众不多，广告自然不多，而主流广告商投入的广告更少。对于华语电视台而言，只靠收费电视的用户费，没有广告来源，难以做大做强。因此，让全美的华语电视发展壮大的一个途径就是改变传播平台，使华人观众能够收看免费的有线电视频道，以此增加全美华语电视观众的数量。

（4）华文网站现状。

近些年来，华文网络可谓海外华文传媒发展中的新亮点，这些新媒体在华文传媒中的试水引起了越来越多人的关注。由于传统海外华文报业受地域限制，只能在华人集中的大都市发展；另外，传统的广播电视受转播条件的限制，故今天世界上很多地区的华人仍旧看不到华文报纸，也没有华文的广播电视。唯有网络媒体具有超越时间、超越地域的特点，而且信息传播及时迅速又便于随时反馈意见，加上海外华人新移民多为上网族，目前海外华文网络媒体已经成为海外华人最主要的信息交流平台，形成了遍及全球五大洲庞大的华文网络媒体群。

但是华文网络目前刚刚起步不久，其发展并没有预想的那样能够迅速取代原有的传统华文传媒，成为华文传媒新的“接班人”，其从目前来看依然有许多不足之处。美国华文网络媒体起步虽早，但因受华人社会组成参差不齐的制约，迄今仍难成为“大众媒体”。为便于研究，我们将美国的华文网站分为两类。第一类是一些比较知名的美国华文网站，如“文学城"、"倍可亲"、"未名空间"等，在Alexa排名不错，但它们与传统的美国华人社会互动较少。因此，就美国本地的受众而言，它们只能算是"小众媒体"；第二类是依附于母系传统媒体的华文网络媒体，如《世界日报》的"世界新闻网"、《侨报》的"侨报网"、《星岛日报》的"星岛环球网"，这些网站在全球排名中微不足道，难以发展为"大众媒体"。美国当地华文网络媒体遇到的竞争除了它们内部间对受众和广告的争夺外，还有来自母国的媒体竞争，并且后者更严重。

3．华文传媒展望

美国的华文传媒还在不断地发展，对于资金、人才、语言文化等问题都得想办法解决，并且出现了一些有利的发展势头：

（1）本地化。华文传媒要在新闻内容上量身定做，服务新的受众群体。由于长期的历史原因，美国主流媒体对华人的一般新闻、社区新闻很少关注，除非特别重大或煽动性、刺激性较强的中国新闻才能占据头版头条。随着华人族裔从以外来移民为主向以本地族裔为主的转变，华文报纸的内容也会发生转型，突出服务性、本土性，努力吸引大陆新移民。华文传媒可与当地主流媒体合作，互换新闻资讯或联手出版报刊，制作节目，这是海外华文传媒突破自身局限、与主流社会受众群体直接接触的一条捷径。

（2）去政治化。传媒机构从原来的政治势力宣传单位，逐步转向具有社会责任感的专业化新闻媒体。在价值取向上，以中华文化为主，多元文化为辅，淡化意识形态色彩。21世纪后，美国华文日报的意识形态色彩逐步转淡、强调华人共同体的立场趋于一致，在这种大背景下，过去因地域分割而形成的"港台"、"大陆"的概念已日渐淡化，代之而起的是海外华人的概念。国际互联网的兴起，则进一步突破了区域的限制。

（3）双语化。据调查显示，美国亚裔的第二代中，高达3/4的人口不能熟练掌握本民族的语言。2007年8月，台湾的一份调查报告也证实，在美的台湾华裔达59万人，近80%会听汉语，74%会讲汉语，会读会写汉语的只有1/4。假定新华侨华人都是华文传媒的读者，他们的下一代只有1/4能够成为华文传媒的读者。鉴于此，发展双语报刊，争取这批并不熟悉汉语的华裔读者，是华文传媒的可行之路。同时媒体本身增加英语节目的制作，还能增加本地受众的认同感和归属感。这不失为华文传媒向主流社会延伸、扩大话语权和影响力的一个有效途径。

（4）集团化。海外华文传媒的集团化有两种情形：一是随着本地华人办报者经济实力的不断增强而形成的以一报为主，同时出版多种报刊的集团；二是母国报业集团在海外的拓展。随着美国华裔人口的不断增长，人均收入大幅度提升，美国华文传媒正在走向产业化，并逐步融入美国主流传媒，随着其规模的扩大，美国出现了华文报业集团。在发行方面，华裔聚集的大城市也出现了华文报与美国本土大英语报联合发行的现象。

（5）网络化。随着传播技术与网络的不断发展，华文报刊网络版纷纷涌现，如《星岛日报》的“星岛环球网”、《世界日报》的“世界日报网”和《侨报》的“侨报网”等。这些网络版内容充实，形式多样，是主报的一个有机组成部分，发挥了信息增殖的功能。其他一些华文周报也纷纷效仿，推出网络版。美国网络发达，而且覆盖区域广，使用便捷，电子报纸在美国已经取代了部分印刷媒体，并使报社收入大幅度增加。这也许会成为美国华文报纸未来的发展方向。

参考文献：

［1］［美］W. 宣伟伯著，余也鲁译：《传学概论——传媒、信息与人》，北京：中国展望出版社 1985 年版。

［2］周敏著，郭南审译：《美国华人社会的变迁》，上海：上海三联书店 2006 年版。

［3］加拿大 2011 年人口普查，加拿大华人网，2012 年 2 月 13 日，http://www.sinonet.org。

［4］徐丹：《论加拿大华人移民人口结构的变化》，《世界民族》2007 年第 6 期。

［5］李宇：《海外华语电视研究》，北京：中国社会科学出版社 2011 年版。

大洋洲华文传媒发展综述

陈祥华　郭　翼

大洋洲各国中，只有澳大利亚、新西兰和斐济三个国家有华文传媒，其中前二者因为华人人口数量大、经济比较发达，因此华文传媒的发展水平也就最高。斐济华文传媒发展水平相对较低，但与其他两国不同的是，它出版的华文报刊是销往一些岛国的。

一、华文传媒发展历史

1．大洋洲华文报刊发展历史

（1）澳大利亚华文报刊发展历史。

一般认为，澳大利亚最早的华文报刊是华侨书商孙俊臣于1894年9月在悉尼创办的《广益华报》（*The Chinese Australia Herald*）。“这份以刊登广告为主的周报……它一直出版到1923年才停刊，迄今为止仍是全澳大利亚刊行时间最长的华文报纸。”①

百年之前，当澳大利亚淘金热潮还没退尽的时候，早期澳大利亚华人社会曾经出现过华文报刊的一段黄金岁月。1898年6月29日，悉尼华商筹资成立了《东华新报》（*The Tung Wah News*），1902年改名为《东华报》，成为清末保皇派的宣传阵地。1905年，旨在宣扬启智救国、改革维新思想的《警东新报》在墨尔本创办。19世纪末20世纪初在澳大利亚出版的华文报纸还有《民国报》、《平报》和《民报》等。但是好景不长，1901年澳大利亚联邦成立后，带有种族歧视性质的“白澳政策”付诸实施，使在澳华人急剧减少。自1920年《民报》停刊起，在接下来的半个多世纪里，华文报刊在澳洲基本上销声匿迹。

20世纪70年代前期，中澳关系实现正常化，“白澳政策”随后被正式废除，华文出版物这才在澳大利亚重现生机。1982年，香港《星岛日报》在悉尼发行《星岛日报·澳洲版》，澳大利亚华文传媒史上第一家日报就此诞生。告别澳大利亚华文传媒发展的“冰河时期”，20世纪80年代开始，华文报刊的春天来临，并呈蓬勃发展之势。

20世纪70年代印支战争的结束引发了移民潮，大量华裔的涌入使澳大利亚华裔人口猛增，由澳籍华人创办的澳大利亚第二张华文报纸《华声报》，就是在这一背景下产生的。该报后来改名为《澳洲日报》。《澳洲新报》于1987年3月在悉尼创刊，该报具有香港《新报》背景，后逐渐脱离香港《新报》而独立，目前成为在澳洲与《星岛日报》并驾齐驱的华文日报。另外，《澳洲新报》是当时华文报刊版面编排的改革创新者，开创了由纵排向横排转变的新风气。

踏入90年代，澳洲华文传媒发展势头方兴未艾。港台背景的报刊纷纷问世是当时澳大利亚华文报刊的特点之一。《星岛日报》和《澳洲新报》的共同点是语言风格都带有明显的香港文化特色。《澳洲日报》和创办于1994年并于2002年停刊的《自立快报》，由于发行人的关系被认为有台湾背景，这张由台湾当局支持、鼓吹“台独”的报纸影响日衰，最终因亏损严重，难逃倒闭厄运。

免费报纸的兴起，是当时澳大利亚华文报刊的另一个特点。1992年，被称为“澳大利亚免费华文周刊的开拓者”的《综合周刊》在悉尼创刊。据统计，该周刊发行量最高时曾达到每周25 000份，创该时期同类报刊最高纪录。

进入21世纪以来，华文报刊的专业水平提高，集团化、合作化趋势加强。2002年，《自立快报》倒闭后，2AC电台的老板陈锦忠旋即接过原《自立快报》的兵马，创办了《华人日报》（后改名《澳洲新快报》），这份新兴日报随后在悉尼保持了澳洲华文日报第四把交椅的地位。2005年6月8日，香港《大公报》为打入澳洲传媒市场，与《澳洲新快报》签约，合作发行《大公报·澳洲版》。

2011年5月，澳大利亚最年轻的华文日报《大洋日报》在墨尔本创刊。至此，在澳大利亚出版的华文报刊总数已有30余家，其中日报6家，周报和周刊达到二三十家。

（2）新西兰华文报刊发展历史。

新西兰华侨华人历史源远流长。早在1866年，第一批中国工人就来到新西兰从事采矿活动。据新西兰2006年人口普查数据，华侨华人已达14.76万人，占新西兰总定居人口的3.66%，是新西兰第三大民族。[②]

早期的新西兰华文报刊主要由中国国民党创办。1921年5月，中国国民党新西兰惠灵顿分部创办《民醒报》，这是新西兰最早出现的一份华文刊物，1923年停刊。除此之外的华文刊物有1929年由国民党奥克兰分部创办的《民铎月刊》，奥克兰华侨联合总会创办的抗日刊物《中国大事周报》(1937年至1946年7月)，1958年9月1日创刊的《新西兰华侨报》等。

20世纪八九十年代，新西兰华文传媒迎来了一个发展的高峰期。1989年3月16日，《星岛日报·海外版》在新西兰问世，但最终因经济拮据于2001年3月停刊。20世纪90年代初开始，新西兰实行开放的移民政策，迎来了新一代移民潮，新一轮华文传媒的创办热潮就此兴起。1991年9月，新西兰最早的华文报《华页》问世。《华页》原为周报，2004年改为周一至周六出版。其后，《中文一族》、《新报》、《新西兰中文先驱报》、《自立快报》和《新西兰联合报》也陆续创办。

21世纪以来的十多年间，华文传媒发展更为迅速。“最多是在2003—2005年移民潮之后的三年间，高峰时期仅华文报刊就多达28家。但在这期间停刊的也不少。如《华商报》、《新西兰镜报》、《新西兰周报》、《奥克兰论坛报》、《南极光》、《华人世界》（杂志）等均告停刊或改头换面。”[③]

（3）斐济华文报纸发展历史。[④]

19世纪70年代，澳大利亚淘金业衰败后，一些失业华工途经斐济时在该岛落脚谋生，成为斐济第一批华侨。斐济现有华人一万人左右，95%以上已加入当地国籍。华侨华人主要集中在苏瓦（近3 000人）。

《飞枝国民》是斐济一份有资料记录的最早的华文报刊。该报刊是半月刊，1950年8月2日创刊，12开本。到1965年，该刊仍在出版，但现在已经停刊，停刊时间不详。

随着华人数量的增加，以及斐济与中国建交，斐济的华文传媒有所发展。2001年2月1日，《斐济日报》创刊，是当今斐济境内唯一一份华文报刊，也是南太平洋各岛国中唯一的一份华文报刊。《斐济日报》每周3期，每期8版，其主要内容有：本地新闻、中国新闻、国际新闻、文体娱乐、卫生常识和文艺连载。该报除在斐济全国发行外，还发行至附近三个岛国：瑙鲁、汤加和图瓦卢。

2. 大洋洲华语广播发展历史

（1）澳大利亚华语广播发展历史。

到20世纪中叶，华文报刊在澳大利亚还处于冰封时期。澳大利亚的不少华裔居民仅通过澳大利亚广播电台每周有限时段的华语播音来获取新闻信息。事实上，电台的华语广播节目在澳大利亚已有很长的历史，比华文日报的历史长得多。“墨尔本的ABC澳洲广播电台早在20世纪50年代初已有华语广播的节目；创建于1975年的国家广播机构SBS民族电台，播放华语节目的历史也超过 30 年。”[5]

澳大利亚华语广播电台主要由政府电台和商业电台两种类型组成，表现形式为全国性特别广播服务电台、社区民族广播电台和商业华语广播电台三种。

澳大利亚华语广播自上世纪 80 年代起步。最早的华语广播是昆士兰民族广播电台 4EB，它于 1980 年创建于布里斯班。1994 年 9 月，悉尼第一家民办的华语电台 2CR 澳洲华语广播电台在华埠创建；1996 年，香港移民陈锦忠在悉尼创办澳洲华人电台 2AC；1999 年，墨尔本华语广播电台 3CW 在墨尔本成立，创办人是大陆新移民项翔。这三家电台均由私人开办，并以广告收入作为电台运作的主要支撑，完全商业化运作。

澳大利亚的华语广播从 20 世纪 80 年代起步，90 年代发展迅猛。进入 21 世纪，澳洲的华语电台又有了新的发展。经过 10 多年的发展，悉尼的华语电台增加到 3 家。2007 年，澳大利亚东方华语电台（2OR）成立，2OR 是悉尼第一家由新移民创办，以大陆为背景，以普通话为主、24 小时播音的华语电台。2008 年 9 月 26 日，澳大利亚昆士兰州第一家华语电台——澳华之声华语广播电台（Voice of Australia Chinese，VAC）正式成立并开播。2011 年 5 月 6 日，蓬勃发展的澳洲华语广播又迎来新成员“华夏之声”，该台在澳大利亚的布里斯班 24 小时以华语广播。

（2）新西兰华语广播发展历史。

新西兰中文电台成立于 1998 年 3 月，是新西兰首家 24 小时不停广播的华语电台。该台除制作本地节目外，同时转播伦敦 BBC、香港电台 RTHK 及中国中央人民广播电台 CNR 的节目，2010 年 10 月起增加转播美国之音 VOA 和澳洲广播电台 ABC 的节目。

新西兰华语广播电台最早在 AM990 频道播出，创建人是作为国家党国会议员候选人参加 2002 年国会选举而名噪一时的刘殷志。但是由于激烈的市场竞争，以及电台长期以来后续资金投入不足、设备更新延缓、内部管理混乱和人才流失等原因，AM990 中文电台于 2005 年 4 月停播，以前的所有节目都将转到 FM906 频道继续播出。[6]

2004 年，中华电视网旗下的华人之声 AM936 广播电台在奥克兰开播，它是新西兰唯一全部节目用普通话广播的电台，该台每天 24 小时不停地广播。AM936 转播北京人民广播电台、中央人民广播电台以及台湾地区的飞碟电台的节目，并每周自制 70 小时以上的本地节目。

3. 大洋洲华语电视发展历史

（1）澳大利亚华语电视发展历史。

1993年3月，澳大利亚的第一座华语无线电视台——“黑眼睛华人电视台”开播。1995年1月30日，“黑眼睛华人电视台”更名为悉尼华语电视台，并正式在UHF-31频道播出。2006年2月，悉尼华语电视台转由TVS-31公用频道播出。该台播出的节目内容主要包括悉尼本地制作的节目以及中国内地、香港和台湾地区的优秀节目。“2007年1月1日正式推出网络频道sctv31.com，启用100兆带宽服务端口及最新的P2P技术传送。”⑦

1994年3月13日，澳大利亚第一座华语有线电视台——新世界电视（New World TV）在悉尼开播，该台隶属于澳大利亚传媒集团（Australia Media Ltd.），覆盖悉尼、墨尔本等地。但是该台在2000年已停止运营。

1999年12月，香港无线电视台（TVB）在澳大利亚开办澳大利亚翡翠互动台，正式称谓是“电视广播（澳洲）有限公司”［TVB（Australia）/TVBA］，TVBA是香港电视广播（国际）有限公司（TVBI）全资拥有的附属公司，目前TVBA是澳大利亚唯一一家有自己平台的华语电视公司，其总部设在悉尼，并在墨尔本设分公司。2000年7月，电视广播（澳洲）有限公司推出翡翠互动电视（Jade World）收费电视平台，拥有7个电视频道。

2002年5月1日，澳大利亚第一个华语卫星电视直播公司——澳大利亚澳洲华人卫星电视公司（A Skynet）正式成立，“在2010年初，该台关闭，部分用户转到翡翠互动电视台”⑧。

2005年初，隶属于华夏传媒集团⑨的澳大利亚华语电视台在墨尔本成立，该台节目在当地电视31频道播出，“节目内容主要包括中国内地电视频道的部分节目以及自办的《新闻资讯》、《华夏面对面》、《聊天室》等”⑩。

（2）新西兰华语电视发展历史。

2000年，新西兰中华电视网开播，此举成为新西兰华语电视发展的里程碑。该电视网的节目既有自制的新闻和专题节目，也转播中国内地、香港和台湾的电视节目，还有日本和韩国频道的节目。

该电视网最初开办时拥有6个频道，后来不断发展壮大，到2006年已包含10个频道和2个华语广播电台，2007年8月13日，中华电视网又开播了无线中文8频道（亦叫中华电视台），通过数字频道覆盖全新西兰，并由此进入无线电视领域，2007年9月29日开始将每日晚间新闻放在该台网站上，隔日可点击观看。

新西兰华人电视台于2010年5月播出信号，5月8日正式试播，每天24小时完全免费播放，观众无须安装特别天线便可以观看。该台以“积极发展，自主创新，优化资源，加强交流，心系祖国，服务华社”为宗旨，力求成为在新西兰具有广泛影响的华人传媒。

二、大洋洲华文传媒现状

迈入21世纪后，随着来自中国大陆的新移民和留学生的大量增加，包括报刊在内的大洋洲华文传媒迅速发展。

1. 大洋洲华文传媒现状概述

（1）大洋洲华文报刊现状概述。

在澳大利亚的中文日报中，发行量最大的主要有四家，即《星岛日报·澳洲版》、《澳洲新报》、《澳洲日报》和《澳洲新快报》，此四者并称澳洲四大华文日报，都分布在悉尼。

由于周刊的发行、流通周期长，因此成本相对较低，所以除了悉尼四家日报，墨尔本三家日报外，澳大利亚的华文报纸基本上都是周报（刊）。悉尼的收费华文周报有两家，为《新时代报》和《澳华时报》。“在墨尔本有《澳洲日报》的姊妹报《墨尔本日报》，收费华文周报两家，它们是《大洋时报》、《华夏周报》。此外，在悉尼、墨尔本、堪培拉、布里斯班、珀斯等地有不收费周报十多家。”[11]免费周报中较为著名的有成立于1995年的大华时代报社，每周出版《大华时报》、《大华周末》及《大华地产》3份免费报纸，并拥有澳洲好亚中文网站。

月刊在澳洲也比较多见，其中最为著名的是《健康报》。该报创刊于2005年，是一份在全澳大利亚发行的集中医药新闻、科普、学术和保健指导为一体的医学专业类报纸，每期32版。

表1　澳大利亚华文日报

报纸	创办时间
《星岛日报·澳洲版》	1982年3月1日
《澳洲日报》	1986年5月21日
《墨尔本日报》（《澳洲日报》姊妹报）	2001年9月
《澳洲新报》	1987年3月19日
《澳洲新快报》	2004年6月30日
《大洋日报》	2011年5月

进入21世纪以来，新西兰华文报刊发展也取得长足进步，2008年金

融危机爆发后，其发展受到一定影响，但势头依然不减。现在新西兰的华文报刊，主要由来自中国大陆、香港和马来西亚的华人移民主导。进入21世纪，新西兰的华文报刊虽然大量涌现，但这期间也有不少报刊因为种种原因而停刊或改头换面，如《华商报》、《进报》、《新西兰周报》、《奥克兰论坛报》、《南极光》、《华人世界》（杂志）、《自立快报》和《华侨时报》等。

如前文所述，1998—2008年，新西兰华文传媒发展更为迅速，但是这期间停办的报纸亦不在少数。"在此类厄运难逃的报纸中，《华侨时报》算是较为例外。该报2000年8月创办，是一份免费华文小报。开办后，日益感到竞争不下去，经营了两年便易手，于2008年易名为《新华侨时报》。《新华侨时报》开办不到一年，又自感难以为继，便与创刊不久的华人通出版集团的《华人生活导报》合并，并更名为《一周通》（杂志）。"⑫

2008年开始的金融危机，也对新西兰媒介市场产生了重要影响。继2001年《星岛日报》因经济拮据停刊，以及2005年新西兰唯一的一份收费报纸《自立快报》停刊后，新西兰现有的10多份华文报纸杂志一律免费提供。按照刊登的内容，新西兰的报纸主要可分为两大类：一类是以刊登新闻为主的周报（新西兰的华文报纸基本上是周刊），如《先驱报》、《新西兰镜报》、《乡音》、《新民侨报》、《信报》等（《先驱报》和《新西兰镜报》较具规模）；另一类是以刊登广告为主的资讯报，如《中文一族》、《华页》等。

"目前，报业方面在奥克兰出版的主要有：《先驱报》、《华页》、《中文一族》、《亚洲之声》、《东方时报》、《新华商报》、《新报》、《留学生报》。基督城出版的有：《信报》、《新西兰镜报》（原在基督城出版，近年转到奥克兰编辑出版，但在基督城仍有采访作业）。"⑬

杂志方面，"目前在奥克兰出版的主要有：《一周通》（周刊）、《一本通》（季刊）、《中视》（月刊）、《贝斯特月刊》。基督城出版的主要有《新西兰双语杂志》（双月刊）"⑭。

目前，新西兰的华文报刊都是周刊、月刊，没有日报。影响比较大的有《新西兰镜报》、《东方时报》、《新西兰信报》、《新西兰中文先驱报》等。

（2）大洋洲华语广播现状概述。

在澳大利亚，华语广播发展比较快。在日报纷纷登场的同时，其他类别的传媒也破土而出。特别是20世纪90年代以来，办报、设电台和电视台之风更是一发而不可收，百花齐放、百家争鸣的局面遂告形成。悉尼的2AC 和 2CR 是两家有影响力的华语电台，都开办有普通话和广东话两个语种的节目。节目内容新闻性、服务性、信息性一应俱全，加上电子媒体及时方便的优势，使得其听众不断攀升。

从表 2 显示的年份来看，从 20 世纪 80 年代开始，华语广播已开始在澳大利亚的天空翱翔，90 年代更是发展迅猛，各大主要城市都分别成立华语电台。

表 2 澳大利亚华语广播的发展及分布

名称	创办时间	地点	备注
昆士兰民族广播电台 4EB	1980	布里斯班	澳大利亚政府资助
南澳华声广播电台	1986	阿德雷德	澳大利亚政府资助
多元文化电台 3ZZZ	1989	墨尔本	澳大利亚政府资助
珀斯民族广播电台 6EB	1990	珀斯	澳大利亚政府资助
澳大利亚特别广播服务 SBS	1992	悉尼	澳大利亚政府资助
澳大利亚中文广播电台 2CR	1994	悉尼	大陆新移民陈雄创办
澳洲华人电台 2AC	1996	悉尼	香港移民陈锦忠创办
墨尔本中文广播电台 3CW	1999	墨尔本	大陆新移民项翔创办

在澳大利亚，华语广播比较突出的组织机构有政府电台和商业电台两种类型，其表现形式有全国性特别广播服务电台、民族广播社区电台、商业华语广播电台三种，这些电台繁荣了澳大利亚的华语广播事业。

澳大利亚特别广播服务电台（Special Broadcasting Service）简称 SBS 电台，由澳大利亚政府开办，是世界上独一无二的多语种、多元文化广播电台，它每星期通过 AM 和 FM 以 68 种语言向全国播出。其在选择新闻时事方面与主流媒体基本一致，同时加强国际新闻和国内事务及土著、移民事务等民族社区关心的内容，再由各个语言组编译成不同语言的节目播出，使各民族社会同主流社会保持沟通。如今中文普通话和广东话每周播出 14 小时，每天 2 小时，其中普通话每周 6 小时，广东话每周 8 小时。

民族广播社区电台是一种区域性的社区电台，由当地政府资助部分经费、设备和场所，不播放广告，但是允许通过赞助筹集所需资金。如墨尔本的 3ZZZ 电台、昆士兰 4EB 电台、南澳华声广播电台、珀斯 6EB 电台都属于民族广播社区电台，覆盖范围仅限于本地，节目非常广泛，包括新闻时事、音乐趣闻、社团活动以及政令宣道等，还经常邀请社会名流与各行专才现场接受访问并解答听众问题。这些电台设有热线电话，非常受听众欢迎，也为主持人与听众提供了沟通渠道。电台的播音员多为业余、自愿、义务性质，把播音作为一种兴趣，但节目主持人流动性较大，电台运营全靠参与者的热诚和不懈的努力。

澳大利亚现有三个商业华语广播电台：两个在悉尼，分别是2AC和2CR两个窄波电台，采用专用收音机接收，2CR也租用FM频道在悉尼和墨尔本进行广播；另外一个是墨尔本的3CW电台，采用AM1341中频无线传播。

新西兰华语电台成立于1998年3月，是新西兰首家24小时不停广播的华语电台。该台除制作本地节目外，同时转播伦敦BBC、台湾中广BCC、中央CBS、香港电台RIHK及中国中央电台CNR的节目，2010年10月起增加转播美国之音VOA和澳洲广播电台ABC的节目。

新西兰中华电视网于2000年6月由香港移民和台湾移民共同创建。作为母公司，其旗下有中华电视网、华人之声广播电台、中视月刊、齐伟家园网站及华讯媒体广告代理公司。

"中华电视网于2000年6月正式开播、从2010年起正式进入数字媒体时代，成为全方位的跨媒体集团。中华电视网历经长期筹备，全新的免费华语电视——新西兰华语电视台CTV－8频道于2007年8月13日正式开播，并于2008年10月9日正式进入新西兰数字电视新领域，成为第一个免费收看的中文华语频道，改写了新西兰华文传媒的历史。"[16]

"华人之声广播电台（Chinese Voice）成立于2004年2月，在新西兰大奥克兰地区的广播频率是AM936（普通话）、FM104.2（普通话）和FM99.4（广东话），同时还通过SKY－TV的311、312及313卫星信号频道向整个新西兰播送节目。2010年3月，FM104.2与中国国际广播电台华语广播网（CRI）合作，从而使中国国际广播电台节目正式落地新西兰，2012年1月起转为CRI英语频道节目。"[16]

（3）大洋洲华语电视现状概述。

在华语电视方面，悉尼中文电视台是悉尼地区唯一的免费收视华语电视节目。目前，澳大利亚正在普及高清数字电视，悉尼中文电视台已经关闭模拟信号的TVS－31频道，仅保留卫星频道和网络频道（sctv31.com）（见表3）。

表3　目前澳大利亚主要华语电视机构（截至2010年6月）[17]

电视机构	所在城市	创办时间	播出语言	覆盖地域
悉尼中文电视台	悉尼	1993	中英文	澳大利亚全境及新西兰
澳大利亚翡翠互动台	悉尼	1999	中文	澳大利亚全境
澳大利亚华语电视台	墨尔本	2005	中文	墨尔本

电视广播（澳洲）有限公司（TVBA）已从最初的7个频道发展为14个频道，它们分别是：翡翠卫星台（TVBJ）、凤凰卫视中文台、凤凰卫视信息台、中央电视台中文国际频道（CCTV－4）、湖南卫视国际频道、上海东方卫视、台湾新闻（TVBSN）、台湾无线卫星电视台亚洲频道（TVBS-Asia）、重庆电视台国际频道、天映频道、韩剧台以及香港无线电视台旗下的香港无线电视8频道、星河频道以及新闻台。目前，翡翠互动电视是澳大利亚客户数量最多的中文付费电视，订户已超过2.5万户。

新西兰中华电视网（World TV Ltd./WTV）于2000年6月，由香港移民和台湾移民共同创办。旗下有中华电视网、华人之声广播电台、中视月刊（电子版）、齐伟家园网站等（见表4）。

表4　目前新西兰主要华语电视机构（截至2010年6月）[18]

电视机构	所在城市	创办时间	播出语言	覆盖地区
新西兰中华电视网	奥克兰	2000	中文等	新西兰
新西兰华人电视台	奥克兰	2010	中文	奥克兰

中华电视网时下已成为新西兰第二大电视台。中华电视网于2010年实现了媒体数字化。其采用的SERVER电脑自动播出系统为全球最先进的电视播出与控制设备之一。

2010年成立的新西兰华人电视台，其实早在2006年新西兰政府进行电视系统改革、筹建数码电视平台时，便签订华人电视台的频道。新西兰数码电视平台Freeview于2006年6月开始卫星播放，于2008年开始地面系统播放。然而该台没有马上推出，而是耐心等待数码电视市场的成熟，直至2010年5月8号正式试播。

（4）大洋洲华文网站现状概述。

20世纪90年代，不以传统纸媒为基础的澳大利亚华文新闻网站兴起。

这些新兴的中文网站都以提供本地生活资讯为主，聚焦于网购、移民、留学、旅游、娱乐、租房、求职、婚介等领域，也提供本地的相关新闻和大中华地区的新闻。

天维网是新西兰最具人气的中文网，2001年初由一班年轻的中国留学生创建。天维网的注册用户和活跃用户人数不断增加，其在新西兰华人社会中的信息覆盖率已经超过60%。

截至2011年，新西兰中文网站已有30余个。天维网、新西兰中文网和新西兰中国新闻网是新西兰三大华文网站。此外，比较有影响力的华文网站还有云朵网、180网、中国城网、维奇网、惠灵顿华人网、基督城华人网、旦尼丁华人网、皇后镇华人网、新西兰在线网、留团网、看新西兰网、新西兰生活网、新西兰教科网、新西兰华人信息港、新西兰互助社区网、非常中文网、新西兰读书港、华程网等。

三、华文传媒展望

1. 华文传媒发展迅速

在大洋洲，华文传媒发展相当迅速。20世纪90年代中期以来，中国赴澳洲的新移民已走出寻求居留和温饱阶段，在事业上得到了较为快速的发展，华文传媒事业也随之蒸蒸日上。

以澳大利亚华文报刊为例。《星岛日报·澳洲版》在1999年至2011年短短12年的时间内，发行量实现翻番的同时，报纸的赢利翻了整整六番。目前该报已成为澳大利亚最大的华文报纸，而且是非英语报纸类销量最大的日报。截至2007年，澳大利亚已有接近50家的华文报刊，仅悉尼就有4家华文日报，即《星岛日报》、《澳洲新报》、《华人日报》和《澳洲日报》。时至今日，在澳大利亚出版的华文报刊共有日报6家，周报和周刊达到二三十家，而更长周期的报刊和不定期刊物难以计数。悉尼所在的新南威尔士州前任州长卡尔曾经惊叹：悉尼的华文日报比英文日报还要多！

平面媒体之外，华文电子媒体在澳洲同样呈现出一片繁荣的景象。截至2009年6月，悉尼全天播音的华语广播电台有3家，另有一个历史悠久的每天在某段时间播音的民族电台华语节目。此外，以悉尼为基地的华语电视台有两家。随着网络资讯传播的日益发展，华文网络媒体在澳大利亚如雨后春笋般涌现，不久的将来将形成百花齐放的局面。

在大洋洲另外一个重要国家新西兰，“有2个华语广播电台频率，2个电视台。现有《新西兰镜报》、《东方时报》、《信报》、《首都华文报》、《中文一族》、中华电视网、AM990 中文电台、TCTV 中文电视台等。其中，《新西兰镜报》、《东方时报》影响比较大。地处南太平洋深处的斐济，也办有华文报纸，如2001 年2 月1 日创办的《斐济日报》。这份报纸不仅在本国发行，现还发行到附近三个岛国：瑙鲁、汤加、图瓦卢”[19]。

华文传媒不仅发展迅速，而且记者、编辑的收入也得到了一定程度的提高。“在澳大利亚大选期间，悉尼的华文报纸把几乎1/3 的广告版面提供给各主要政党候选人。而各政党候选人为拉拢华人也不惜花巨资在华文传媒上做广告，乐意接受他们的采访并作出种种承诺，以在华人中树立良好的形象。”[20]

2. 新媒体迅速发展带来机遇与挑战

新西兰是世界上互联网普及率最高的国家之一，据当地研究者称，大约87% 的新西兰人能接触到网络，并且有67% 的网络用户每天上网。据称，由于网络受众数量的快速增加，2010 年网络广告占据了广告市场12% 的份额，比上一年增加了20%。新西兰互动广告局局长莉·弗雷泽称，2011 年预计网络广告市场占有率将再增加25%，但是，新西兰网络新媒体的兴起亦给纸质媒体发展提供了新的契机与发展的动力。“此间华文报或扩版改版，或对外合作以增添内容，或尽快建立数字报业平台以跟上潮流，或采用电脑全页组版系统，向着全新全自动化目标努力。从而展现出新的生机。”[21]

面对新媒体的冲击，与新媒体合作，走媒介融合之路已经成为全球传统媒体的大势。在媒介融合方面进行转型，已成为媒体改革的必由之路。以澳大利亚报业为例。目前悉尼的4 家华文日报当中，3 家已经建起各具特色的网站。墨尔本一些华文周报的网站也办得有声有色，试图跟各类新闻网站竞争。此外，以《健康报》为例，这是澳大利亚一份颇受欢迎的专业健康类报纸，报社开通了澳洲健康医药网，网站内容汇集了中国大陆的《健康报》和中国台湾的《中国医药导报》近两年的优秀文章。此外，“在澳大利亚，3G 手机已被广泛应用，这使得人们可以非常方便地通过手机获得甚至定制新闻。而专业手机新闻提供商，则通过和传统媒体的合作，对报纸或者网络的内容进行重新编辑，制作成适合手机阅读的新闻或者图像发给手机用户”[22]。

未来，澳大利亚更多的传统媒体间、传统媒体和新媒体间无疑将会开展更多更深层次的合作，并向着媒介融合的方向发展。传统华文报纸的定位和主要信息提供方式也将会随之变化。

3. 与国内媒体合作日趋紧密

加强紧密合作，让海外媒体的视角与中国媒体的资金和人才优势结合，已经成为澳大利亚、新西兰华文传媒的共同呼声。除自行采编新闻、制作新闻节目外，大洋洲华文传媒与中国国内媒体展开广泛合作，以扩大信息源，吸引更多受众。

1999 年 9 月，江泽民主席访问澳大利亚后，澳大利亚各大华文传媒与国内媒体的紧密合作便陆续展开。

从 2001 年开始，墨尔本 3CW 中文电台与中国国际广播电台合作，每天播出 1 小时的“你好，墨尔本”，成为当地华语台最受欢迎的节目之一。每年的春节晚会现场直播、50 周年国庆阅兵现场直播等，也取得巨大成功。“2003 年，当中国 SARS 形势最严峻时，3CW 中文台和澳洲‘华夏报业’联合组织特别节目，报道中国 SARS 疫情和积极防治的手段，并在两周内募捐澳币 4 万元捐给中国红十字会。”[23]

2002 年，《星岛日报》与上海《新民晚报》合作办了《新民晚报 · 澳大利亚版》，产生了一定影响。同年，《澳洲华夏周报》与合肥市合作，每月推出“合肥新闻”专版。经过一年多的时间，使合肥这个中国内陆城市成为海外华人关注的热点。

侨鑫集团于 2006 年 6 月 30 日在悉尼创刊《澳洲新快报》，这是广州《新快报》的姊妹报。凭着这个关系，借用了广州《新快报》的人才和技术，《澳洲新快报》很快就办出了具有专业水平和中国大陆风格特色的内容相当丰富的报纸。

创刊于 2003 年 9 月的《澳洲商报》也与上海文汇新民联合报业集团的《上海星期三》达成协议，由后者提供部分稿件，逢周五出版，全澳发行。

在华语电视方面，澳大利亚翡翠互动电视每天转发中国大陆和港、台地区的其他电视节目。而采用无线收看方式播出的悉尼中文电视台（31 频道），因受播放时间限制，节目相对较少，但也转播一些中国的电视节目。“香港凤凰卫视、上海东方卫视、湖南卫视、重庆卫视等电视台的节目，近年也通过不同的转发平台进入澳大利亚的许多华人家庭，大大地丰富了澳洲华人的文化生活。”[24]

随着国内传媒与海外华文传媒的合作与交流，未来，海外华文传媒将肩负更加深重的责任。正如《澳华时报》的发行人祝敏申所说：“在 1996

年以前，澳大利亚还没有一份新移民控制的报纸，舆论倾向几乎是一边倒。在一些重大问题上也不利于发出正面声音。”而现在，“华文传媒可以借助自己在澳、中两方的各种社会关系，充当联系两国友好合作的桥梁，在促进双边关系上做文章”。

4. 面临诸多问题

首先，经济大环境不景气。华文传媒产业也是整个大洋洲经济中的一环，因此，整体经济环境对媒体生存能力的影响至关重要。近年来，全球经济整体不景气，全球金融危机影响了大洋洲的经济环境，因此也威胁到了华文传媒的生存。经济不景气导致消费者购买力下降，也就大大影响了广告效果。“澳大利亚华文传媒业内的普遍反映是，各家媒体近期的广告额都有不同程度的下降，而各种开支的涨价却没有停息，报刊经营越来越困难。”[25]

其次，市场狭小，容量有限。虽然目前澳新两国华人人口加起来已接近90万，但是只占该国人口的很小一部分，仍属少数民族。以澳洲为例，目前该国共有华人约70万人，这些华裔当中，可以称为中文读者的估计只有一半左右，在澳洲出生成长的新一代华人，能流畅阅读中文者极为有限。这些华语人口要正常养活数家日报、数十家周报（刊）以及多个电台、电视台这样庞大的媒体群，谈何容易？

还有，运作成本高也是当下大洋洲华文传媒遇到的一个巨大瓶颈。澳大利亚、新西兰这样的西方发达国家属于高收入、高税收的国家，人工之贵、税率之高在世界上都排得上前列。“办公室租金、设施等开支还可以因陋就简，略为节省，而纸张费、印刷费、运输费等必需开支，对大小媒体来说基本上是‘一视同仁’的，没有多少可以俭省的余地。纸张、燃油价格的上涨甚至直接威胁到一些经济实力弱小的媒体的生存。”[26]且由于绝大多数华文传媒都属私营性质，这就决定了它们只能自负盈亏，难以获得官方的经济支持。

此外，人才不足。海外华文传媒的人才本来就不多，至于新闻专业科班出身并愿意在当地做传媒工作的人就更少，新闻人才缺乏带来一系列问题，限制了华文传媒的发展。以《华侨新闻报》为例，其开编前会、进行节目策划面临困难，原因就是新闻专业出身的人太少。此外，邮寄导致的新闻时效性较差、较高的办报成本使得包括《华侨新闻报》在内的华文报纸面临生存危机，极大束缚了报纸的发展。

注释：

①彭伟步：《海外华文传媒概论》，广州：暨南大学出版社 2007 年版，第 201 页。

②彭伟步：《海外华文传媒概论》，广州：暨南大学出版社 2007 年版，第 212 页。

③王瀚东：《新西兰华文传媒现状考察》，《新闻前哨》2011 年第 8 期，第 74 ~ 75 页。

④彭伟步：《海外华文传媒概论》，广州：暨南大学出版社 2003 年版，第 214 页。

⑤黄成威：《澳大利亚华文传媒发展综述》，夏春平：《世界华文传媒年鉴》，北京：中国新闻社、世界华文传媒年鉴社 2009 年版，第 123 页。

⑥《奥克兰著名中文电台 AM990 即将停播》，天维新闻网，http：//news. skykiwi. com/na/zh/2005 – 04 – 12/7865. shtml，2005 年 4 月 12 日。

⑦李宇：《海外华语电视研究》，北京：中国社会科学出版社 2011 年版，第 40 页。

⑧⑩⑰李宇：《海外华语电视研究》，北京：中国社会科学出版社 2011 年版，第 41 页。

⑨集团于 1994 年 8 月在墨尔本成立。旗下包括：澳大利亚华语电视台、《华夏周报》、《华夏商报》、《华夏地产》、3CW 中文电台。

⑪新西兰中文网，http：//www. nzchinese. com/bbs/thread – 16620 – 1 – 1. html。

⑫⑭胡耀华：《新西兰华文传媒发展综述（节选）》，人民网，http：//media. people. com. cn/GB/22114/54740/54742/3830024. html，2005 年 11 月 4 日。

⑬张明新：《如何改进对外传播——澳、新、马华文传媒考察之思考》，《对外大传播》2007 年第 6 期。

⑮胡耀华：《新西兰华文传媒发展综述》，夏春平：《世界华文传媒年鉴》，北京：中国新闻社、世界华文传媒年鉴社 2011 年版，第 169 页。

⑯《新西兰中华电视网》，华语广播网，http：//gb. cri. cn/1321/2012/01/ 20/1427s3530044. htm，2012 年 1 月 20 日。

⑱李宇：《海外华语电视研究》，北京：中国社会科学出版社 2011 年版，第 42 页。

⑲⑳彭伟步：《海外华文传媒概论》，广州：暨南大学出版社 2007 年

版，第215页。

㉑胡耀华：《新西兰华文传媒发展综述》，夏春平：《世界华文传媒年鉴》，北京：中国新闻社、世界华文传媒年鉴社2011年版，第71页。

㉒李苑：《澳大利亚华文报纸的特点与发展趋势分析》，《中国报业》2010年第6期。

㉓陈乐：《澳大利亚华文传媒现状与特点》，《新闻记者》2005年第11期。

㉔黄成威：《澳大利亚华文传媒发展综述》，夏春平：《世界华文传媒年鉴》，北京：中国新闻社、世界华文传媒年鉴社2009年版，第164页。

㉕黄成威：《金融危机下的澳大利亚华文传媒》，夏春平：《世界华文传媒年鉴》，北京：中国新闻社、世界华文传媒年鉴社2011年版，第281页。

㉖黄成威：《澳大利亚华文传媒发展综述》，夏春平：《世界华文传媒年鉴》，北京：中国新闻社、世界华文传媒年鉴社2009年版，第125页。

非洲华文传媒综述

罗 欣 王娜君

由于经济发展落后，一直以来，非洲华人的数量都较少。1990 年以后，中国人才开始大量进入非洲，现如今，华侨华人已遍布非洲 54 个国家。关于目前非洲华侨华人的数量没有确切的数目，各方说法不一，据早前国内较权威的数据显示，目前非洲的华侨华人约有 55 万人，90% 左右为新移民，主要是来自浙江、广东和福建等地的华商。[①]

经济发展程度、华人数量会直接影响华文传媒的发展。在非洲，各国华人数量有很大差异。其中，南非、尼日利亚和毛里求斯三国华人数量相对较多，这些华人大多从事商业活动，因而这几个国家的华文传媒相对发达。随着经济的发展和新兴移民的不断加入，非洲华文传媒也不断发展。

一、非洲华文传媒发展历史

非洲华人人数相对较少，华文传媒相对于其他华人聚居地发展水平较低，华文传媒还有待发展。

（一）华文报纸发展历史

根据毛里求斯历史学家李卓凡提供的资料，最早的非洲华文报刊是在毛里求斯发行的《毛里求斯华文报》（*Mauritius Chinese Gazette*），它于 1895 年创刊，目的是“为了向成员提供关于中国的事件的消息”[②]。1900 年到 1929 年间，整个非洲只有毛里求斯出版了两份华文报纸，分别是《华民日报》和《华侨商报》。[③]在非洲，早期华文报刊都是在毛里求斯出版，这是因为早期的华人移民非洲多是在毛里求斯上岸，经由此地去往非洲大陆，当时，这里是非洲华人的聚集地，因此华文报刊最先兴起。

南非、毛里求斯和马达加斯加的老华侨于 1931 年在当时台湾方面的资助下筹资创办了《侨声报》，这是南非第一份华文报纸。当时南非还处于种族隔离时期，非白人的传媒是不被允许开办的。老华侨和当时的“中华民国驻南非领事馆”商议，把报名登记在领事馆名下，定英文名称为“*Chinese Consular Gazette*”（领馆公报）。“鉴于当时信息交流的迫切需要，资深的社团领导人挨家挨户，一英镑、两英镑地筹资，募得759英镑，为《侨声报》购置了简陋的出版设备，在1931年6月1日正式出版了这份非洲大陆第一张华文报纸。”[④]后来，该报成为红遍南非甚至整个南部非洲的报纸。然而，它于2005年3月30日在报纸头版刊出启事，自4月1日起《侨声报》停刊。熟知南非华文传媒的业内人士道出《侨声报》陷入窘境的内幕：其停刊有一部分是政治原因，而带有政治偏向的报纸在当地侨胞中并不受欢迎。至此，这份历经74年历史的南非华文老报宣告关闭。

1930年到1945年期间，整个非洲共创办华文报纸7份：南非的《侨声报》、《电流刊》，毛里求斯的《中华日报》、《黎明》，马达加斯加的《侨民新报》、《战讯特刊》以及留尼汪的《天声三日刊》。[⑤]这一时期正处于中国抗日战争时期，不少华文报纸对国内局势十分关注，政治倾向比较明显。它以抗日为主要内容，对国内的抗日战争起到了极其重要的宣传鼓动作用。

伴随着国家的独立、华人在当地地位的提高，以及新一代华侨的加入，非洲华文报刊出现了短暂的繁荣。20世纪50年代，非洲出现了多种华文报刊，南非最多。1946年到1969年间，南非就创办了19种华文报刊，毛里求斯8种，马达加斯加2种。[⑥]这一时期，报纸百花齐放，种类较多。比如，南非的《好望角》为文学爱好者的刊物；也有华侨教会组织的刊物，如南非伊丽莎白港的《华人天主教之音》；学生刊物如马达加斯加的《民锋》等等。

2006年8月，南非侨界首份华文刊物《虹周刊》面世，其办刊宗旨体现了南非华人爱国爱乡的高尚情操，也展现出华侨华人的创新精神和气魄，南非华侨华人通过《虹周刊》进一步了解南非、认识南非。

在西非，也有华文报纸的踪影。2005年8月7日，西非首张中文报纸《西非统一商报》（周刊）由同日成立的西非联合传媒有限公司在尼日利亚经济首都拉各斯正式出版发行，至今仍在出版。

在东非，由肯尼亚华侨华人联合会和肯尼亚中国和平统一促进会主办的《肯尼亚声报》于2005年8月9日推出创刊号，成为东非第一份华文报纸，填补了东非没有华文报纸的空白。据肯尼亚华侨华人联合会的负责人介绍，创办一份华文报纸一直是肯尼亚华侨华人的一个愿望。该报及时报道当地情况，提供经贸、金融、治安等信息，宣传中肯之间的友好交往活动，从而为促进当地华侨华人的团结与事业发展，进一步为推动中肯经贸文化交流作出积极贡献。

从华文传媒历史来讲，非洲华文报刊总体上是不断发展的，中间甚至出现过几次短暂的繁荣。但由于各种各样的问题，如经费、受众群、市场、人才等，报刊不断创刊与停刊，能持久发行的实在不多。而广播电视以及网络媒体的发展则更为缓慢，非洲最早的华文广播出现在1996年，而电视是近几年才开播，网络媒体则刚刚兴起。

（二）华语广播电视

“华侨之声”是非洲成立最早也是当时最大的华语广播。该广播电台成立于1996年5月20日，与《侨声报》同属于侨声文化传播公司，是一个以约翰内斯堡、南非首都比勒陀利亚为播音范围的AM广播电台。成立之初，由于经费有限，聘用人员只有3名。成立初期以新闻节目居多，后来逐步加入包括健康信息、金融、体育、妇女天地、儿童世界等方面的报道，同时也采用台湾所提供的节目。后来，“侨声电台”不论在人员或节目质量方面均有所提升。该电台成为非洲华语广播的先驱，以一种新的媒介形态开创了非洲华文传媒的新局面。然而好景不长，因各种原因，2005年4月1日，“华侨之声”同《侨声报》一起关闭。

非洲华文传媒历史中，华语电视媒体到2010年仍是空白。总的来说，相比于其他地区的华文传媒，非洲的华文传媒相当不发达，有待大力发展。

二、华文传媒发展新动态

（一）华文报纸的发展

非洲华文传媒的发展很不均衡，只有少数几个有较多华人聚集的国家才刊发华文报纸，包括南非、尼日利亚和毛里求斯。

1. 南非

目前，南非的华文报纸呈三足鼎立的局面。分别是《南非华人报》、《华侨新闻报》以及《非洲时报》。这三家报纸的股权均掌握在华人手里，不过，他们之间的竞争并不像国内报业集团这样激烈，关系很好，并且能和谐共处。至今，三家报纸仍然没有一家有能力每天出报。

《南非华人报》于1998年筹办，1999年，时任中国国家副主席的胡锦涛访问南非，《南非华人报》就在胡锦涛抵达南非那一天正式出版发行。《南非华人报》筹办之时，将办报宗旨定为：“传递南非、中国和国际信息，弘扬中华文化，促进中南两国之间的文化交流，增进中南两国人民之间的友谊。”在试刊号的《代发刊词》中，更将其办报宗旨浓缩为“传播中华文化，服务南非华人”两句话。该报的发行范围为整个非洲，在博茨瓦纳、莱索托王国、安哥拉、莫桑比克、斯威士兰等国发行较广。在编辑方针上，该报维护新中国的国际形象和中国政府的威信，突出“一个中国”，维护中国统一，以传播中国文化为依托，体现出强烈的爱国色彩，其在南非侨界的影响力和凝聚力不可低估。现该报隶属于由五大侨社组成的“南非华人报业集团股份有限公司”。

《南非华人报》逢周一、三、五出版。彩印，繁体字印刷。报纸内容十分丰富，包括南非新闻、侨社新闻和中国大陆、港澳台等各地新闻，以及经贸科技信息、体育养生、娱乐时尚等内容。该报同时在博茨瓦纳、莱索托、斯威士兰等 4 个国家发行，发行量不断攀升，居南非侨报之首。1999 年 7 月 8 日，该报隆重推出电子版，读者可随时进入该报电子版主页，查看其所刊内容。

《华侨新闻报》是南非现有华文报纸中成立最早的，由原《侨声报》主编冯荣先生于 1994 年创办。该报属私人办报性质，是非洲大陆上第一份民营的华文报纸，其创刊号声称其为“不依附于任何机关或团体”的“独立机构”，办报宗旨为“记载侨社历史，改善移民生活，促进信息交流，弘扬中华文化”。该报在以南非共和国为主的整个南部非洲地区发行。《华侨新闻报》逢周二、四、六出版，每期出对开纸 16 至 24 版，彩印，繁体字印刷。内容以南非当地和侨社新闻为主，并有大量中国内地、港澳台，甚至世界各地的经济、科技、健康、娱乐等方面的新闻。

《华侨新闻报》维护华人利益，敢于为华人争取利益，反映华人诉求，反抗黑暗势力。为了避免南非民众对华人造成错误印象，《华侨新闻报》的《英文报道》版经常用南非官方语言英语针对重大事件加以翔实披露，让南非民众对华人有正确和深入的认识，是联通中非人民的纽带。

由于南非治安问题，《华侨新闻报》创办人、南非华文传媒的先驱者冯荣于 2007 年 5 月 2 日在家中遭武装歹徒枪击杀害，令人扼腕痛惜。

2005 年 5 月 1 日，面向非洲 50 万华侨华人的中文报纸《非洲时报》在世界著名的黄金之都约翰内斯堡创刊，由三位爱国大陆移民共同出资创办。该报接收了《侨声报》的全部工作人员，所以创刊之初，这份报纸即以相当专业的面貌出现在读者面前。其办报宗旨是：坚持一个中国原则，秉承客观、公正、准确、及时的报道方针，立足侨社，服务侨民，旨在增进华侨华人与当地社会的良性互动，鼓励并引导华侨华人遵纪守法，积极融入当地社会，丰富华人生活，促进华侨华人团结，弘扬中华传统文化，同时促进中非的经济合作与文化交流，帮助在非华侨华人及时了解祖国和家乡的发展和变化。《非洲时报》的愿景是希望能够融入当地主流媒体中，让非洲人民了解中国，也让华侨华人更快更好地融入当地的社会生活中。

《非洲时报》逢周二、四、六出版，该报印刷精美，版面清晰，编排得当，富有视觉冲击力，工作人员新闻业务水平较高。每期20版，1、2、19、20版为彩色，其余为黑白，现在发行量为每期7 000~9 500份，主要发行地区是约翰内斯堡、比勒陀利亚、德班、开普敦等华人集中的地方，但由于南非交通落后，很多偏远的村落无法到达，只能靠每周一次的交通运输来解决。

这三家报纸构成了南非现在华文报纸三足鼎立的局面，三者之间相互合作，共同为华人服务，维护华人利益。由于大部分的华人来自福建、广东和台湾，所以，南非的华文报纸的内容也针对这三个地区的华人，比如，开辟了福建乡情、广东风俗等版面。2004年9月，《福建侨报》在南非正式出版发行，为南非侨界了解中国国内的形势及其他国家侨界的情况提供了新的渠道。《南非华人报》与《福建侨报》采取联合办报的方式，逢周五由《南非华人报》代为发行，南非华文报纸的力量正不断壮大。

2. 尼日利亚

尼日利亚位于非洲的西部，是非洲民族最多的国家，自20世纪70年代石油出口成为该国的主要经济来源以来，经济发展接近中等收入国家水平。尼日利亚现有近5万华侨华人，80%以上是近20年抵达者，3万多人集中于尼日利亚拉各斯地区。尼日利亚的老华侨多为香港人，新华侨则以浙江、福建新移民居多。[⑦]华人在当地主要从事纺织、钢铁、建材、餐饮等行业，集中分布于拉各斯、卡杜纳等州。

2005年8月7日，西非首张中文报纸《西非统一商报》在尼日利亚经济首都拉各斯正式出版发行。西非统一商报社社长钱国林称，该报的诞生是为了顺应华人经济在尼日利亚和西非其他国家发展的需要，并填补西非一直没有华文报刊的空白。作为西非唯一的华文报纸，历经多年的发展，目前发行覆盖尼日利亚、加纳、贝宁、多哥等国所有华侨华人聚集的城市和社区，已成为西非华侨华人每周必读的中文报。

《西非统一商报》逢周六出版，目前，正努力由周刊向日刊发展。该报2003年前试发行，在两年多的试运营期间，《西非统一商报》是受旅尼华侨华人欢迎的当地报纸之一。目前，该报已由当初试运营初期的16开简报发展到4开20版，已出版了400多期。版面内容涵盖尼日利亚新闻、非洲综合新闻、新华社新闻、《新民晚报》西非版新闻和《今晚报》西非版新闻。其中，新华社新闻用英文出版，其他版面均是简体中文出版。

3．毛里求斯

在毛里求斯，华人的地位很高，在毛里求斯的学校，除了教授英语、法语外，还开设汉语课程。但相对来说，读写华语的华人仍然很少，大部分还在使用华语的华人都只说客家话。当地的华文报纸主要有三家：《华声报》、《华侨时报》和《中华日报》。目前，毛里求斯华人圈中掀起了一股“华语热”，许多人开始努力学习华语。所以，毛里求斯的三家华文报纸虽然经营困难，但发展前景较好。如今，几家报纸的情况大致如下：

《华侨时报》是由毛里求斯《中国时报》和《华侨商报》合并后于1953年12月26日创刊的日报，每周出报6天，周日休刊。该报经常刊登广东、福建等侨乡的消息。《华声报》注重刊登国内信息，促进毛里求斯华人与中国的交流。

从毛里求斯第一份华文报纸《毛里求斯华文报》的创刊开始，华文报纸在毛里求斯的发展可以说是一路坎坷，历经艰辛，如今仅剩下三家报纸。毛里求斯华人中能看懂华文的人数少之又少，这三家报纸在这狭窄的市场中同生存、共发展，并在激烈的市场竞争中能坚持不倒，实属不易。这是世界华文报业的一个独特景观。

4．其他国家的华文传媒

在科特迪瓦，首份中文报纸《科华之声》2005年1月28日在科经济首都阿比让面世，从而为侨居西非地区的华侨华人开辟了增进了解、促进交流、弘扬中国文化的新园地。

在博茨瓦纳，2009年5月29日晚，非洲《华侨周报》在博茨瓦纳首府哈博罗内市创刊。《华侨周报》是一份综合性华文报纸，并为《人民日报·海外版》非洲合作伙伴。该报力求植根华人社会，服务华人社会，促进中非交流，办成一份华人社会喜闻乐见、热情参与的华人自己的报纸。

《安哥拉华人报》由旅安华人高阳先生主办，是安哥拉第一份也是唯一一份华文报刊。《安哥拉华人报》自2009年10月17日创刊开始，便着力向读者提供迅速、客观、准确且公正的安哥拉当地新闻和中国大陆新闻，服务在安华人。得益于近几年安哥拉华人的迅猛增长，《安哥拉华人报》业已成为安哥拉最具影响力的华文传媒。2010年5月，《安哥拉华人报》网站成功上线，从最初的实物报刊到现在的电子网站，《安哥拉华人报》已经发展成为安哥拉华人交流、娱乐、互助的综合信息交流和服务平台。

马达加斯加是联合国宣布的最不发达国家之一，但是自20世纪90年代以来，马达加斯加的华人移民数量也在不断增加。目前存在的华文传媒有《东方视野》。此外，目前非洲大陆其他的华文传媒还有刚果（金）的《华协报》、埃及的《中埃建交》等。

（二）华语广播现状

非洲的华语广播电台目前仍处于起步发展阶段，数量较少，市场有待开发。自2005年“华侨之声”关闭之后，广播一直处于空白阶段，直到南非“华夏之声”的创立。

2011年12月9日，南非“华夏之声”广播电台的信号在非洲上空传播，填补了非洲华语传媒广播界的空白。该电台在开播前共筹备了三年多时间，费尽周折，克服重重困难，花费了巨大的人力和物力资源。现在，广播电台乃是华夏之声基金会注册下的非营利机构之一。据悉，未来卫星架设成功后，不仅南非境内各省，邻近各国均可收听到该电台的节目。

在南非“华夏之声”广播电台的网站上，“What we do”一栏清楚地写道：“南非华夏之声的目标是给予华人优质的广播，提供最新的国际、当地的华文新闻。同时，我们将努力成为华人地区的支持中心。如果你想扩张、发展或进军华人市场，我们可以提供帮助。”“华夏之声”广播节目以整点新闻为主线，包含科技、宗教、广播剧、音乐、健康等内容。

2007年，中国国际广播电台与埃及政府在埃及首都开罗签署合作备忘录，计划在埃及建立非洲的首个“广播孔子课堂”。2012年5月31日，内罗毕广播孔子课堂在肯尼亚首都内罗毕隆重举行旗下两大基地合作协议正式签约及启动仪式，开始以广播的形式对非播放汉语课程。“广播孔子课堂”拉近了非洲华人及非华人与汉语的距离，是中非在华语广播合作上的重要举措之一。

（三）非洲华语电视

非洲华语电视的发展可以说几乎为零。在非洲，华侨华人能够看到的华语电视节目主要是中国国内电视台的分台或者国内公司搭建的电视平台所提供的某些华语频道，在非洲当地还没有由华侨华人或私人企业创办的华语电视台。目前，旅非华侨华人能看到的华语电视有以下几个：

位于肯尼亚首都内罗毕的中国中央电视台非洲分台，于当地时间2011年1月11日晚8时正式开播，这是央视在海外建立的首个分台。与此同时，经过6个月试播，中国网络电视台“我爱非洲”手机电视也于当日正式面向广大非洲用户播出。

此外，中国四达时代集团利用非洲电视领域模拟转数字的契机，参与非洲十余个国家电视、电信等传输网络的建设，并搭建了自己的地面数字电视运营平台和服务营销网络，成为非洲较有影响力的运营平台之一。通过该运营平台，非洲大陆的很多地区都可以接收到中国中央电视台的四套、九套、新闻频道以及凤凰卫视的华语节目。

（四）非洲华文网站的发展

网络的互动、多媒体、大容量、实时等特性使海外中文网站成为海外华侨华人应对突发危机事件、维护华人利益的重要力量。近些年来，非洲华文网络媒体有较大发展，也创立了一批非洲中文网站，其中以由当地华人创办的该地华人网和依附于华文报纸的中文网站为主。

南非中文网（http：//www. sa - cnet. com）是由南非纯民营华文传媒《华侨新闻报》创建的电子媒体，于2000年2月5日正式上线，网站旨在协助全球华人正确且深入地认识南非，其提供的南非介绍资料，来源具有高度权威性。网站的另一特色是保存了大量珍贵资料，将具有收藏价值的专题、文献等资料长期保存在网站资料室里供读者阅览。类似这样的依附于华文报纸的网站还有南非华人报网（www. nfhrb. com）、安哥拉华人报网（http：//www. cnangola. com/）等。安哥拉华人报网于2010年5月开通，是安哥拉最早、最大的中文网站之一，既是《安哥拉华人报》原有资讯的网上发布平台，也是用中文全面沟通中国和安哥拉的信息互动平台。安哥拉华人报网致力于打造安哥拉权威中文信息服务网站。2010年9月，安哥拉华人报网全新改版，新的媒体形象给安哥拉华人报网注入新的活力。

由当地华人创办的华人网有博茨瓦纳华人网、加纳华人网（又称“加纳五弟六弟网”）等，这类网站基本上是世界华侨华人了解该国的窗口，向全世界华商介绍该国的投资环境、政策法规和风土人情等，一般都是非营利性公益网站。

非洲唐人网（http：//af. tangren. us/）是唐人网旗下的重要组成板块，作为一个社区网站，旨在为南非、埃及、尼日利亚、阿尔及利亚、摩洛哥、安哥拉、苏丹、突尼斯、肯尼亚、加纳等国家的华人提供一个互动的平台。

非洲在线（http：//www. africantimes. info/）以报道南非动态为主，主要包括南非时事、南非生活、侨社动态等。其他网络媒体平台还有中非新闻网（http：//www. chinanews. co. za）、非洲中文网（www. nigeriabbs. com）、非洲华人网（www. africano1. com）等，全面报道非洲新闻、经济、风俗、文化等，各国华侨资讯、华商动态也是其报道重点。

另外，肯尼亚旅游局中文网站（http：//magicalkenya. com/cn/）是肯尼亚政府在全球开通的第一家外国语言网站，目的在进一步促进和推动肯中友好关系的发展。

三、华文传媒展望

总的来说，非洲华文传媒发展程度不高，各国差距大，发展面临着种种困境。

（一）受众不足，资金欠缺，市场狭小

近些年来，虽然华人大量涌入非洲，但占所在国总人口的百分比依然很小，华文传媒的受众基数小，发展壮大的潜力不大。

南非华人数量在非洲国家中最多，大概30万人，占南非人口总数不到1%。南非的华文报纸处于三足鼎立的状态：《南非华人报》、《华侨新闻报》以及《非洲时报》。报纸之间的竞争进一步瓜分了受众市场，使原有的狭小市场更加紧张，华文传媒发展因市场受到限制。

毛里求斯华文传媒历史悠久，却也面临着读者群不足的困境。目前在毛里求斯生活的大都是第二、第三及第四代华裔，他们中的许多人已经不会讲华语，更读不懂华文报纸，尤其是第四代华裔，他们除了外貌上还保留着中国人的样子外，已经完全成为“当地人”。如此，华文报刊只能在小范围的华人群中发行，发展受到严重限制。

读者数量的限制，一方面直接影响到报刊的发展壮大，没有一定的发行量，报纸影响力不可能得到提升；另一方面，受众少，华文报刊根本不被主流广告商看好，报纸经营困难，难以维持日常开支。

另外，华文传媒多为私营，即由私人企业投资创办而成，所以面临着资金短缺的问题，尤其是广播电视媒体，投入大，发展前景也不明朗。没有强有力的资金支持，非洲华文广播很难维系，而电视发展基本空白。

（二）人才不足困扰华文传媒的发展

在非洲，华人本来就不多，华文传媒的人才相对较少，是新闻专业科班出身并愿意在当地传媒工作的人就更少。新闻人才的缺少造成了一系列的问题，也限制了华文传媒的发展。以南非的三家华文传媒为例，一般都是两三个记者，配上几个编辑和广告人员，这就是一家报纸的基本架构。剩下的印刷、拆报和发行工作都是由当地的雇工来负责。华文传媒的从业人员一般都是“多面手”，能采能写能拍，后期制作也行。总编在忙不过来时也要出去采访，即使是广告总监，也与国内的普通广告人员一样，所

有的联系、接待广告客户和报纸广告设计工作，都要独自完成。

除南非经济稍微发达之外，非洲大部分国家经济比较落后，社会治安差，有些国家依然战乱纷争不断，这样很难吸引华人去非洲各国华文报社工作。不得已的情况下，报社只能“就地取材”，招揽当地华侨华人工作，根本不能考虑是否新闻科班出身，能熟知华文就已经可以了。即使这样，华文传媒还是遇到了相当多的困难，新移民大多是专业技术工作者或商贸人员，很少有愿意去华文传媒工作的，而老一代移民年岁很大，华人后裔大多土生土长，不懂华文。因此，华文传媒很难找到合适的人才，媒体发展举步维艰。

（三）中国迅速发展催热华文传媒

虽然非洲华文传媒在发展过程中面临许多问题，而且各国发展不均衡，但它们仍然呈现出勃勃生机，发展前景令人期待。

近20年，即使非洲治安环境较差，但仍然阻挡不了大量华人移入。究其原因，应该说是多方面的：一方面，非洲各国资源丰富，在中国经济高速发展的今天，需要大量的原材料供应，并且非洲各国经济的发展带来了巨大的商机，这片仍处于“处女地”状态的大陆，吸引了大批华人前来投资开发；另一方面，中非政府之间的交流越来越多，中国对非洲的建设援助增多，于是出现了大批技术移民。新移民的加入，对华文传媒特别是网络等新兴媒体的发展具有巨大的推动作用。

全世界范围内的“华语热”也给非洲华文传媒的发展带来了新的契机。孔子学院等在非洲各国落地生根，在非洲的华人圈中掀起了一股“华语热”，许多华裔开始努力学习华语。在毛里求斯，首都路易港的 De La Salle 教会学校学习中文的子弟较多，一至六年级学中文的学生加起来总共有 160 人左右。此外，还有不少华侨平时请私人补习，学习华语。在非洲各国，学习华语的人从幼儿园的小朋友到白发老人，各个年龄层次的人都有，其中最多的是年轻人，不仅包括当地华人，也有所在国家的土著居民。“华语热”使更多的人有意无意地接触华文传媒，促进了华文传媒的发展。

中非政府间的合作也给非洲华文传媒的发展注入了新的活力。中非政府合作的密切与加强，使非洲各国人民更加关注中国的动态信息，华文传媒虽然用中文发行，但也有部分内容用英文报道，是非洲各国人民了解中国的一个重要窗口。

注释：

①⑦庄国土等：《华侨华人的分布状况和发展趋势》，《侨务工作研究》2010 年第 4 期。

②⑥李安山：《试析非洲华人报刊的历史演变与社会功能》，《华侨华人历史研究》2001 年第 3 期，第 47~57 页。

③李安山：《非洲华侨华人史》，北京：中国华侨出版社 2000 年版，第 524 页。

④冯荣生：《非洲华文传媒发展综述》，夏春平：《世界华文传媒年鉴》，北京：中国新闻社、世界华文传媒年鉴社 2003 年版，第 105 页。

⑤李安山：《非洲华侨华人史》，北京：中国华侨出版社 2000 年版，第 524~526 页。

参考文献：

[1] 彭伟步：《海外华文传媒概论》，广州：暨南大学出版社 2007 年版。

[2] 世界华文传媒论坛组委会：《第五届世界华文传媒论坛论文集》，香港：中国新闻出版社 2009 年版。

[3] 世界华文传媒论坛组委会：《第六届世界华文传媒论坛论文集》，香港：中国新闻出版社 2011 年版。

[4] 程曼丽：《海外华文传媒研究》，北京：新华出版社 2001 年版。

[5] 杨万秀：《海外华侨华人概况》，广州：广东人民出版社 1989 年版。

[6] 李安山：《非洲华侨华人史》，北京：中国华侨出版社 2000 年版。

第二编
海外华文传媒与传播现象

加强对海外华文传媒的文化传播研究

彭伟步

随着中国经济的快速增长，国力日趋强盛，华人在世界上的地位也随之提高，华人文化在世界范围的传播的影响愈来愈大，为世界各国社会学者所关注，成为他们重要的社会研究课题。世界各国华人在为繁荣当地经济作出贡献的同时，还利用各种条件传承中华文化，维系民族感情。在这方面，华人传媒的宣传可谓功不可没。华人传媒在世界各国不同时期的兴衰从一个侧面反映了在当地相应时期华人社会地位的沉浮、文化的衰落和繁荣。因此，加强华文传媒研究将有助于人们深刻理解饱经沧桑的海外华人社会的变迁历史，以及华人民族与其他民族融合之后形成的亚中华文化，对加强华人之间的联系、促进中国与其他国家的经贸联系和文化交流以及中国统一有着重要的参考价值和积极意义。

一、研究现状

科技的进步，电脑的普及，互联网的盛行，迅速推动了信息产业的发展，拉开了世界一体化的序幕。信息无国界的流动，文化的渗透与侵略，观念的交叉与融合，变动的世界扑面而来。在这样一个急速变化的世界背景中，海外华文新闻业发生了巨大变化，尤其是东南亚华文传媒呈现出新的传播形态。号称三大支柱之一的华文传媒历经数百年沧桑，在面对世界一体化的趋势中，展现出新的文化形态，反映出新的华人社区的文化现实。悲凉与希冀，困惑与展望，消亡与繁荣，呈现的是海外华文传媒的沧桑。

华文传媒直接面对华人，反映华人社区的现实，传递华人社区对社会的态度，传承中华文化，维系族群和文化认同，这就为我们更加深入了解华人社会提供了窗口。多层面、多角度地辨析华文传媒的文化现象，指出其面对世界一体化的趋势时所应作出的历史抉择，在不干涉当地的政治、经济、文化政策的前提下，增强他们对中国的认识，增强他们对实现中国经济发展和社会进步的自豪感，增强他们对实现中华民族伟大复兴的信心和决心，增强他们对以一国两制实现祖国统一的信心，这对我国的经济建设与社会发展有着极其重要的意义。

世界上几乎每个国家都有华人的存在，海外华人与我们同根同源。一衣带水的乡情，落叶归根的观念，服务桑梓的热情，是一股促进祖国统一的强大力量。借助大众传媒广袤、迅捷的传播优势，扩大中国的影响，提升中国的国际知名度，引进侨胞的资金，是目前值得和有待研究与开拓的重要课题。

目前，国内研究海外传媒的著作比较少，也不系统。以往对海外华文传媒的研究一般都局限于某个国家或地区，没有出版一部全面观照海外华文传媒史的专著，对其做横向和纵向的研究。对海外华文传媒研究较深，并出版个人专著的有：王士谷的《海外华文新闻史研究》、吴庆裳的《新加坡华文报业与中国》、杨力的《海外华文报业研究》与《新加坡华文报业的源与流》。其中王士谷与吴庆裳的研究非常深入，提出了许多值得我们关注的问题。北京大学新闻学院程曼丽教授于 2001 年出版的《海外华文传媒研究》一书，以翔实的史料和深入的辨析，评价海外华文传媒的历史功绩，并用科学严谨的研究方法，去芜存菁，把握重点，解决难点，系统、全面地论述海外华人传媒的传播特点、社区构成、文化的交融与认同等，指出它们在过去的岁月中所起到的重要作用，在新的历史文化背景下面临新的挑战，颇具历史纵深感。该书坚持从海外华文传媒的历史出发，客观地评价它们的地位和作用，充分利用人类学、新闻学、传播学、管理学、经济学、政治学和社会学等相关学科的理论研究成果，从理论和应用两个层面，研究海外华文传媒的改革与发展。特别是书中第八章，指出海外华文传媒在当地国当地民族优先发展、刻意要同化华族（新加坡除外）的历史条件下，面对市场化程度高、媒介竞争激烈的态势，提出必须整合原有的华文传媒资源，立足媒体的责任意识、大局意识和导向意识，调整发展策略和思路，着力朝互联网发展的对策，这为我们研究海外华文传媒提供了一个新的文化视角和一种新的研究方法。

但是，纵观国内对海外华文传媒的研究，大多局限于历史研究，而缺少对传媒本身的文化传播特点的研究，因此研究显得不够系统。此外，国内对海外华文传媒研究的缺席和滞后，缺少对海外华文传媒的丰富资料作更深的统筹与归纳，也使我们缺乏对华人的精神走向和华文传媒对建设中华文化的作用的了解，这不能不说是一个遗憾。

二、研究意义

目前生活在海外的华侨华人超过 3 000 万人。而广东籍的就占了 70% 以上，他们对广东乃至中国的经济改革开放与社会建设起到了非常重要的作用。海外华人的存在与发展已成为世界重要的社会学研究课题。深入研究海外华人社区构成、精神文化走向和民族与文化的认同感，通过传媒的沟通提升和塑造中国在他们心中的良好形象，无疑对中国的经济建设与祖国统一具有积极意义。

改革开放以来，海外华人对中国的经济发展起到了关键性的推动作用。广东早期的外来投资，大多来自海外华侨华人，极大地促进了广东乃至全国的经济发展。他们愿意将资金投入到广东及中国其他地区，原因之一就是血浓于水的乡情。不论是生活在中国大陆的居民，还是远离中国的炎黄子孙，其家庭观念、服务桑梓的情结和色彩都相当浓重。海外华人桑梓之情的认同和积淀大多来自华文传媒的文化传播，华文传媒的存在，既起到了文化承传的作用，又传递着中国的各种信息，是一道沟通中国与海外游子情感的最好桥梁。

传媒是一面镜子，通过这面镜子，我们可以看到世间百态，看到社会的历史变迁。传媒是反映社会现实和人们精神走向的重要窗口。通过这个窗口，我们可以看到海外华侨华人的文化与精神价值观的取向，了解他们的精神苦闷和希冀，面对的困境与展望。媒介是反映社会动态的晴雨表，它对社会动态的嗅觉特别敏锐，一是因为报纸每天要报道新闻，所以记者要到基层采访，把基层中的现实情况报道出来，二是因为传媒容纳了大量读者的来信、来稿，还刊载作家的作品，而读者来信、作家的作品又往往是对现实生活的凝缩和提炼，因此最能反映读者的精神面貌和华人社区的文化走向，所以我们从报纸的版面内容就可感觉到当地社会的变化和文化状态，感受到华人的心理变化，如早期的华文报纸具有浓郁的时代特征，刊登的文章多表现早期移民背井离乡、远渡重洋到异国他乡寻找生存之地的无奈，流露出他们漂泊异国他乡孤独凄惘的感情。

开展海外华文传媒研究，不但可向读者介绍史实，而且更重要的是，它通过深层次地反映华人历经社会变迁而不屈的民族性格，弘扬他们勇于进取、顽强拼搏的精神。我们研究海外华文传媒，展开海外华人传媒发展的历史画卷，在为华人顽强的生命力所震撼的同时，也听见了他们不屈的脉搏声，体会到了华人在异文化中所呈现的疏离、苦涩的心情，感受到华文被当地国主流文化同化时所表现的悲怆和无奈。华文传媒的发展历史，折射出华人面对困境时不屈不挠的抗争精神，这种精神不但成为海外华人宝贵的精神财富，而且也是对中国悠久历史文化宝库的重要补充。

三、研究视角

海外华文传媒研究的视角，要结合中国从计划经济走向外向型经济的发展状况和海外侨胞的文化心理特点，既要论述华文传媒的历史发展过程，详尽地向读者介绍海外华文传媒历经沧桑的史实，也要根据传媒发展各个时期的情况，对世界各大洲几个华侨华人比较多、华文传媒发展较快、在世界华文传媒业占有重要地位的国家和传媒进行重点介绍，帮助读者了解该国华文传媒的发展状况。

海外华文传媒从 1815 年《察世俗每月统纪传》发轫，跨越了两个多世纪。笔者认为，在研究华文传媒的通史之外，海外华文传媒研究首先要从概念着手，通过界定海外华文传媒的定义开始，给读者一个清晰的概念。比如说，史学界对《察世俗每月统纪传》是否应列入华文传媒产生了激烈的争论。程曼丽教授在《海外华文传媒研究》一书中，从自身的研究视角出发，通过严谨的论述，根据其面向华人服务，信息传播的形态都酷似华文报纸的特点，认为在科技条件的制约下，不能只凭它的出版样式而把它关在海外华文传媒的大门之外，而如果把它归并为华文传媒，将会对海外华文传媒发展史的研究具有更重要的意义。这样的论述既有说服力，又展现了华文传媒的特点，能给后来者提供新的启迪。又比如如果我们不明确海外华侨与华人的定义，对他们所创办的华文传媒的传播功能也就无法正确地展开论述，无法描述其办报宗旨与方向。研究海外华文传媒，首先要在概念上统一各种有争议的问题，只有厘清各种概念，思想才会更加清晰，逻辑也更加严谨，避免内容重复和交叉。

海外华文传媒历经两百年。在此期间，海外华文由于受到当地文化的影响，已呈现出异于大陆华文的形态，这就要求研究者按照人类学和历史学的研究方法，在田野调查的基础上，收集大量当地华人社区的习俗和文化走向，才能准确地对海外华文传媒的文化传播作出描述。然而，目前国内对海外华文传媒的研究大多局限于报纸和他人撰写的书籍，研究资料的真实性和原始性因此受到一定的限制，这种限制必将给研究的科学价值打上问号。因此，为更真实地收集海外华人的文化和思想发展趋势，研究者必须深入海外华文聚集地作田野调查，改变过去只能靠第二手资料研究海外华文传媒的状况，从而提高海外华文传媒文化传播研究的科学性，也才能提高研究的价值。

四、研究方法

要在浩如烟海的史实中提炼出对现世有益的价值，展现各个时期的华文发展过程，是一件非常艰苦的工作。要完成一项研究工作，在找好研究课题的前提下，除了找准研究角度外，还要使用科学的研究方法。研究方法贯穿整个研究计划，对研究结果的科学和准确与否起着决定性作用。采用定性与定量的分析方法，是海外华文传媒研究的一大特点。研究要通过详尽的表述和准确的史实，从数字得出结论，从史实反映现实，两种方法紧密结合，论述海外华文传媒通过跨文化间的交流，促成新的文化形态，反映华人的精神面貌。

除了采用定性与定量的分析方法，海外华文传媒研究还要采用多种具有很强的说服力和穿透力的分析方法，不要陷入纯史实记录的窠臼，而是要按照科学的研究方法，从具体到抽象，然后回归具体的方法对史实进行抽丝剥茧，从各个时期提炼出值得阐述和介绍的事件，突出值得我们研究的几个国家的发展状况；用系统的分析方法，全面地、整体地关注海外华文传媒的发展过程，综合地观察和审视各大洲华文传媒业对整个海外华文传媒事业的补充与促进作用；用动态的分析方法，揭示社会政治、经济、文化等因素对海外华文传媒的变迁所起的作用；用比较的方法，从几个重要国家的华文传媒的发展特点予以深入叙述，挖掘其特点，展现当时华文传媒的发展状况，揭示与华文传媒息息相关的华人社会的变迁。

新闻学是一门交叉学科。它建基于哲学、心理学、社会学、人类学、传播学等学科，融合了这些学科的特点和优点。而新闻史更与人类学、政治经济学、民俗学等有着非常紧密的关系。因此，华文传媒研究要做到以史为鉴，要注意避免单独、片面地审视传媒，而是应把它与社会变动的因素结合起来，多角度、多侧面地观察它们对传媒的影响，形成社会背景与传媒发展的联动，才能准确地描述某一时期华文传媒的走向和其呈现的社会现实。从这一点来说，海外华文传媒研究结合人类学、传播学、心理学等学科优势，通过分析比较、综合归纳各个时期海外华文传媒的特点，来揭示华人的文化心理，无疑是科学的，也是必需的。

五、对我国对外宣传的启迪

东南亚各国的华人为了保持族裔和强烈的民族认同感，他们形成了各自不同的文化社区，形成凝聚力相当强的群体，至今还保持着过去两百多年的中华文化。而美洲、欧洲的华文文化呈现更多的是文化的融合，朝一个非常西方化的角度去审视中华文化，以一个西方媒体工作者的角度去报道华人社区新闻，但中华文化与西方文化分属不同的文化层，这样无疑使中华文化西方化，用西方的价值观来观察华人社区，这对华族文化的存在是一种潜在的危险。东南亚诸国中，华文环境又存在非常大的区别，由于政府的同化政策和越来越频繁的族际通婚，泰国的华族几乎都融入了当地社会，成为同化程度很高的民族，我们只是偶尔在泰国华人身上看到中华文化的影子。而在马来西亚，虽然政府推行马来人优先发展的政策，也想同化华族，但是华族的凝聚力相当强，形成一个影响力非常广泛的群体，向政府争取国民应有的文化平等发展的权利，因此，马华文化才得以继续保持其原有的色彩，华文传媒成为维系中华民族认同和文化认同的桥梁。因此，看马来西亚的华文传媒的发展历程，就可以大致窥见两个世纪以来海外华文传媒的整个发展历史。由于传媒对社会动态非常敏感，因此，我们可以运用政治经济学、人类学等理论分析东南亚某个国家的华文状况，以了解华族在当地的社会地位和精神面貌。从这个角度来看，国别研究与论文集无疑能形成穿透力很强的学术视野。

然而，海外华文传媒研究，要打破一国一议的研究局限，要更加系统地综述近两个世纪的华文传媒历史，提炼各个时期的特点，阐述其显在的历史意义，才能更加全面、准确地反映华文传媒的发展历史；勾勒其发展方向，为我国有关部门的外宣工作提供新的视角，才能制定具有针对性的对外宣传政策。

此外，许多论文谈到了外宣部门应制定政策，影响海外华文传媒和海外华人的意识形态的问题。对此，笔者有不同意见。虽然海外华人与我们同宗同源，却不同流。现在生活在世界各国的华人，很多都融入了当地社会，成为当地国的国民，应该为当地国的社会发展作出贡献。他们“血浓于水”的观念属于个人自发的文化情结和民族认同热情，我们只能相互沟通，通过文化间的交流与互动，增进他们对中国的认识，不能要求他们跟随中国的意识形态。这关系到他们的生存与发展，也关系到我们的国际形象。如果我们的外宣部门刻意制定政策去影响海外华文传媒的发展，输出意识形态，很可能会引起当地国政府的猜疑和不满，进而引发民族纠纷，甚至引起国家之间的冲突，影响到华族的生存。这是有血的教训的，排华、反华运动带给海外华人无限的悲凉和无奈，增加了他们的苦难。

由于他们生活在一个远离文化母体的环境中，受到当地主流文化的重大影响，已呈现出许多异于我们的民族文化特征。因此，我们认识海外华文传媒，只是为我们了解海外华人坚贞不屈的开拓历史提供条件，倾听他们的心声，展现他们丰富广阔的人文精神家园，汲取他们厚重的文化底蕴作为中华文化的有益补充，并借此加强互动和沟通，使他们理解和支持中国的民族统一和领土完整政策。

参考文献：

[1] 李元瑾:《东西文化的撞击与新华知识分子的三种回应——邱菽园、林文庆、宋旺相的比较研究》，新加坡：新加坡国立大学中文系、八方文化企业公司 2001 年版。

[2] 崔贵强:《新马华人国家认同的转向（1945—1959)》，新加坡：新加坡南洋学会 1990 年版。

[3] 彭伟步:《东南亚华文报纸研究》，北京：社会科学文献出版社 2005 年版。

[4] 颜清湟:《新马华人史研究的反思》，《南洋问题研究》2006 年第 2 期。

海外华文传媒构建“文化记忆”和“文化认同”的作用探究

王娜君

一、前言

学者徐贲曾提出疑问“人以什么理由来记忆”，他从存在主义的角度阐述记忆在人的自我塑造和道德建设中的作用，他认为人不能遗忘历史，特别是对公共生活和文化的记忆、对道德史的记忆、对人类苦难的记忆。记忆是一种责任，决定着人的道德理念和存在状态。爱德华·萨义德曾在《文化与抵抗》一书中提到：“文化是‘记忆’抵抗‘遗忘’的一种方式。”该观点提出的时代背景是巴以冲突，他希望巴勒斯坦民族可以牢记伊斯兰历史与文化，形成强大的民族文化认同，抵御文化侵略和暴力战争，他认为文化超越了政治和地域，可以帮助人们记住历史，抵御偏见。他们讨论的核心都是“记忆”，虽然阐述的切入点完全不同，仍可以体会到他们思想的共通之处，也就是文化、记忆以及认同三者之间密不可分的关系。全球化浪潮下的时代是一个文化碰撞、记忆撕裂、认同混淆的时代，我们需要重新思考关于记忆的问题：我们记忆的侧重点在哪里？我们为什么要记忆？这些问题对海外华侨华人而言显得无比重要，他们经历了更深刻的文化碰撞，他们与母国文化的分离可能导致对母国文化记忆的淡忘，从而消解其文化认同意识，使他们产生“我是谁”式的认同危机和身份焦虑。无论如何，华侨华人虽然身体远离中国，但是在血脉上与中国相连，他们的命运与中国息息相关，他们需要关于母国的记忆，记忆让他们清楚自己的多重身份，明确他们从哪里来，将要到哪里去。

关于文化记忆与文化认同的研究很多，但多从政治学、哲学、文化研究等角度剖析，对于海外华侨华人这一较特殊的群体，媒介以其超越地理边界的特性对唤醒华侨华人的文化记忆进而强化其文化认同的作用凸显。本文欲从传播学角度阐述媒介在海外华侨华人中唤醒记忆和强化文化认同的作用。

二、华侨华人群体文化认同的亟须性

海外华侨华人是一个特殊的具有同质性的群体，他们虽然分布于世界的各个地域，在地理上产生断裂感，但是基于共通的血缘关系、历史文化和民族属性，有着共同的文化记忆和文化认同，中国传统自然主义和经验主义的文化模式或多或少地影响着他们的社会生活和个人活动。

需要说明的是，笔者在这里使用了文化认同而不是国家认同，主要有三个原因：第一，虽然国家具有文化的特征，文化具有国家的要素，但是国家可能变迁，民族文化却具有持续性。中国上下五千年经历了多次朝代变迁，但是中国文化却是一脉相承的；第二，国家是一个政治概念，侧重于主权、政权以及国土的因素，而文化强调的是由历史、语言和心理的联系所形成一个认同群体，侧重于情感和心理方面的同一性；第三，部分海外华人由于已取得所在国国籍，可以不对中国产生国家认同感或民族认同感，但是应该对中国文化有所了解并产生认同感。

随着全球化的发展，华侨华人对中华民族的文化认同感产生了微妙的变化，“二战”以前，大多数生活在海外的中国移民都保留中国国籍，且以中国为政治效忠对象，中国文化对其影响至深，中国文化深深扎根于他们的内心，当时的华文报刊民族意识同样非常浓厚，具有中华文化的自豪感。而时至今日，随着国界的模糊和文化交流的纵深发展，越来越多华侨华人都取得了所在国的国籍或是完全融入所在国的主流文化，作为传统的身份认同因素之一的“文化”影响力式微，例如早期移民的老华侨，在居住地的长期生活使其早已融入当地文化，地域的彻底改变导致文化的断裂，而二代、三代华侨从小生活于所在国，对其身份认知模糊，对母国语言和母国传统文化的了解仅能从父辈口中和少数的媒介中得知，对于“我是谁”的问题产生焦虑感和混乱感，文化认同意识差。而目前的新移民群体，由于多出于商业理由或学习理由选择移民，其对商业成就感的重视或融入当地主流社会的强烈愿望也冲淡了其对母国文化的认同意识。诚然，目前一些成熟的华人聚集地，例如东南亚、美洲等地较重视重拾中华文化记忆，华人社团和华人文化发展比较成熟，但是仍存在部分地区的华人社群发展不成熟导致对母国文化记忆的丢失，进而导致文化认同变得淡漠的现象。

华侨华人群体从理论上应倡导“多重认同”的策略，即既接受所在国的文化，也保持对中华文化的认同，但是由于其政治身份的变化和融入所在国当地主流社会的愿望，华侨华人较注重使用当地语言，学习当地文化，由此他们的母国文化认同感处于弱化趋势，特别是除汉族以外的少数民族华人移民，文化认同危机的根源更加深刻。目前，海外华侨华人的文化认同危机主要体现为以下几点：其一，母国文化被所在国主流文化同化严重，这是一个普遍存在且难以解决的问题，因为生活环境的变迁，融入当地主流文化是一种必然，是主体的一种自然的主动化的本能行为，文化的融合是大势所趋，但是母国文化声音的日渐微弱让我们不得不重新思考母国文化的认同之路，这注定了这条道路必然是充满荆棘的；其二，文化认同意识不强，由于海外华侨华人受到本土文化的冲击，常常忽略对母国文化的了解，导致与母国文化的断裂，即使海外华侨华人在观念上保持对母国文化的认同，但是由于缺乏对文化历史的认知，这种文化认同仅仅体现为肤浅的概念化的认知；其三，认同资源缺乏，虽然目前东南亚、美洲等地的华人文化和华人社团及华文传媒发展较为成熟，但是还有许多地区的华人社会文化发展欠缺，缺乏关于母国文化的风俗、仪式，也没有相关的建筑、博物馆甚至是城市面貌、自然景色，例如非洲于2009年才诞生了第一条华人街；其四，文化认同构建手段缺乏，文化认同属于思想观念的定位，人的思想往往是动态发展的延续，所以文化认同是一个长期建构的问题，对文化的建构主要通过媒介等手段，而华侨华人社区在媒介构建上并不是很成熟，很多地区的华文传媒发展滞后，发展相对成熟的地区的华文传媒又过于融入当地主流文化而欠缺对中华文化的传播；其五，集体文化记忆的缺失，集体记忆理论的开创者是涂尔干的学生哈布瓦赫，他的主要贡献是告诉我们记忆是一种集体社会行为，每种群体都有其对应的集体记忆，海外华侨华人由于其地理位置的特殊性，缺少承载母国集体记忆的工具和场所，导致其与中华民族心理上、文化上的疏远，对历史的见证和记忆的缺失导致了他们集体文化记忆的缺失。

三、媒体、文化记忆和文化认同三者的相生关系

1. 媒体与文化记忆

关于文化记忆的研究，最早可以追溯到法国学者哈布瓦赫的研究。哈布瓦赫打破记忆在医学和心理学固有的研究范畴，将记忆的研究扩展到人文社科领域，提出了“集体记忆”的概念。该概念认为记忆是一种集体行为，是一种社会文化现象，对于过去事情的要放到集体框架中去记忆。虽然该概念并未明确指出文化记忆的内容，但其中已经暗含了文化记忆的含

义。德国学者扬·阿斯曼拓展深化了哈布瓦赫的"集体记忆"概念，将其划分为"交际记忆"和"文化记忆"。交际记忆，即通过日常生活的人际交往产生的记忆，个体性较强，多存在于某个群体中，在这个群体消亡后便随之一同消失，也就是说随着它的载体产生和消逝。而所谓文化记忆，就是一个民族或国家的集体记忆力，是超越个人的，其承载介质具有公共性、集体性的特点。阿斯曼文化记忆理论的核心价值在于强调每个文化体系中均存在一种凝聚性结构，在时间层面上连接过去与现在，将过去的重要事件和对它们的回忆以某一形式固定和保存下来，并不断使其重现以获得现实意义；在社会层面上，这种凝聚性结构包含了共同的价值体系和行为准则，而这些对所有成员都具有约束力的东西，又是从对共同的过去的记忆和回忆中剥离出来的。

在媒介未出现之前，人们体验到的更多是交际记忆，且这种记忆曾被那些从先验知识角度出发的人归为基因型的记忆，是一种不可遗传的记忆。而媒介产生后，媒介赋予了交际记忆以长时性和群体转移性，由此记忆可以遗传。部分具有集体性质的重大交际记忆转化为文化记忆，所以交际记忆转化为文化记忆的载体是媒介。在阿斯曼的文化记忆论中，文字这种媒介占有相当重要的地位，随着媒介形态的不断衍生发展，媒介与文化记忆的联系也愈加密切。英国学者莫利和罗宾斯曾经指出媒介在构建记忆特别是集体文化记忆方面发挥的巨大作用，他们认为媒体可以构建一种共同的认同观，"来让不再有幻想的日常生活重新焕发美丽，从而发挥整合作用并赋予国家意义"。

海外华侨华人由于其群体的特殊性，不能参与到母国文化中，中国的古代文明、儒家文化记忆以及中国近现代的奋斗历程等因其超越个人的价值都可视作文化记忆，华侨华人应该对这些记忆保持一定程度的认知，所以媒介成为他们与母国文化联系的纽带，媒介将带有中华民族色彩的群体文化传播至华侨华人，成为他们形成母国文化记忆的工具。

2. 文化记忆与认同

认同一词常出现于心理学研究的范畴之内，主要说明个人心理上和社会上的归属问题，体现了个体的情感依附。心理学观点在探讨认同的概念时，有两个重点：一是认同的形成乃是后天环境塑造的；二是在形成认同的过程中，参照团体具有举足轻重的地位。简单地说，环境因素和参照团体的呈现，构成了认同形成的主要因素。

文化是认同之源，不同的文化类型构建出部分人群的共同想象，塑造了不同的群体，促使一个群体形成稳固的内聚力，文化很有代表性地提供了描绘认同群体所必需的符号素材，文化是一个民族、一个国家的烙印。无论是对国家、民族或是族群乃至文化本身的认同，都需要建立在认同客体所需要的文化符号的基础上。任何一种文化遇到其他文化，首先遇到的就是认同问题，因为文化碰撞使得文化之间的竞争加剧，各种文化在主体心目中的稳固程度会有所改变。菲茨杰拉德即把文化看成一个框架，框架内的人们根据框架内的内容推断出自己是谁、应该怎样行动、要去什么地方。菲茨杰拉德还生动地比喻了文化和认同的关系：文化等于地图，认同等于指南针。因而，认同成为文化的行动单位，文化指引着认同的方向。

而针对海外华侨华人对于母国的文化认同，要特别强调文化记忆而不是仅仅强调文化的功能，因为海外华侨华人置身于一种完全新型的文化中，地理的断裂使其无法对母国文化有直观了解或是切身体验，母国文化的影响力受到严重挤压，这时便需要文化记忆在认同上发挥重要作用，文化记忆便成为其对母国文化认同的依据。

3. 媒介是形成文化记忆和认同的前提

由于海外华侨华人与母国文化产生疏离感，媒介的重要性凸显，对于在记忆深处存有母国文化的华侨华人，媒介的重现功能可以唤起他们对母国文化的记忆，对于那些长期与母国分离甚至基本未接触过母国文化的华侨华人，媒介融合文字、音频和视频的媒介特性可以构造华侨华人对母国的文化想象，形成一种特有的观感式、想象式的文化记忆。媒介对文化记忆的唤醒和重构功能形成文化认同的基础。对于华侨华人而言，媒介、记忆和认同之间的关系是密不可分的，它们之间的关系可以简单描绘成下图：

由此我们可以看出在华侨华人群体中，如果没有媒介的传播，文化无法转化为文化记忆。媒介可以通过多样的表现形式将他们与母国文化联系起来，媒介使他们前所未有地接近母国文化，从而形成文化记忆，进而产生文化认同。

四、华文传媒在华侨华人中如何构建文化记忆

首先是华文传媒传播理念的重构。目前海外华文传媒面对华侨华人的

传播多为了扩大华人在当地社会的话语权，内容以报道新闻和帮助当地的华人融入当地主流社会的辅助信息为主，与所在国主流文化融合程度高，这种致力于克服文化差异的传播理念导致对中华文化传播的忽略。华文传媒需要重新意识到中华文化传承的重要性，形成“弘扬中华文化”的理念，由此应对当地主流文化的侵袭。可以专门开辟相应的板块，传达包含共同价值体系，具有凝聚力的历史文化信息，特别是对经典国学的展示、儒家文化的讲解，对经典仪式的再现等，由此唤起和构建华侨华人关于中华民族的文化记忆。

其次要对传播方式进行改革。首先，要翻越语言的藩篱。语言的障碍是由多种因素导致的，一是部分华侨华人特别是二、三代华侨华人与母国文化隔离已久，基本实现完全本土化，对华语不甚了解；二是历史上部分华人聚居地有过相关的民族保护政策使得华语生存空间狭窄。对于这些语言不通的华侨华人来讲，认同母国的文化难上加难。在解决这个问题上，华文传媒既要采用双语策略进行传播，还应加强中文的语言教化类内容。其次，传播方式要趋于灵活。目前海外华文传媒的媒介形态正在日臻完善，报纸、广播、电视、新媒体都在持续发展中，对中华文化的传播也可摆脱死板形式，增强趣味性和灵活性，最大限度地贴近华侨华人的心理，争取华侨华人对中华文化的认同。

参考文献：

[1] 朱桃香、代帆：《融合与冲突——论海外华侨华人的认同》，《东南亚研究》2002 年第 3 期。

[2] [法] 莫里斯·哈布瓦赫著，毕然、郭金华译：《论集体记忆》，上海：上海人民出版社 2002 年版。

[3] [德] 阿莱达·阿斯曼、扬·阿斯曼：《昨日重现——媒介与社会记忆》，冯亚琳、[德] 阿斯特莉特·埃尔主编，余传玲等译：《文化记忆理论读本》，北京：北京大学出版社 2012 年版。

[4] 黄晓晨：《文化记忆》，《国外理论动态》2006 年第 6 期。

[5] [英] 戴维·莫利、凯文·罗宾斯著，司艳译：《认同的空间——全球媒介、电子世界景观与文化边界》，南京：南京大学出版社 2003 年版。

[6] 杨顺富：《国家认同多重面向之分析》，《中山学报》2001 年第 12 期。

［7］T. K. Fitzgerald. *Metaphors of Identity*. New York：State University of New York Press，1993，p. 186.

［8］刘燕：《媒介认同论：传媒科技与社会影响互动研究》，北京：中国传媒大学出版社 2010 年版。

海外华文报纸的文化影响力
——以《星洲日报》为例

彭伟步

海外华文报纸不仅是海外华人社会重要的信息交流工具，而且是传承中华文化的重要渠道。海外华文报纸历史悠久，数量众多，在所有媒体中影响力显著。它也是中华文化在海外传播的桥头堡，不仅在海外华人中不遗余力地弘扬和推广中华文化，而且也向当地主流社会推介中华文化。虽然它们是少数族群传媒，但是通过与当地主流媒体的联系和合作，以及举办各种文化活动，或者出版当地语言的报纸，对促进当地主流社会对中华文化的了解，扩展海外华文报纸的全球影响力、实现文化增殖起到重要作用。马来西亚是华文报纸最发达的地区，而且华文报纸的影响力也尤其强大。《星洲日报》是马来西亚华文报纸当中市场程度最高、运作最规范的传媒。它不仅跻身于主流媒体行列，而且在政治、经济和文化影响方面并不逊色于马来文和英文报纸。本文以其为例，探讨海外华文传媒的文化影响力，希望借此抛砖引玉，对其他海外华文报纸增强文化影响力，以及实现中华文化“走出去”与其他文化的交流提供启迪。

一、努力承担传播中华文化的责任

作为海外重要的中华文化传播媒体，海外华文报纸有条件在海外传播中华文化方面搭建桥梁。实际上，海外华文报纸在传承华文方面不遗余力，并根据时势的变化不断调整文化传播的策略和方向。长期以来，中华文化在世界文化领域被边缘化，除了国际社会对中华文化缺乏了解和存在歧视外，还有一个重要的原因就是华人自己在国际上的声音太微弱。如果自己不能在国际上发出自己的声音，等待别人来帮自己说话，就不太可能维护自身的权益。中华文化要实现从边缘向中心的飞跃，融入文化全球化的主流，就必须主动出击，把自己的成果展示给世界，让世界了解中华文化发展的现状和未来发展走势。

海外华文报纸在促进中国与海外沟通方面有先天的优势。它更了解当地文化，更懂得用全球化的语言、当地主流社会的文化思维从事中华文化的推广工作。笔者于 2006 年 7 月受《星洲日报》邀请，在马来西亚开展研究工作，有幸到马六甲参观访问。在一家早期华人的住宅里，许多来自欧洲的游客在导游的带领下参观各种设施，对华人的日常生活有非常浓厚的兴趣。他们惊讶于在一百多年前华人竟然能够在远离中国的地方，保留如此完美的文化印记。华人住宅独具风格的设计、家居的精雕细琢、建筑的精美考究，一切都使他们感到中华文化的精深和秀丽。他们对笔者说，在这里看到中华文化，非常惊叹中华文化的博大精深，非常渴望到中国去参观访问，进一步了解中华文化。

笔者认为，海外华文报纸如果能够在海外成为中华文化传播的基地，不仅有助于海外华文报纸传播华人消息，传承中华文化，对中华文化在海外的传播也有相当积极的意义。比如说，自 1929 年创办以来，《星洲日报》秉持文化办报的理念，用文化铺垫文化传播的道路，举办了“花踪文学奖”等推动华文文学发展的活动，促进了世界华文文学的发展，在华人世界影响甚大。该报把一些有关中华文化的新闻报道或者文学作品结集翻译成当地语言出版，对传播当地主流文化也作出了很大贡献。

文化是族群认同的重要依据。海外华文报纸传播中华文化，一方面维系华人的根，促进族群认同；另一方面也满足了华人的文化需要，使他们在异国他乡可以消除文化寂寞感和疏离感，缓解他们对故乡亲人的思念。传播中华文化，不仅可以满足海外华人的文化需要，而且也是促进主流社会对中华文化的认识和了解，有助于消除民族间的误会，增进理解，这对海外华人的生存与发展至关重要。

二、促进族群间的相互理解

由于宗教、文化和族群认同的差异，海外华人常常成为被排斥的对象，形成了棘手的“海外华人问题”。1965 年印尼驱逐数以万计的华人；1969 年马来西亚发生了华人与马来人的种族冲突；1970 年发生长达 10 年的印支半岛排华反华行动；1998 年印尼又发生排华骚乱；2004 年西班牙排华行动；2006 年所罗门群岛发生针对华人的种族骚乱，这些事件都以华人为目标。这一问题不得不引起华人的思考——海外华人如何融入当地主流社会，并和其他民族和平共处？华人如何维护自己的权益，成为社会的主动参与者，而不是待宰羔羊？笔者认为，海外华文报纸一方面要维护华人权益；另一方面也要从全球化的层面和以更加宽广的胸怀去反映华人问题。人类生命的重要意义在于负责任地理性思考并自由选择，但是，当人们对某一群体（如文化、宗教、种族）产生一种强烈的、排他的排斥感时（有人称之为“自我的缩影化”），不但会扭曲人性，更会导致冲突和暴力。

美国著名的政治学者汤本接受《星洲日报》采访时认为，华文报应以世界主义的胸怀来看待世界问题。他鼓励马来西亚公众和政府放开眼界，以更广阔的视野来看待世界。他说：“马来西亚的华文报章，要以马来西亚的心胸来看待问题。马来西亚华人站在特殊的位置上，处于南洋，在面向世界和西方的同时也面向伊斯兰国家，因此在两种关系中，他们拥有独特的地位、视野和领导作用。因此我们希望马来西亚华文报纸能成为世界华文报的领袖，能够使这个世界不要走向冲突，而是走向妥协、谅解和互利。”[①]他希望马来西亚华人和华文报纸能更上一层楼，以更广大的眼光来看待今天的东西方文化，在种族冲突中扮演更多角色。他说：“马来西亚华人对马国的政治和经济的影响程度超过其他地方，华文报纸应该发挥更大的促进种族和谐的作用。”[②]我们应以更加博大的胸襟去处理种族之间的矛盾，不局限那些影响种族关系的枝枝节节，而且以发展的眼光看待种族之间的融合与发展，既要主动向异族传播中华文化，也要主动吸收异族的文化，实现文化的自我成长。

德国著名社会学家尤尔根·哈贝马斯在批评现代性时认为，生活世界可以被拯救，以价值、规范为基础的生活领域可以抵制政治体系、经济体系的不断影响，暗淡的生活世界能够重新找回它失去的价值与规范。故此，海外华文报纸在向其他种族传播中华文化的过程中，更应该了解和介绍异族文化。通过文化间的彼此交流，减少族群间的误会，形成更加多元化和包容的思想和观念。比如说，《星洲日报》通过系统地翻译伊斯兰学者的学术文章和书籍，让华人更深入地了解马来人的习俗和伊斯兰文化，这样可以促进华人对马来人的了解，从而在与他们的交往当中，有意识地尊重他们的文化习俗，赢得他们的尊重。《星洲日报》要充分利用传媒的教育和信息沟通功能，建构华人了解世界的文化平台，帮助他们深入了解不同种族的思想观念、价值取向、道德标准、宗教和政治信仰，通过多种渠道，运用多种方式，全面、准确、真实地介绍其他种族的情况，充分展现华人热爱和平、与其他种族共创和谐社会以及对社会勇于承担责任和义务的思想。

另外，《星洲日报》也一直致力于建立文化对话的平台，不但把其他民族的优秀文化引进来，而且在报社的实际运作中，也与其他民族进行文化交流，吸纳其他民族的员工，以实际行动为种族间的文化交流作出贡献。举例来说，《星洲日报》招聘其他民族的员工，让他们在工作当中，与华人有意无意地进行文化交流，这对促进族群间的文化交流非常有益，同时也在某种程度上展现了《星洲日报》注重种族和解，为其他民族创造就业机会的形象。

2006 年 7 月，笔者采访了在《星洲日报》工作的两位马来族员工和一位印度族员工。两位马来族员工是父子俩。父亲名叫沙姆逊（Shamsoon），儿子叫克埃鲁尔（Khirul）。他们都是摄影记者。父亲于 1962 年进入《星洲日报》做摄影记者。该工作既是他的第一份工作，也是其最后一份工作。他在《星洲日报》工作了 45 年，自初中三年级开始就一直在《星洲日报》工作。沙姆逊进入《星洲日报》后，很喜欢报社的工作氛围，觉得同事都对他很好。他说，即使其他大报都在拼命招聘工作人员，他还是舍不得离开《星洲日报》。他回忆说，1969 年发生“5·13”事件后，他坚持回到报社上班。他说，他一点也不担忧华人同事会伤害他，因为他与同事建立了非常深厚的感情。事实上，“5·13”事件发生后，一些激动的华人同事用言语威胁他，但他得到了其他华人同事的帮助。他很感慨地说：“我的血已经融入了报馆。”

沙姆逊的儿子——克埃鲁尔也对报社充满感情。他于 2005 年 10 月进入报社。进报社之前，他并没有因为爸爸在这里长期工作，并为报社作出贡献就受到特别优待，一样要接受报社的考试与遴选，所幸表现优秀，顺利进入报社工作。他说，他与同事关系融洽，没有很明显的种族隔阂。他提出的合理要求，都会得到同事的帮助。其他华人同事还教他拍摄新闻照片的要领。在大环境的感染下，他非常敬业，不避宗教的忌讳，到过华人寺庙采访，甚至在华人出殡时还亲临拍摄照片，有时会因为某些原因没法拍到照片，无法满足编辑要求而自责。他说，他在报社学到很多东西，得到很多锻炼机会，已经把自己与《星洲日报》融为一体了。

名为西瓦姆（Sivam）的印裔员工，1990 年就来到《星洲日报》工作。他说，在《星洲日报》没有种族的歧视。在他的记忆中，印象最深的事情，是他刚到《星洲日报》工作仅一个星期就遇到车祸。《星洲日报》很关心他的伤势，而且全部报销他的医药费。他因此对《星洲日报》产生了很深的感情，与同事的关系也更加融洽。

上述三人是马来族、印度族在《星洲日报》工作的代表。他们对《星洲日报》的热爱，本身就反映出该报在文化交流、思想沟通、种族融合方面所作出的努力与贡献。介绍其他民族文化，吸纳他们的文化精髓，同时向他们展示绚丽多彩的中华文化，以全球化的视野了解世界的文化格局及其他地域文化的特色和趋向，这是华人必须重视的，也是化解种族矛盾、增进理解的重要途径。华人有博大的文化胸怀、璀璨的历史文明，应该主动展示善意和诚意，与其他民族和睦相处、共同发展，在相互碰撞和交流中展示中华文化，让他们感受和了解中华文化。从这个方面来说，秉持"让世界了解华人，让华人了解世界"的文化传播理念，海外华文报纸任重而道远。

今天，中国经济、社会迅速发展，海外华人在当地的地位和重要性随之得到提升。海外华人在民族和解、文化融合方面仍存在种种困难的情况下，应看到形势发展所呈现的对华人有利的一面，须具备全球化传播的视野、博大的胸怀和前瞻性的眼光，认识到通过文化传播营造和谐种族社会的重要性和必要性，要抓住当前世界对和平与稳定的普遍性追求，在种族文化间架起桥梁，加强交流。文化之旅是心灵的沟通，也是消除种族隔阂、改变华人形象的破冰之旅，更是种族相互谅解的重要途径。作为面向大众传播的华文传媒，应当承担"让世界了解华人，让华人了解世界"的责任，构建文化交流平台，展现华人与人为善、与其他民族共同发展的美德和愿望，发挥社会缓和剂与黏合剂的作用，实现和谐社会的愿景，从而提升华人包容、博爱和勇于承担社会责任的整体形象。

三、增强海外华文报纸文化影响力的路径

文化实力是与民族的生命力、创造力和凝聚力紧密联系在一起的，是国家、民族、族群综合实力的重要组成部分。文化是软实力，是影响社会和国际话语权的重要力量。没有强大的文化实力，国家和族群的综合实力就会大打折扣，一个民族就会丧失继续发展的动力和思想源泉。文化实力有着丰富的内涵，包括文化创新的力量和文化塑造形象的能力。因此，一个民族要想不断发展，必须不断增强自己的文化实力，积极参与国际文化交流，在与世界不同文化的相互交流和碰撞中展示自己的特色，在世界文化大家庭中让其他族群、民族形成文化印象，借此产生感召，展现华文文化的独有魅力。

然而，目前海外华文报纸与西方实力雄厚的媒体相比，显得非常弱小，话语权相当微弱，文化软实力差距相当明显，这种状况使海外华文报纸意识到扩大传媒的文化影响力、增强话语权的重要性。2001 年 6 月 8

日，马来西亚星洲媒体集团董事主席张晓卿说：“自从踏足媒体世界，在自我的期许和勉励中，我希望有朝一日建立一个以华人为主体的华文传媒世界，使散居世界各地的华人都可以看到华文报纸，都深刻体认中华文化的充实和灿烂。”[③]西方文化能够在世界上流行，并深刻地影响到世界各国的价值观，很大原因在于传媒的全球性传播。假如海外华文报纸也能像西方强势媒体那样在全球传播中华文化，不仅有助于各国人民了解中华文化，而且对于提升海外华人的形象，创建和改善海外华人良好的生存环境也有积极意义。

在传播中华文化的时候，我们要注意海外华文报纸的全球化传播过程是一个信息再编码的过程，要以当地主流社会能够接受，而且易于接受的方式进行再传播。比如之前论及的出版当地主流语言的报纸和书籍，在网络推出当地主流语言的网页等，以本土化的形象接近受众，但同时又把华人社会的信息传到主流社会、西方社会甚至全世界。因此，海外华文报纸在文本语境转换的过程中，要注意传播方式的本土化，以免引起误解，造成不必要的文化冲突，进而影响海外华文报纸的全球化进程，甚至影响到海外华人形象。

笔者认为，海外华文报纸不仅要实现量的增殖，而且要实现质的增殖，增进其他种族对中华文化的了解，并促进中外文化的交流，使中华文化在吸收其他种族文化的精髓后实现自身的飞跃。“文化的增殖是一种文化的放大现象，当一种文化原有的价值或意义在传播过程中产生出新的价值或意义来，或者一种文化的传播面增加从而使受传者文化相对于传者文化有了某种增殖放大，就产生了文化的增殖现象。传播带来的文化增殖实际上是一种作为传播媒介的信息符号的放大作用。它一方面表现为量的增大，另一方面表现为质的增大。”[④]传播中华文化不能为了传播而传播，而是要注重文化的增殖，既要促进当地主流社会对中华文化的了解，也要通过传播实现自我的提升。

事实上，早在 1815 年，海外华文报纸就担负起文化交流的角色，并促进文化增殖。在中国新闻史占有重要地位的《察世俗每月统记传》虽然是由英国马礼逊等人创办的，而且用于传教，但是它不仅聘请了中国人梁发雕刻印刷模板，而且在内容上也传播了西方先进的科学技术、文化思想和社会制度，是一份具有启蒙性质的刊物，它在早期起着开启民智的作用，对促进文化交流也有一定的作用。今天，面对中国迅速发展，各种负面言论困扰海外华人的背景下，海外华文报纸要勇敢地站出来，向世界各国传播中华文化，让中华文化走向世界，促进世界各国对中华文化和海外华人的了解。

四、海外华文报纸的文化影响力对我国文化走出去的启示

当前我国致力于软实力建设，希望通过文化交流促进其他国家、族群对中华文化和中国的了解，并以此构建一个和平、和谐的环境，为中国的社会发展创造条件。但是，文化走出去工程要么受到很多阻碍，要么被他人所误解，效果不太理想，其中主要原因就是宣传色彩浓郁，官方痕迹太过明显，急功近利思想严重。从《星洲日报》努力增强文化影响力、促进族群间的文化交流等事例中，我们看到海外华文报纸在文化交流和推动中华文化走出去方面具有重要作用，这或许可给予我们许多启示。

在全球化背景中，外国人通过网络、电视很容易接触到中国文化，甚至开始深入了解中国文化。然而，他们喜欢淳朴的中国艺术，而不喜欢人为地在中国文化中添加一些宣传和政治因素。如果我们在进行文化交流时，对文化的样式和内容进行有意识的选择，并加上过多的人为干扰因素，那么外国人就会觉得这种文化活动已经变味，成了一种宣传甚至政治宣传活动，他们就会产生抵制心理，这样，文化传播活动的效果就会大打折扣，长期下去，他们对我们的文化传播活动就会产生政治秀的感觉，总觉得我们在利用文化传播向他们倾销中国式的价值观和意识形态。毕竟由于意识形态的差异，许多西方人士“喜欢中华文化，但与政府保持距离”的情况真实存在。他们常常用自己的文化标准和价值观来看待中国的各种文化活动，带有政治作秀、意识形态浓郁的文化传播活动非但无法收到提升海外华人形象的效果，反而加深了当地主流社会对我们试图用文化软宣传来进行政治倾销的印象。

事实上，由于中国传媒受党和政府的控制，不得不按照既定的传播政策和导向进行新闻报道，易缺乏平衡性报道，使西方国家对中国媒体产生不信任的印象。根据这种印象，他们认为文化走出去政策是搞统战的工具，是政治宣传的机器，因此即使海外华文报纸在传播中华文化，举办旨在促进文化间交流的各种文化活动，西方国家也会抱有戒心，猜疑我们是不是抱有政治目的，是不是在进行意识形态输出。

鉴于西方国家对我国文化传播所形成的印象，笔者认为，我国有关部门在进行文化传播和交流时，要减少和消除宣传味道，特别是不要带有意识形态。只有以纯粹的文化传播为目的，才能赢得外国人的信任，才能得到他们的认同。

注释：

①②《汤本：看待问题视野要广　中文报章应放眼世界》，《星洲日报》2004 年 11 月 10 日。

③张晓卿：《壮大海外华文报纸的文化实力》，《星洲日报》2001 年 6 月 8 日。

④沙莲香：《传播学——以人为主体的图像世界之谜》，北京：中国人民大学出版社 1990 年版，第 79 页。

参考文献：

［1］彭伟步：《〈星洲日报〉研究》，上海：复旦大学出版社 2008 年版。

［2］程曼丽：《海外华文传媒研究》，北京：新华出版社 2001 年版。

［3］崔贵强：《东南亚华文日报现状之研究》，新加坡：华裔馆、南洋学会 2002 年版。

［4］宋旺相著，叶书德译：《新加坡华人百年史》，新加坡：新加坡中华总商会 1993 年版。

［5］冯爱群：《华侨报业史》，台北：台湾学生书局 1967 年版。

传播学涵化理论的实证分析

——以印尼华文报纸维系华人族群认同感为例

彭伟步

从1966年苏哈托推行强制性取消华人族群的政策至1999年瓦希德上台，时间已经悄然流逝了30多年。在这30多年里，维系华人族群的华人社团、华文教育和华文传媒几乎在印尼消失殆尽，由此带来中华文化（以下简称“华文”）在印尼的断层。当2004年印尼实行总统、议员普选，候选人都表示对华人的友好态度时，我们回过头再来看印尼华人在过去数十年悲剧性的沧桑和苦难，不禁唏嘘不已，感慨良多。缺乏华社三件宝（华文教育、华人社区和华文传媒），特别是失去了华文媒介的教育传播，华人凝聚族群认同感，重新学习华文就面临许多困难。经过数十年拔根式的文化政策压制，印尼华文已经被原住民文化所涵化，甚至同化，华人族群感已渐趋淡漠和疏远。这种情况引起我们对华文传媒传承华文，维系族群，在接受异文化涵化过程中的作用的思考。本文拟从传播学涵化理论的角度，试图对印尼华人在缺乏华文传媒的情况下如何受到原住民文化的涵化这一问题作探讨，希望为学界解剖印尼华人社会提供新视角。

一、从涵化理论看华文报纸维系华族认同感的重要性

涵化（Acculturation）是一个互动的过程，尽管这种互动通常意味着少数族群在社会与文化方面更多地向主流群体的文化方向调适。“它以一定的社会观和传播观为出发点，基本观点是，社会要作为一个统一的整体存在和发展下去，就需要社会成员对该社会有一种共识，也就是对客观存在的事物、重要的事物以及社会的各种事物、各个部分的相互关系要有大体一致或接近的认识。只有在这个基础上，人们的认识、判断和行为才会有共通的基准，社会生活才能实现协调。”[①]同化（Assimilation）一词指族群间因为交往而失去族群认同，一般来说，受到同化的族群一般处于弱势地位。他们或在政府强制推行的同化政策下被迫接受同化，或为增进与当地居民的交往而不得不调适自己的文化，慢慢受到同化。显而易见，涵化

是同化的基础，而同化则需要很长的一段时间。

涵化理论原本是人类学中关于文化变迁的概念，它在20世纪60年代被传播学者用于研究和分析传媒对人们的影响。当时，美国社会的暴力和犯罪问题十分严重，美国政府因此专门成立了一个暴力起因与防范委员会来研究解决这些问题。传播学家格伯纳主持的"涵化分析"就是在该委员会的支持和赞助下开始的。

涵化分析最初的着眼点有两个：一是分析电视画面上的凶杀和暴力内容与社会犯罪之间的关系；二是考察这些内容对人们认识社会现实的影响。根据一系列的调查和分析的结果，格伯纳等人认为："在现代社会，传播媒介提示的'象征性现实'对人们认识和理解现实世界发挥着巨大的影响。由于传播媒介的某些倾向性，人们在心目中描绘的'主观现实'与实际存在的客观现实之间发生着很大的偏离。"[②]人们常常把主观现实当作客观现实，并在其中寄托精神，追求向往。媒介所创造的主观现实为某种文化在某个群体当中固定下来提供了条件。

文化一旦被某个群体所接受并认同，便会成为相当顽固的思想和观念，并形成族群认同感，他们会自觉地把媒介当作信念、思想的载体，并在群体当中进行传播，无形当中提升了传播媒介的地位，使之成为族群的象征物。比如说，华文报纸在华人社会充当信息传递的使者，以及使华文薪火相传的载体，人们通过这个桥梁来形成族群的认同感。它能体现这个族群仍然在当地生根发芽，文化仍然能够得到传承的现实，也因此毋庸置疑地成为族群存在与否的象征物。如果华文报纸被取消，而由其他语言的报纸来代替，那么华人就必须改变自己的文化观念，经受文化变迁的阵痛，不得不接受其他族群的文化观，由此涵化就发生了。印尼禁闭华文报纸和学校长达30多年，带来的文化涵化相当明显。今天，许多印尼年轻华人身上体现更多的是印尼土著文化，而华文色彩却相当苍白。

文化认同与文化共识是社会传播的一项重要任务，在传统社会，这一功能是由教育和宗教来承担的，而在现代媒体社会则成了大众传播的一项主要任务。"大众传播通过象征性事物的选择、加工、记录和传达活动向人们提供关于外部世界及其变化的信息，用以作为社会成员认识、判断和行动的基础。教育和宗教的传播是在有限的规模和范围内进行的，而大众传播则把同一内容的信息传达到社会的任何阶层和任何角落。因此格伯纳认为，大众传播不仅是现代社会的故事讲解员（Story-teller），而且是缓和社会各异质部分的矛盾与冲突的'熔炉'（Melting Pot），在这个意义上它还是维护现存制度的文化武器，因此，大众传播在形成现代社会的共识方面，已远远超越了传统社会中教育和宗教的作用。”[③]大众传播已经深入人们生活的各个层次，有效地影响着人们的思想与观念。它既是传播文化的重要武器，也是文化融合的重要手段。对于一个多民族的国家来说，利用大众媒体来传播思想，缓和社会矛盾，推动多民族文化交融，意义尤其重要。这也说明印尼华文报纸的作用，强调了它的存在有助于增强华人族群的认同感。

印尼被称作千岛之国，境内民族众多，人口构成很复杂，华人相当分散。如果要依靠广播和电视建立传播网络，投入相对较多，而华文报纸印刷方便，投资较少，又能提高华人的华文读写能力，发挥教育功能，并可深入报道华社情况，所以更能受到有华人族群意识的华人的关注。这是华文报纸之所以能承担维系族群观念的任务，在接受异文化的涵化过程中，能够保护族群特色，避免被异文化同化的根本原因。

当然，涵化理论也存在一些缺点，如不同群体在传媒的长期影响下，会形成不同的观念，所以应用涵化理论分析现实情况时还必须进行细化，但是就涵化的作用与功能而言，许多人类学家与传播学家都得出一个共识，影响涵化的重要因素之一就是代表该种族传媒的影响力与竞争力。比如就东南亚华人而言，如果一个族群的经济和政治势力较强大，他们可以出版华文报纸，涵化概率会低一些。同时，传媒具有教育功能，在有华文报纸的地方，涵化的现象相应减少。由此可见，华文报纸对异文化的高度涵化所起到的抵制作用是相当明显的。

二、华文报纸变迁反映华族被涵化的历史

“1908 年在爪哇创办发行的《泗滨日报》在新闻史学界被认为是印尼华文报纸的开端，也有人认为印尼真正的华文报纸应该是于 1921 年创办的《新报》、《天声日报》。”[④]在此之前，已经有好几份报纸如《华铎报》、《爪哇公报》及《汉文新报》等创办于 1909 年，但是由于是周报，所以它们的史学地位都不如《泗滨日报》。它们有的鼓吹孙中山的三民主义，如《泗滨日报》；有的是中国国民党的喉舌，如《华铎报》、《爪哇公报》。当然，这段时期华人族群感是最强烈的，华文也保持得相当完好。涵化的影响几乎微乎其微。

在 20 世纪 20 年代里，印尼华文报纸相当繁荣，印尼许多华人聚集的城市，如雅加达、泗水、棉兰、苏门答腊、坤甸等地都有华文报纸问世。

日本侵华战争以及日本占领印度尼西亚期间，由于众多华文报纸宣传抗日活动，号召华人向中国的抗日民众捐赠财物，因此成为日本侵略者的眼中钉，许多报纸被勒令停刊。这段时间，由于失去了反映华人社会动态的窗口，也失去了学习华文的环境，许多新生代的华人接受更多的是原住民文化。从此印尼华人开始受到涵化。

"二战"结束后，华文报纸又焕发出新的活力，原来停刊的报纸相继复刊，但此时由于国共内战，报纸的政治立场相当鲜明。如《新报》与《生活报》亲共；而《天声日报》、《自由报》及《中华商报》却反共。华文报纸的政治立场在国共两党内战结束后并没有弱化。"一直到1958年，印尼政府以台湾煽动苏岛地区叛乱为借口，封闭了《天声日报》、《自由报》等亲台湾的报纸。旋即，印尼政府在1958年4月17日出台一项禁令，禁止出版任何非马来语、非阿拉伯文、非拉丁文的报纸，这实际是针对华文报纸的政策。华文报纸全部停刊。接着，当时执政的苏加诺鉴于国际形势的变化，对禁令稍作调整，因此又有几份亲共报纸出版。"⑤显然这种报纸的出版，无疑培养了相当多倾向中国大陆的华人，而华文报纸的存在，多少也沿袭了中华文化。它们对华人被同化起到了阻缓的作用，但总的来说，华人受涵化的程度仍然越来越深。

20世纪60年代初期，随着中国出台不承认双重国籍的政策，许多华人因此入籍印尼。此时创刊的《首都日报》、《忠诚报》、《火炬报》、《革命火炬报》和《友谊报》都转变了笔调，主要报道印尼国内的新闻，兼顾中国大陆新闻。1965年，印尼爆发"九卅政变"，苏哈托上台，随即掀起了大规模的排华运动。华文报纸遭遇前所未有的困境，全部停刊。

1966年9月12日，为实现华人与政府的沟通，当时印尼情报局在政府的同意下，出版了一份双语报纸——《印度尼西亚日报》。这份报纸成为从1966年至1999年期间印尼唯一的一份华文报纸。但是由于编辑自主权被情报局所掌控，无法更多地反映华人社会的真实情况，维护和捍卫华人的利益，因此发行量一直上不去，每天的发行量只维持在3万份左右。显而易见，华文报纸的衰落，使华人失去了精神家园，文化涵化达到高潮。

由于苏哈托上台之后实行独裁统治，禁止一切华人社团活动，关闭华文学校和报馆，华人族群认同的基础被釜底抽薪，广大的华人既无法通过教育来沿袭子女的华人观，又无法通过华文报纸来了解华人社会的状况和学习华文，因此华文呈现断层的现象，使今天的印尼华人不得不经受华文断裂的伤痛。华文报纸被取消，华人随即失去了传承中华文化、传达华人声音、维护华人利益的桥梁。更重要的是，它失去了反击印尼社会反华舆论的阵地，失去了与其他种族沟通的机会。因此，原住民在某些别有用心或对华人一直有偏见的政客的煽动和鼓动下，时有发起排华活动，1998 年更爆发了更大规模的针对华人的骚乱，既给华人带来巨大的生命财产损失，也给印尼留下了民族矛盾、经济衰退等创伤。

失去了传媒对文化的承传，华文教育又被禁止，印尼华人因此失去了维系族群的工具，慢慢被原住民的文化所涵化，当中已经有相当一部分被彻底同化。华族认同面临前所未有的危机。

三、华人为避免被同化必须发展华文报纸

华文教育是维系华人族群的最好手段，语言是族群认同的重要标志，华文报纸较之于广播和电视，是应用语言和提高语言水平的重要工具，也是华文标准化和规范化的使用范本。特别是在华文学校受到当地政府种种约束的情况下，华文报纸的语言表达和使用，也就成为相当重要的教育方式之一。通过这个窗口，人们就会仍然感受到自己民族的语言扑面而来的亲切感，感受到自己作为华人的自豪感。如果华文报纸不复存在，华语被消灭，那么华文被高度涵化甚至同化也就势在必行。而这种现象的出现，既对华人本身的发展相当不利，站在世界多元文化的角度来说，也是一大损失。

20 世纪初叶，由于当时的荷兰殖民者采取对印尼各种族分而治之的办法来实现殖民统治，所以，对华文传媒的管制也比较宽松。那时的传媒发展蓬勃一时。从华文报纸的新闻报道取向来看，能明显地看出他们的政治分野，这凸现了他们对族群的认同感。华文报纸在政治宽松的媒介政策下，开辟《华文学习园地》、《中国历史文化》、《中国各地民俗》等栏目来培养印尼华人的族群感，防止中华文化受到印尼原住民文化过深的涵化。

新中国成立后，中国不再承认双重国籍，迫使华人不得不在保留中国国籍与入籍印尼之间作出痛苦的抉择。由于华人在当地已经积累起一定的财产，生活也有一定的保障，许多华人虽然有落叶归根的强烈观念，但是在现实压力下，他们最终选择了入籍印尼。迄今，90% 以上的印尼华人拥有印尼国籍。入籍印尼迫使他们接受印尼的各种法律，而这些法律应不同政治领导人对政治形势的判断而进行修改，有时甚至是相当随意地改变，华人因此不得不接受执政者各种“灭绝性”的政治文化政策，如学习印尼

文、改名换姓等。特别是在20世纪60年代反共浪潮下，排华反华成为主流，除了一份半印尼文、半华文的报纸《印度尼西亚日报》之外，已无别的华文报纸，华文教育也销声匿迹。由于《印度尼西亚日报》是政府的喉舌，而且受到新闻政策的严重制约，很难传达华人的声音，传承中华文化。越来越多的华人为了生存与经商，只能学习印尼文，阅读印尼文报纸，文化的深度涵化在不知不觉中发生了。虽然许多有识之士意识到这种深度涵化的危险性，会使华人丧失族群认同感，但是面对政治文化政策，只能徒呼奈何。

从在印尼土生土长的华人严重缺乏华文影子的情况，我们就可以看到他们被涵化、同化的不争现实。在许多华人家庭中，用印尼语进行沟通已是相当普遍的现象。华人穿着马来服装，饮食习惯也与当地原住民无太大的区别。除了肤色和脸庞的轮廓外，其他方面尤其是行为方式已呈现出印尼人特征。“我们真正的祖国是印尼，我们效忠的是印尼，这种效忠必须是单一的和不可分的。”“我们的生活取决于印尼而非中国，无论从何意义上说，中国都是一个外国。”[⑥]“我们希望中国强大，这对我们会有些益处，但是我们不能将自己的命运寄托在中国的强弱上。”[⑦]这些声音是众多土生华人接受印尼原住民文化的真实写照，也反映了文化涵化在印尼华人社会中已经相当普遍。

然而，在印尼种族主义泛滥的社会中，即使华人接受原住民文化的高度涵化甚至同化，但是仍然得不到原住民的认同。从多次排华反华的骚乱来看，绝大多数的印尼人对涵化甚至同化与否的华人并没有区别对待。他们总是把华人当作一个整体来看待，结果不论是华侨还是土生华人，稍有一点不符合印尼人观念的行为，统统都会被扣上反印尼的帽子，从而受到排挤，甚至被认定为骚乱的目标。

华文教育固然在维系华人族群中占有重要地位，但是光有教育而缺乏社会信息的沟通渠道，教育就不可能得到深化和提高。华文报纸促成了华人的社会教育场所，所以在现代媒介社会当中，华文传媒占据着越来越重要的位置。30多年来华文传媒几乎完全被封杀，印尼华人缺乏一个文化精神寄托的环境，缺乏族群凝聚和认同的工具。他们不得不接受异文化的深度涵化。然而，涵化之后仍然受到不公平待遇的困境，就必然使他们对文化涵化的结果产生怀疑，并有意识地抵制政治文化涵化和同化政策。所以，我们看到，1998年骚乱之后，许多华人重新创办或复刊华文报纸，试图加强华人族群的认同感，抵制政府的政治文化政策，维护华人的利益，力求种族平等。

四、在保持族群认同感的基础上接受文化融合的现实

瓦希德、梅加瓦蒂相继上台之后，接连出台几项有助缓和华人与原住民紧张关系的政策，解除了禁止华文报纸出版的规定。这种新情况的出现，为华文报纸的复刊或创刊提供了相当有利的环境。《印华之声》、《华文邮报》、《和平日报》、《新生日报》、《印度尼西亚商报》、《国际日报》、《千岛日报》、《世界日报》、《印度尼西亚广告日报》、《坤甸日报》、《诚报》及《华商报》相继出版。华文出版业呈现新的活力。

然而，经历了30多年的断层，许多华文报纸严重缺乏人力、财力，懂华文的编辑、记者偏少，造成新闻报道的质量相当低下。只要翻开华文报纸，错别字、语句不通、词不达意等毛病比比皆是。由于能够读懂华文的读者相当少且分散，广告来源偏少，因此无法更新设备，印刷质量也比较粗糙。由于财力匮乏，大多数华文报纸只能依靠华人社团和财团的支持，经营惨淡。有些报纸实在无法承受巨额亏损，被迫倒闭。比如，泗水的《龙阳日报》于2000年3月1日正式出版，仅一年半便宣告停刊。

印尼原住民常常透过印尼文传媒对华人新闻的报道来了解华人族群的情况。在极端民族主义影响下，印尼文传媒经常把华裔描绘成“掠夺者”、“吸血鬼”等，更加挑拨了原住民和华人之间的矛盾。由于在印尼文传媒工作的记者、编辑都是原住民，他们持着一贯的立场和价值观来报道华人新闻，偏离客观公正当然不可避免。但是笔者想，为什么印尼文传媒可以找到这么多的题材来批评华人？大量批评华人的新闻，从某种角度说明华人确实存在不足。比如说，印尼华人中存在不太关心其他种族贫困人的生活的情况，拒绝与其他文化进行交流，带着数千年悠久的历史文化优越感居高临下看待原住民文化，均使得原住民产生恶感。这种恶感如果在政客的煽风点火之下，就会引发针对华人的骚乱，使华人蒙受巨大损失。印尼文传媒凭着自己的喜恶报道华人新闻，在读者当中形成负面的华人观，从另一个侧面反映了华人缺乏传媒引导、维护己族的舆论工具，以及和其他民族的沟通与交流，致使原住民的负面华人观在很长一段时间里非但未被消除，反而被强化。

在我国一些关于海外华侨华人的研究中，许多学者纯粹从维护华人族群的角度，呼吁华人保护自己的文化和民族认同感，防止文化受到涵化，然而，这种相当片面的学术思想忽视了国际形势的改变，忽视了华人的生

存环境。如果印尼华人仍然坚守上述观点，不抛弃陈腐观念与建立“落地生根”的新思想，培养国家认同感，全面投入重建印尼民族和谐社会，形成既保存本民族的文化景观，又融入原住民文化习俗的新华文，华人就永远受到原住民的猜疑，就会始终被原住民当作外来人，在政治和经济上得不到根本的保障。基于印尼华人的实际生存环境，笔者认为，华人必须充分利用报纸来宣传种族和谐的政治主张，强调文化涵化的必要性和重要性。实现文化交融，与原住民和睦共处，避免成为种族问题的靶子，从而使自己生活在一个没有歧视的国度中。

事实上，基于比较恶劣的生存环境，印尼华人已经意识到华文报纸在传递族群信息，维护华人利益，改善生存环境等方面的重要性。因此，在政策较为宽松的情况下，纷纷创办报纸。同时，华人又认识到族群和睦与共同发展的重要性，因此众多华文报纸在复刊或创刊之后几乎都发出民族和解、团结合作、共同繁荣等口号。如《和平日报》的“唯有和平，才能避免分裂”，《印度尼西亚商报》的“加强全民团结及促进经济繁荣”，《千岛日报》的“虽以华文为信息传媒，却是百分之百的印尼民族报业，印尼华人早已落地生根，融入当地主流社会，把自己的一切奉献给自己的国家——印度尼西亚共和国”，《世界日报》的“争取族群平等，传承中华文化，实现文化融合，促进种族和谐”等。只有民族和解、文化融合且相互理解，才能实现印尼的长治久安，华人的生存权和发展权才能得到保障。而要实现这个目的，显然文化涵化是必由之路。文化涵化并不一定走向同化，但是不涵化就绝对会使华人被排斥于印尼主流社会之外。

但是，文化涵化不能以丧失华人族群特征为代价。如果丧失了鲜明的华人族群特征，当地华人在原住民的眼中就会变得不伦不类，并且对于华人作为一个族群去争取与原住民平等的权利也是相当不利的。事实上，华文在印尼的彻底消失，对原住民的文化发展也相当不利。所以，华文可以被涵化，但是要保持自己的文化特征，避免被釜底抽薪式的同化，而致使民族文化走向消亡。一个民族被其他文化高度涵化，失去了民族特性，变成一个新民族，要经过数百年，而在这数百年历史当中，印尼乃至世界发生什么样的政治变动，是很难预料的。华人如果通过无条件接受当地原住民的文化同化来获得生存机会，代价显然太大了。

基于印尼华人实际状况以及华文传媒的发展，印尼华人必须接受涵化，注重吸收他族的文化精髓来丰富华文，形成特色鲜明的华文景观。随着印尼走向民主，华人政治、经济、文化环境将会得到改善，但是这一切都建基于消除原住民的猜疑，取决于中华文化接受涵化的勇气之上。笔者相信，华人能够在恶劣的环境中得以生存，必有智慧巧妙解决文化涵化的问题，化解涵化与保持族群文化特征的矛盾，与印尼其他族人一同建设一个民主、繁荣的新印尼。

注释：

①②③吴文虎编：《传播学概论》，武汉：武汉大学出版社 2000 年版，第 285 页。

④崔贵强：《东南亚华文日报现状之研究》，新加坡：华裔馆、南洋学会 2002 年版，第 119 页。

⑤⑥⑦崔贵强：《东南亚华文日报现状之研究》，新加坡：华裔馆、南洋学会 2002 年版，第 120 页。

参考文献：

[1] 吴金帆、林洛川：《印尼排华运动的前因后果》，《联合早报》1998 年 10 月 22 日。

[2] 翁德生：《印尼华人的贡献》，《联合早报》2004 年 7 月 2 日。

[3] 刘宏：《族群与国家观念的迷思——以后殖民时期的印度尼西亚为例》，郝时远：《海外华人研究论集》，北京：中国社会科学出版社 2002 年版。

[4]《文化传统促进了中国的发展》，《新报》1956 年 5 月 22 日。

[5]《媒体指印尼华人仍在政治、社会等领域受歧视》，中国网，http：//www. china. com. cn/chinese/TCC/109012. htm，2002 年 2 月 19 日。

新加坡人民和报纸歧视中国人？

——关于新加坡报纸对华态度的调查

彭伟步

新加坡华人社会的动态，一直都是学术界相当关注的话题之一。历史上，新加坡华人为中国作出过杰出贡献，改革开放之后对中国经济发展的贡献功不可没。除了经济利益的考虑外，可以说一份“血浓于水”的情感，在推动着他们不断对中国进行投资。新加坡华人的族群感相当浓郁，也愿意与中国交往，但究竟他们对中国的态度如何，却较少看见有关的系统调查研究。有些调查研究要么是田野调查定性的个案报告，要么是小范围非随机的调查统计，所以很难准确、深入描述新加坡华人对中国人的态度。

报纸反映现实，它可以从一个侧面反映公众的意见。作为大众传媒，报纸可以影响公众的看法，形成社会舆论。基于报纸强大的传播功能以及深入了解新加坡人民和报纸的对华态度，笔者拟就新加坡报纸对华态度进行内容分析，并以此推断新加坡华人对中国的态度。

一、背景介绍

随着中国经济的迅速发展，东南亚华文报纸越来越重视中国的新闻报道，从中国到东南亚各国谋生的人也越来越多。由于经济水平高，人民生活富裕，文化生活习惯相近，所以新加坡是中国人到海外淘金时最向往的东南亚国家。同时，中国经济迅速发展，使得“中国热”浪潮一浪高过一浪，“到中国去”的口号在新加坡已经成为一股潮流，在这样的情况下，新加坡与中国已经形成了相互依赖和补充的关系。新加坡是一个华人国家，对于近些年来有人反映新加坡人民有歧视中国人的现象，笔者想了解他们对中国人有何看法。在众多可以直接和间接反映新加坡人民的对华态度的工具和方法中，传媒无疑是其中最有力的，特别是新加坡境内的报纸，由于其舆论引导作用强、读者广，其新闻和言论可以在某种程度上反映新加坡人的对华态度。

报纸之所以能作为及时反映华人思想动态的工具，一是因为记者要深入新加坡的华人社会进行调查报道；二是在报纸刊登的文章多少能反映华人的意见，特别是言论版就刊载了读者的来信来稿，所以统计新加坡报纸涉华的新闻和言论，能够为我们理性认识他们对中国人的态度提供帮助，并从中检讨自己的过失，改正不足之处。因此，该研究具有一定的代表性和可行性。

二、文献回顾

1. 歧视的定义

国际劳工组织1958年通过的《就业和职业方面的歧视公约》上规定："歧视的定义是指基于种族、肤色、性别、宗教、政治、民族几类社会出身等原因而实行的，具有取消或损害就业和职业方面的机会和待遇平等作用的任何差别、排斥或优惠。"该公约规定不仅具体，而且对歧视的限制也很明确。另外，公约还规定："歧视的事项包括职业培训的机会，得到就业和一些特定职业的机会，以及就业的待遇和条件。"

2002年商务印书馆出版的《现代汉语词典》中关于歧视的定义是："它即是在没有合理的原因支持下，给予某人较差的待遇，以致其利益受损，歧视可分为直接及间接歧视。直接歧视，意指基于不合理的理据，给予他人较差的待遇，或令他人的利益受损。间接歧视，意指表面上一视同仁，但向他人所施加的要求或条件，是没有理由支持的，并会令他们的利益受损。"比如说，中国游客到新加坡旅游观光。在商场购买商品时，若服务员对西方游客比较热情，而对中国游客比较冷淡，中国游客就会感到新加坡人歧视中国人。又比如说，新加坡报纸专门报道中国的负面新闻，甚至夸大中国的黑暗面，这也会令读者产生报纸歧视中国的感觉。

上述两者对歧视作了比较深入的描述。它明确界定了歧视的范围和性质，这为我们对内容进行编码，确定新闻和言论中的态度提供依据。

2. 关于新加坡报纸和人民对中国态度的实证调查与相关文献

（1）范若兰、孟庆顺和谌焕义三人曾经于1999年对在新加坡的中国人做了一次小范围的非随机抽样调查。[①]在调查中，调查者曾问一位新加坡人对中国人的看法，她很谨慎地说，新加坡华人对中国人的看法是节省、能吃苦和肯干。而问及在新中国劳工关于新加坡人对中国人的态度时，有11位受访者认为新加坡人对中国人"友善"，有3个受访者认为"歧视"，有14个受访者认为"一般"。一些受访者认为新加坡人表面上对中国人友善，骨子里是歧视的。调查者认为这种看法是正确的，新加坡人对中国和中国人有偏见，他们对于新闻报道中有关中国的落后和阴暗面津津乐道，尤其是在新加坡的中国大陆妇女有时为了得到新加坡公民身份和财产而不择手段地想嫁给新加坡人之类的事情，像几年前有个嫁到新加坡的中国妇女的闹离婚事件就被报纸连续报道。

（2）吴向东于1996年对20名曾到新加坡汉江船厂工作的中国劳工进行深度访谈。[②]在这次访谈中，劳工谈起了两件令他们相当不快的事。一是不平等的工钱，这20名劳工是年轻技工，到新加坡工作每月可领到480新币，约合300美元，但新加坡学徒每月可领到600新币。他们认为这是对他们的一种歧视。二是低人一等，最令他们反感的是，初到工厂上班时，由于不知姓名，每人背后都得别上号码，据说是方便管理和监督，这种形式在他们看来如同对待囚犯一般，心里特别不舒坦。此外，工头、管理层缺乏温情，规定不合情理，劳工觉得中国人在这个工厂里受到歧视。所以，在深度访谈的最后，作者问这批劳工是否还愿意到新加坡去时，回答竟是再也不愿意去了，“在那里干活，精神压力太大”。

（3）日本学者小木裕文认为，因同属中华文化、同一血统，新加坡的中国新移民及中国人与新加坡华人的融合看起来似乎没有问题，但由于政治体制、教育背景、习惯、价值观等的不同，双方有时会发生微妙的摩擦。[③]有时甚至会出现同一民族才有的近亲憎恶感。新加坡华人如果以欧美的价值观来衡量中国人，便会视中国人为贫穷落后者，而中国人则倾向于将受过英语教育的新加坡华人视为中华文化的落伍者甚至背叛者。而新加坡人对中国人将其称为“外出挣钱的贫困南方农民的子孙”的说法也普遍存在反感。

（4）2001年的一部小说《乌鸦》（九丹著）在新加坡成为热门话题。该小说的作者是在新加坡的英语学校留学的中国女士。她回国后以在新加坡的生活经历为素材写下了这部小说，描写了在新加坡过着受人歧视的生活的中国女性。新加坡华人对这部小说的评价非常差。作为小说，其水平不算高，却是一部在中国人与新加坡华人之间引起微妙感情对立的作品。

这里面既有反映新加坡人歧视中国人的观点，也有反映新加坡人对中国人相当友善的观点。这两个观点在某种程度上代表了许多学者和中国人的态度。为更深入地了解新加坡人民和报纸对中国人的态度，笔者通过多年对传媒的研究，并受到著名传播学家格伯纳（Gerbna）关于电视对儿童有重大影响的观点的启发，认为传媒对舆论形成与舆论引导有着不可忽视的作用，能反映新加坡人的心理动态。因此笔者认为，报纸等传媒可以间接或直接反映新加坡人的对华态度。笔者无法收看到新加坡的广播电视，却可以阅读新加坡境内的两大报纸《海峡时报》（英文）和《联合早报》（中文），这为笔者研究新加坡报纸涉华新闻和言论提供了条件。由于新加坡实行新闻管制政策，这两份报纸在一定程度上代表了政府的声音与其境内的传媒态度，因此，笔者决定把这两份报纸作为研究对象，通过研究其涉华新闻和言论，探析新加坡人民和报纸对中国人的态度。

三、研究方法

鉴于文献所述中存在褒贬新加坡的调查结论的事实，为真正了解新加坡人对中国人的态度，笔者决定通过统计涉华新闻和言论的数量、内容来论证新加坡人是否对中国人存有偏见。

1. 假设

鉴于有研究认为，新加坡人自身有优越感，有歧视中国人的态度，而另一些深度访谈却认为，新加坡人对中国友好，那么究竟新加坡人对中国人态度如何？笔者拟提出一个假设：新加坡报纸歧视中国人。

2. 变量

新加坡报纸的态度为因变量，其涉华新闻和言论立场为自变量。

3. 内容分析

根据研究目的和设想，笔者希望通过数据检验这两者是否有关联，揭示新加坡报纸是否真的有歧视中国人的倾向。为论证假设是否成立，笔者拟列出如下报纸的报道倾向，作为检测其态度的因素。

（1）缺乏民主法制。

（2）官员腐败。

（3）官员管理水平低。

（4）缺乏诚信。

（5）缺乏纪律观念。

（6）从事低下工作。

（7）文化程度低。

（8）衣着褴褛。

（9）工作缺乏效率。

（10）在公众场合讲粗话，缺乏礼貌。

（11）不讲卫生。

（12）英语水平差。

（13）中国妇女来新加坡卖淫。

（14）中国妇女不择手段留新。

（15）医疗服务差。

（16）中国经济迅速强大。

（17）人民精神面貌积极进取。

（18）中国政府执政以人为本。

（19）中国政府致力于建立民主法制社会。

（20）中国国际地位提升。

（21）中华文化优秀、博大精深。

（22）中国人聪明勤劳。

笔者对每一项因素采用李克特量表的五档指标，比如说报道中国是否缺乏民主和法制时，列出“比较缺乏、相对缺乏、中性、相对不缺乏、表现相当好”的选择，分别用“1、2、3、4、5”标记。

4. 选择调查对象

由于新加坡境内报纸数量很少，只有《海峡时报》、《新报》、《联合早报》、《联合晚报》、《新明日报》、《星期五周刊》、《每日新闻》（马来文）、《淡米尔日报》（淡米尔文）等8份报纸，最具影响力的是《海峡时报》、《联合早报》。2001年度出版的《新加坡年鉴》中有关新加坡各种报纸销量的统计，截至2000年12月的数据显示，新加坡的8种日报总发行量为107万余份，其中英文报纸《海峡时报》50万余份，华文报纸《联合早报》20.5万余份，马来文《每日新闻》6万余份，淡米尔文《淡米尔日报》9 000余份。《海峡时报》和《联合早报》是两份综合性报纸，其发行量加起来有70万余份，占了该国报纸总发行量的70%，影响力比较大，也比较有代表性。新加坡常住人口大约300万人（2002年），大约4个人看一份报纸。从《联合早报》和《海峡时报》垄断的地位来看，新加坡人要想读报就只能选择这两份报纸，所以，他们多少受到报纸态度和立场的影响。鉴于《联合早报》和《海峡时报》独特的地位，笔者选择这两份报纸作为取样来源。

5. 取样

在2004年前后，新加坡人对中国人的关注度曾一度高涨，因此笔者于

2004年中随机抽取一个月，但排除新加坡总理李显龙访台期间的7月。因为在这个月中，中国强烈批评李显龙，引起新加坡报纸的反驳，所以言论较为激烈，因而这个月不能普遍反映其他时候新加坡报纸对中国的报道和评论。

为再现新加坡报纸和读者的对华态度，笔者拟对新闻和评论的统计作如下处理：来自新华社或中国新闻社的稿件，或摘自中国大陆报纸的新闻，因为不代表新加坡报纸编辑方针，所以不予统计；但是如果新加坡记者引用中国大陆通讯社或报纸的观点，然后再组织写作报道，予以统计。

笔者认为，报纸不管采用哪些消息来源，都具有把关人的作用。如果新闻采用述评体裁，使内容包含其他通讯社的稿件，引用他国学者的评论，这在某种程度上代表了报纸的立场，所以，笔者不排斥和剔除记者在写稿时引用的新华社、中国新闻社或中国大陆其他报纸的新闻内容，但剔除报纸一字不差照搬他们稿件的报道。

如果统计数超过2 000条，就按照随机抽样的方法，抽取其中的30%。这样既可减少工作量，又能保证样本的代表性。

6. 编码

按照明码出现的频度统计新闻倾向的强度，比如说，如果出现“强烈批评”、“强烈希望”等字眼，就把它确定为因素中“比较缺乏”或“表现相当好”的指标。除了利用明码确定因素指标外，还要根据内容的暗码来确定新闻的倾向性。为避免受调查者个人爱憎等主观态度的影响，统计时要尽量做到客观公正，并通过请他人重测的方法，来检测统计的可信度和效度。

7. 效度和可信度

笔者从一个月的新闻当中随机抽取5%的报道数量，请其他人评价，以确定笔者在统计新闻和评论的内容倾向时，是否受到自身主观因素的影响，并以此作为该内容分析是否真实可信的根据之一。如果差异太大，笔者将邀请第三者再作评议。

8. 数据分析方法

数据首先进行项目分析，分析因子为单条涉华新闻。统计采用百分比、平均值、中间值等。

四、数据分析

笔者随机对2004年11个月的新闻报道进行抽样，抽出12月，即从12

月1日至12月29日，按照原定设想，统计涉华新闻与评论。总共有345条涉华（不含港澳台）新闻和言论，其中220条为《联合早报》新闻，125条为《海峡时报》新闻。笔者再从中随机抽出10%的样本数。抽样的方法是首先对英文新闻和中文新闻进行分层，即将1至220编号为中文新闻，将221至345依次编号为英文新闻，每10条新闻中抽出一条，即抽出《联合早报》22条，《海峡时报》18条。这18条新闻再请他人重测。统计发现，吻合率达65.7%（23条一样，12条不同），见表1。从表1中可见，在这12条不同编码中，只有一个编码差异比较大，其余11条的编码仅相差一个档次。这个吻合率反映了编码基本具备客观性，也能保证编码的可信度。

表1　笔者与他人对新闻内容进行各自编码的对应表

编号	笔者编码	他人编码	编号	笔者编码	他人编码
2	3	2	182	5	5
12	4	4	192	5	5
22	5	5	202	4	4
32	4	2	212	4	3
42	1	2	222	3	3
52	2	2	232	4	3
62	2	2	242	2	1
72	3	3	252	3	3
82	4	5	262	4	4
92	4	5	272	4	3
102	5	4	282	3	3
112	5	5	292	4	4
122	3	3	302	4	4
132	3	4	312	5	5
142	4	4	322	4	3
152	2	2	332	5	5
162	1	1	342	4	4
172	3	3			

经统计，各类因素的统计数如表2所示。在“缺乏民主法制、官员腐败、官员管理水平低、缺乏诚信、医疗服务差”方面的评价数目达95条，占总数的28.4%，而且指标大部分呈负面。但是，在“中国经济迅速强大，中国政府执政以人为本，中国国际地位提升，人民精神面貌积极进取，中华文化优秀、博大精深，中国人聪明勤劳”等方面的评价比较高，绝大部分都呈正面。笔者按照不同指标进行合并统计，得出表3，再通过SPSS的统计，得出表4。从表4中，可见新加坡报道涉华新闻和言论的态度中间值（Mean）等于3.57，也就是说，新加坡报道非但没有歧视中国，反而倾向中国。新闻与评论条数中有68.1%的态度在“满意”以上程度，而只有25.8%在“不满意”程度以下。所以，从百分比来看，我们显然不能说新加坡报纸有歧视中国的态度，甚至可以说报纸的立场倾向中国。因此，假设不成立。但从25.8%“不满意”程度来看，也说明新加坡报纸在某种程度上反映了中国一些领域中存在的问题，有些甚至相当严重。比如说，官员腐败、社会缺乏诚信等。

表2　各类影响因素的新闻统计数

		数量	总计	百分比
缺乏民主法制	1	4	17	4.9%
	2	3		
	3	10		
官员腐败	1	4	26	7.5%
	2	22		
官员管理水平低	1	12	17	4.9%
	2	5		
缺乏诚信	1	12	28	8.0%
	2	12		
	4	4		
医疗服务差	1	4	7	2.0%
	2	3		
中国经济迅速强大	4	31	44	12.8%
	5	13		

（续上表）

		数量	总计	百分比
人民精神面貌积极进取	3	6	40	11.6%
	4	8		
	5	26		
中国人聪明勤劳	4	5	12	3.5%
	5	7		
中华文化优秀、博大精深	4	25	30	8.7%
	5	5		
中国政府执政以人为本	1	3	99	27.5%
	2	5		
	3	5		
	4	56		
	5	26		
中国国际地位提升	4	18	29	8.4%
	5	11		
总计			345	100%

注：1 代表比较不满意，2 代表不满意，3 代表中性，4 代表满意，5 代表比较满意。特别要说明的是，在 22 个因素中，没有在表格出现的 11 个因素的新闻统计数为零。

表 3　各类因素中的指标统计总数

比较不满意	不满意	中性	满意	比较满意	总数
39	50	21	147	88	345
11.3%	14.5	6.1	42.6	25.5	100%

表 4　中间值统计（One - Sample Statistics）

	总数	中间值（Mean）	标准离散值（Std. Deviation）	标准误差（Std. Error Mean）
态度	345	3.57	1.315	0.071

五、讨论

在施拉姆归纳出的传媒四大功能中，对形象塑造有重大影响的当数社会雷达、决策与操纵。它涉及传媒对社会的预警、决策和消除隐患的各种行为。如果传媒利用其决策与操纵功能，对某一事情进行负面报道，就会严重影响人们对某一事物的看法以及印象。所以，传媒在报道新闻时，如果不恪守自身客观公正的原则，公众对某一事物的形象就会因为传媒的态度取向而有所偏差。

从对新加坡报纸涉华新闻和言论的数字统计结果来看，报纸对中国形象不存在过分负面的报道。笔者在研究新加坡报纸涉华新闻与言论时，发现一个不争的事实，新加坡报纸所报道的中国新闻，几乎都是真实的。这些新闻在国内也被大幅报道。所以，从这个角度来说，新加坡报纸刻意歪曲和诬蔑中国形象这个观点是站不住脚的。笔者认为，要根除这些负面新闻，我们首先要防止这些负面新闻的产生。但是，数据反映报纸没有歧视中国，并不说明新加坡人民就不存在歧视中国人的情况。因为有25.8%的负面新闻，这就有可能促成新加坡人的对华负面观。据范若兰在新加坡所做的小范围调查发现，新加坡人津津乐道于中国的负面新闻，也从中说明新加坡人受到报纸的影响，更何况形象的树立和塑造是一种动态的系统建设工程。形象的评估相当复杂，指标不同，塑造的形象也会不同，任何一个细微的过失都会直接影响新加坡报纸和读者对中国形象的评价。“好事不出门，坏事传千里。”负面的事情有特殊性，这既符合新闻价值要求，也符合读者的猎奇心理。读者往往不会过分注意正面的形象，反而会相当关注负面新闻。新加坡报纸态度略偏向中国，在一段时间培养了读者对中国的好感，但是往往会因为一则负面新闻的报道，而使得读者对中国的好感在一夜之间丧失殆尽，不断出现的负面新闻就会加强读者的这种负面观。所以，一些研究者和游客在与一些新加坡人接触后，会产生新加坡报纸和新加坡人歧视中国人的感觉。所以，从统计数字来看，新加坡报纸没有歧视中国人，但是一些新加坡人受到负面新闻的影响，产生负面印象的情况是可能存在的。

另据笔者对新加坡华人的了解，他们比较讨厌来新加坡旅游观光的中国人随地吐痰、乱丢垃圾和在公众场合不讲礼貌，所以，他们通过亲身体验，又经报纸一些涉华新闻和言论的负面报道，就更增强了他们对中国人的一些负面看法。此外，新加坡人物质生活水平高，受西方英语文化教育和影响，他们凭物质和精神生活的优越感居高临下地看待中国人，也多少影响中国人与新加坡人之间的相互评价。笔者希望新加坡人能正确客观认识新闻中的负面事件，不把这些印象扩展到整个中国，甚至对中国人一概而论。但同时，笔者也认为，如果国人能提高自身的素质，改正不良习惯，那么随着时间的推移，一些新加坡人存在的对中国人的负面看法就会有所减少甚至烟消云散。

此项仅是根据传媒对受众有重大影响的理论，通过对新加坡报纸的内容分析，来推测新加坡人的对华态度，所以只能间接地进行推论，如果还想深入探析新加坡人是否真正受到报纸影响而对华产生负面观，是否普遍对华有歧视态度，那就有待做更大范围调查了，希望后来者能继续笔者未竟的研究，更加深入和客观地反映新加坡人对中国人的态度。

附：

新加坡报纸涉华新闻/评论内容分析登记表

编号	165
发表时间	2004年12月23日
报纸来源：1.《海峡时报》　2.《联合早报》	2
新闻标题	有专业技能也要有好品德
导语	前不久，中国籍教师温侠因伪造“北京师范大学文凭”而被判坐牢罚款，出狱后将被遣送回国。
新闻类型：1．新闻　2．评论	2
新闻体裁：1．消息　2．深度报道	
评论体裁：1．社论　2．编辑部文章　3．特约评论　4．读者评论	4
稿件来源：1．记者　2．国外通讯社　3．摘抄	
稿件是否有引用他人观点	

（续上表）

观点是否集中： 1. 对华态度高度集中 2. 对华态度比较集中 3. 对华态度只是提及 4. 对华态度的体现只有稍微提及 5. 其他	1
观点： 1. 直接阐述 2. 隐晦表达 3. 提及 4. 其他	1
第几个因素	4
第几个指标	5
题目： 1. 标题 2. 段落标题 3. 段落中的小标题	1

新加坡报纸涉华新闻/评论内容分析登记表

编号	317
发表时间	Dec. 25, 2004
报纸来源：1.《海峡时报》 2.《联合早报》	1
新闻标题	ASEAN Hit by China's Growth
导语	Before Suzhou, there was Penang, where BenQ set up its first manufacturing facility outside Taiwan in 1989, Today, BenQ has stopped investing in Malaysia.
新闻类型：1. 新闻 2. 评论	1
新闻体裁：1. 消息 2. 深度报道	2
评论体裁：1. 社论 2. 编辑部文章 3. 特约评论 4. 读者评论	
稿件来源：1. 记者 2. 国外通讯社 3. 摘抄	1

（续上表）

稿件是否有引用他人观点	
观点是否集中： 1. 对华态度高度集中 2. 对华态度比较集中 3. 对华态度只是提及 4. 对华态度的体现只有稍微提及 5. 其他	2
观点： 1. 直接阐述 2. 隐晦表达 3. 提及 4. 其他	1
第几个因素	16
第几个指标	4
题目： 1. 标题 2. 段落标题 3. 段落中的小标题	1

注释：

① 范若兰、孟庆顺、谌焕义：《大陆中国人在新加坡：一个实地调查》，《东南亚研究》2001 年第 1 期，第 76 ~ 80 页。

② 吴向东：《精彩与无奈——打工仔眼中的新加坡》，《中国水运》1996 年第 3 期，第 42 ~ 43 页。

③［日］小木裕文、刘晓民：《新加坡的中国新移民》，《南洋资料译丛》2003 年第 1 期，第 22 ~ 29 页。

参考文献：

［1］范若兰、孟庆顺、谌焕义：《大陆中国人在新加坡：一个实地调查》，《东南亚研究》2001 年第 1 期。

［2］吴向东：《精彩与无奈——打工仔眼中的新加坡》，《中国水运》1996 年第 3 期。

［3］沈燕清:《新加坡的中国留学生》,《东南亚》2003 年第 3 期。

［4］［日］小木裕文、刘晓民:《新加坡的中国新移民》,《南洋资料译丛》2003 年第 1 期。

［5］陆建人:《新加坡华人的中国情》,《当代亚太》2001 年第 8 期。

第三编

海外华文传媒与国际传播

浅析海外华文传媒的中国国家形象塑造

——以菲律宾《世界日报》为例

赵　萍

在全球化浪潮下，自中国举办北京奥运会和上海世博会后，中国开始加快走向世界、融入世界的步伐，加强展现国家形象、增强国家软实力的工作。2009 年 11 月 23 日起在 CNN 播放的 30 秒“中国制造　世界合作”的中国国家形象宣传片引起了海内外的广泛关注，并将国家形象塑造的话题推向了高潮，中国开始了国家形象塑造与传播之路。此后，中国越来越重视对外塑造中国国家形象，新闻办再接再厉，于 2011 年 1 月 17 日推出“中国国家形象宣传片——人物篇”，并在纽约时代广场播放。在同年 11 月 8 日，中国又在纽约时代广场推出“井冈山国家形象片”，将中国山川的独特魅力和绿色生态之美传递给了世界。[①]中国每一次的形象宣传片都会引起国内外各界人士的热议，将世界眼球吸引到中国来，至此中国全面进入国家公关时代。媒体与各个行业越来越重视中国国家形象的塑造与传播。

一、海外华文传媒对中国国家形象塑造的重要性

李普曼在其著作《舆论学》中认为，人们由于实际活动范围、精力和注意力有限，不可能对与他们有关的整个外部环境和众多的事物都保持经验性接触，对超出自己亲身感知的事物，人们只能通过各种“新闻供给机构”去了解。人的行为已经不再是对客观环境及其变化的反应，而成了对新闻机构提示的某种“拟态环境”的反应。[②]与外国公民相比，中国国内公民能够更直观地感受中国的国家形象，对国家形象有更清醒的认知，其了解国家形象不仅仅限于大众媒体的报道，还来自自身的生活体验。然而海外华侨华人以及国际公民对中国国家形象的认知更多地来自大众传媒，简言之，就是其所认知的中国国家形象只是大众媒体所制作的一个被高度政

治化了的“新闻虚幻”。在这种拟态环境中，他们对中国国家形象的认知是媒体塑造过的国家形象，甚至存在某种政治上的偏见和倾向。正是由于这种国家形象的相对可塑造性，才会出现带有明显倾向性和有关意识形态的不实、恶意报道，如“中国威胁论”等。因此，海外华文传媒在削弱和抵制这种非客观新闻，塑造正面的国家形象方面肩负着重要的责任。

本文以菲律宾《世界日报》为例，探讨其如何建构中国国家形象，为学界和业界提供认识海外华文传媒的窗口。

二、菲律宾《世界日报》内容分析

菲律宾《世界日报》现平均日出对开纸 14 张（56 版左右），逢重大节日或重大事件日出 25 张（100 多版）。版面内容包括“要闻”、“本岛新闻”、“国际新闻”、“中国新闻”、“经济新闻”、“体育新闻”、“宝岛新闻”、“侨乡新闻”、“社团新闻”、言论版“世界广场”、“文艺副刊”、“医药与保健”、“纵横”、“小说版”、“十方”等。菲律宾《世界日报》对中国的报道涵盖政治、经济、文化、体育、娱乐各领域，把握时代脉搏，向菲律宾华侨华人提供全面的、客观的中国信息，展现中国国家形象。

本文采用简单的随机抽样，抽取《世界日报》2012 年 10 月 1 日到 10 月 20 日共 20 期的报纸作为样本，主要对 12 日、13 日的报纸进行了重点分析。在类目的建构上，由于《世界日报》版面划分比较明确，政治、经济等议题集中在各个版块，与塑造国家政治、经济形象等维度的形象相契合，因此大致按其版面进行内容分类。但由于涉及中国文化的议题比较分散，而“小说”是连载的，“文艺”又多以散文为主，难以界定，故对中国文化的内容分析不受版面的约束。这样就把一级类目定为中国文化、中国政治、中国经济、中国体育。再针对不同版块塑造国家形象的具体情况，对内容进行分类，作为二级类目。因此本文主要对其“世界新闻”、“国际”、“世界经济”、“体育世界”、“华人世界”、“世界广场”等版面进行内容分析，分别从文化、政治、经济、体育方面论述《世界日报》是如何塑造中国国家形象的。

1.《世界日报》从中国文化方面塑造中国国家形象

目前在菲律宾的华侨华人数目估计有 200 多万人，然而其中大概能够写华文的却只有几十万人，并且目前中菲关系异常紧张，“中国威胁论”肆虐全球。而文化作为中国“软实力”中的关键部分，对塑造国家形象起着至关重要的作用。中国政府通过在全球兴办孔子学院等措施，积极向外宣传中国文化，但是仅仅靠中国政府是远远不够的，国家只能从宏观上对中国文化进行传播推广，对具体的各个国家而言，海外华文传媒对中国文化的传播就举足轻重了。

下面这个表是笔者对《世界日报》2012 年 10 月 1 日到 20 日 20 期的报纸（除“小说”和“文艺”外）中涉及中国文化的稿件进行的内容分析。

2012 年 10 月 1 日—10 月 20 日《世界日报》内容分析 （单位：篇）

发行日期	1日	2日	3日	4日	5日	6日	7日	8日	9日	10日	11日	12日	13日	14日	15日	16日	17日	18日	19日	20日
中国文化	3	3	2	2	2	0	1	4	2	4	3	10	6	2	4	6	5	5	2	8
传统文化	3	2	2	2	2	0	1	4	2	4	2	3	1	1	1	4	2	1	1	6
当代文化	0	1	0	0	0	0	0	0	0	0	1	7	5	1	3	2	3	4	1	2

从上表中可以得出，菲律宾《世界日报》主要是致力于通过传播传统文化来塑造中国形象的。在言论版“世界广场”中，也通过“太极拳”、“中医”、“少林气功”、“诗词”、“麻将”、“舞龙”等具有鲜明中国文化特色的元素来展现中国传统文化，并且在 10 月份上半个月的报纸中每期都会出现华侨华人庆祝中秋节的报道，并占据“华人世界”很大版面，通过潜移默化地传播中华民族的价值观和伦理道德观念，来提升文化吸引力和国家形象。

而对于中国当代文化，《世界日报》鲜少涉及。从上表可以看到，1 日到 11 日的报纸中几乎没有报道中国当代文化的稿件。但在 12 日之后的报纸中对中国当代文化的报道比重明显提高，笔者对 12 日的报纸内容进行了分析，这主要是由于莫言荣获诺贝尔文学奖。而《世界日报》在此次莫言获奖的报道中表现突出，对莫言获奖进行了大篇幅的报道。

莫言荣获诺贝尔文学奖无疑是一次宣传中国文化、提升中国国家形象的绝佳机遇。10 月 12 日《世界日报》就在其头版用醒目的红色大字标题

"莫言问鼎诺贝尔文学奖——成为首位获得该奖的中国籍作家"，并用头版整版刊登该则新闻。另外，还在其第三版刊登"莫言获奖　实至名归"的社论，社论中对中国文化的赞美和崇敬溢于言表，直接使用"文明古国"、"文学艺术灿烂夺目"、"蜚声中外"、"中国作家的尊严"这些带有浓厚感情色彩的字眼，并向菲律宾华侨华人感慨中国文化成就之高、蕴意之深、积淀之深厚。众所周知，报纸的社论是报纸之魂，是报纸创刊理念的直接反映。《世界日报》在其社论中高度评价了光辉灿烂的中国文化，而文化是塑造中国国家形象重要、有效的"柔性"手段。《世界日报》通过这种文化张扬、文化认同加深菲律宾华侨华人对中国文化的认知和渴慕，从而提高国家的号召力和吸引力，提升中国国家形象。

《世界日报》积极抓住莫言荣获诺贝尔文学奖的机遇，不仅在社论和头版刊登莫言问鼎诺贝尔文学奖的新闻，并且在12日第十版和13日第九版整版刊登关于莫言的各个方面的新闻，以莫言获奖这一个突破口来介绍中国文化。亨廷顿说："文化的核心包括语言、宗教、价值观、传统以及习俗。"在第十版中，《世界日报》引用中新社在中国各个地方的电讯，从价值观和习俗等角度解构中国文化，如"探访莫言故乡"、"全球媒体聚焦莫言获诺奖：展现中国农民尊严与挣扎"等。而同一时间马来西亚的《星洲日报》却只是在头版用了一小块刊登了"'莫言获诺贝尔文学奖'下转34页"，并且只是在34页用了1/4的版面刊登该则新闻。相较之，《世界日报》则借助这个机遇最大限度地传播了中国文化，进一步提升了中国国家形象。

2.《世界日报》从政治方面塑造中国国家形象

《世界日报》不仅在文化方面大力塑造中国国家形象，而且在政治上客观公正地报道国家事务，还原真相，抵制国外媒体对中国带有明显意识形态倾向的报道，维护中国在国际上正面、和平、民主的国家形象。下图是笔者对《世界日报》"世界新闻"、"国际"版面20天的内容进行的短期统计。

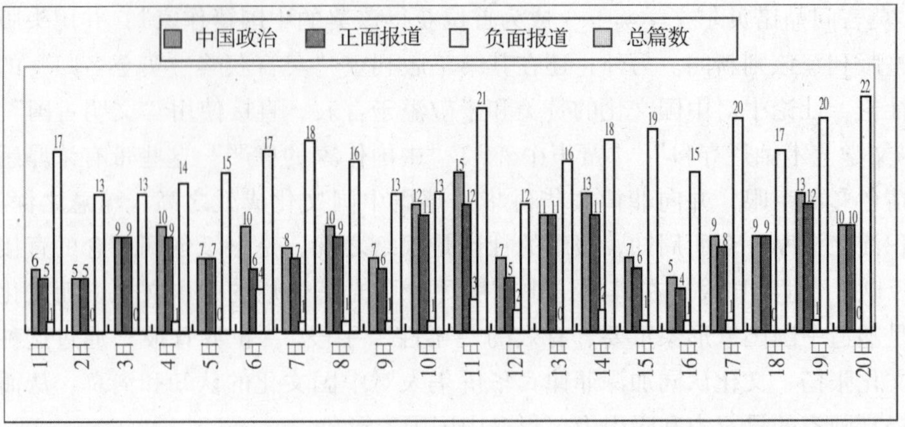

图1　2012 年 10 月 1 日—10 月 20 日《世界日报》“世界新闻”、“国际”版面分析（单位：篇）

从图 1 中可以得出，《世界日报》中中国政治新闻平均占总新闻版面 54.5%左右，有时甚至高达 92%，几乎整个“世界新闻”、“国际”版面都是关于中国的报道。并且由图 1 可以看出，关于中国政治的新闻几乎全是正面报道，负面新闻每天仅有一两篇，有时甚至没有，至于 6 日的 4 篇是由于“双节”期间的特殊情况造成的。由此可见，菲律宾《世界日报》站在客观的立场上一直致力于对中国政治形象的正面塑造，即维护中国在华侨华人眼中负责任的和平崛起的大国形象。

在笔者对“世界新闻”、“国际”版面进行统计的过程中，中日钓鱼岛争端还在持续升级中，由于政治立场的不同和中菲黄岩岛问题争端，菲律宾当地媒体对钓鱼岛事件的报道明显要偏向日本，宣传“中国威胁论”。如菲律宾主流媒体《马尼拉标准今日报》在 10 月 3 日就公开发表文章“失去朋友　树立敌人”，大张旗鼓地指明中国要称霸亚洲的野心和钓鱼岛断断续续是由日本控制的，这是对中国的中伤，并且加深了菲律宾人民对中国的成见。目前，解构“中国威胁论”与反击各种版本的“中国威胁论”，改善和提升中国国家形象，已经成为我国国家形象塑造的当务之急，而直接与菲律宾华侨华人接触的海外华文传媒的《世界日报》就肩负着还原事实真相、与菲律宾本国媒体宣传的“中国掠夺他国领土”相抗衡、解构“中国威胁论”的巨大责任。

在 10 月 12 日的世界新闻版的第九版中，《世界日报》整版报道都是围绕“钓鱼岛是中国的”的议题展开的，刊登的3篇分别援引香港中通社和中新社的稿件斥责日方抢占钓鱼岛的行为，3篇原题分别是《中方斥日“强盗逻辑”》、《日研究钓鱼岛“妥协”方案　专家称是否援兵计尚待观察》和《中日经贸关系受到影响　中方称责任完全在日本》，《世界日报》站在公正的立场上粉碎菲律宾主流媒体对中国国家形象的恶意中伤和歪曲报道。“世界广场”一直是该报的言论版，也是该报的亮点所在，在12日《世界日报》第十二版、十三版的言论版中，共刊登了15篇文章，其中9篇都是以中国为话题的，通过刊登读者和专栏作家的稿件如《东京如何检讨“国有化”战略的失误》、《亚洲是未来全球中心》、《美国人眼中的中国》来表明报纸的立场，坚定钓鱼岛事件中的中国立场，言明中国经济对亚洲经济的贡献，并通过他国人眼中中国形象的提升来塑造中国国家形象。

3.《世界日报》从经济方面塑造中国国家形象

充满生机和活力的经济形象是中国“和平发展大国形象”开始确立的最重要的基础，对积极、正面的国家形象的塑造和传播所起到的促进与推动作用是无法估量的。一个国家的经济状况如何直接反映了该国的发展现状以及在国际中的地位，而且在全球化背景下各国的经济又是一种牵一发而动全身的关系。因此，对中国经济的报道在塑造国家形象中就显得尤为重要。《世界日报》在“世界经济”版主要通过报道中国国内经济腾飞以及中国经济对他国的帮助和影响两个方面来塑造中国国家形象，让“中国经济威胁论”的言论不攻自破。图2就是对《世界日报》“世界经济”版20天内的稿件做的一个短期统计：

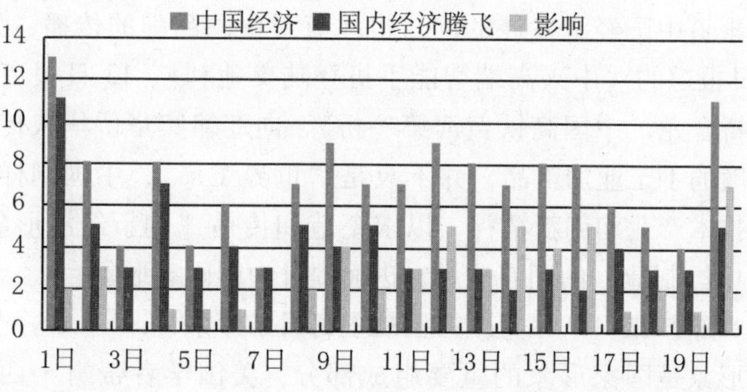

图2　2012年10月1日—10月20日《世界日报》“世界经济”版面分析（单位：篇）

通过以上数据我们可以得出，“世界经济”版主要是通过中国国内经济的飞速发展以及中国经济对他国的影响来塑造中国经济形象的，两者兼顾，但总体上来说，对中国国内经济发展的关注占的比重还是稍微大一点，经济飞速发展的报道比重为61.5%，几乎是对他国影响的报道的两倍，由此可见《世界日报》比较偏重对中国经济飞速发展的报道。通过对中国经济飞速发展的报道向侨胞们传达祖国日益强盛的信息，增加华侨华人的民族自豪感；通过对中国经济对他国的影响与扶持来体现中国经济在世界上的重要地位以及中国希望共同繁荣、共同进步的和平理念，向华侨华人传递中国“和平崛起，和平发展”的理念，进而塑造中国“和平发展大国”的形象。

在2012年10月5日报道的《中国对老挝入世帮助很大——访老挝加入世贸组织首席谈判代表孖妮·奔·那》、13日报道的《IMF称中国是亚太经济引擎 出现经济硬着陆的概率较低》、14日报道的《福建漳州为多国培养茶产业人才》、15日报道的《中国公司助孟加拉国迈入3G时代》等，都表明中国并不是只关注自身的发展，一家独大，而是同时兼顾其他国家的发展，传达了中国“和平崛起”的信息，树立中国和平发展的国家形象。

国家“品牌形象”是国家经济形象的浓缩和代表，也是塑造国家形象的有效手段之一。仅仅美国的一款苹果手机风靡全球就显示了美国在高新技术产业的领先地位，为美国经济形象锦上添花。正如Eugene D. Jaffe所表明的“今日之世界是品牌瓜分之世界”，然而中国现在正缺乏的就是能够享誉世界的品牌，因此对中国品牌的塑造与传播就刻不容缓了。《世界日报》在报道中国经济发展的同时也注意对中国品牌的传播，如2012年10月14日报道的《中兴高端智能手机登陆奥地利》、13日报道的《晋陕黄河特大桥合龙 中国高铁黄河第一桥》，向菲律宾华侨华人传递中国并不只有低廉的手工业加工品，并不只是“世界工厂”，中国同样有领先全球的高新技术产业和创新精神，以求塑造和传播“创新经济形象”，扭转大家对“中国制造”的固有成见，进而提升中国国家形象。

4.《世界日报》从体育方面塑造中国国家形象

体育形象是国家形象的重要组成部分，美国学者蒂姆·西斯克曾说过：“一个社会在体育方面的成功，反映了这个社会的结构运行良好，如果一个社会在体育方面十分出色的话，这个社会在管理整个社会方面也相当出色。”因此，一个国家的体育水平也反映了该国的国家形象，而塑造国家体育形象最有效的手段之一就是运动员辉煌的体育成就和运动员所展现出的体育精神。图 3 是对《世界日报》“体育世界”版 20 天内的稿件做的一个短期统计：

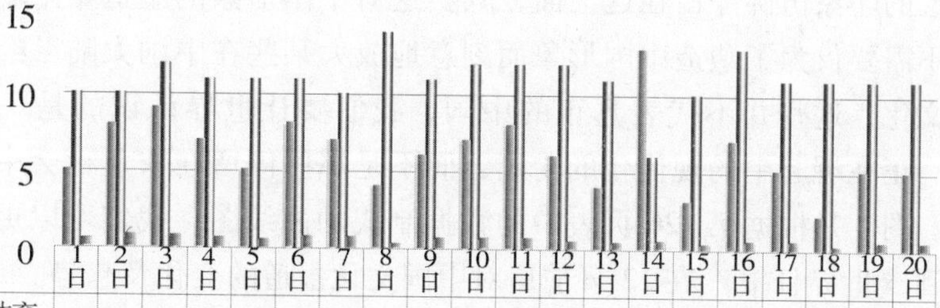

	1日	2日	3日	4日	5日	6日	7日	8日	9日	10日	11日	12日	13日	14日	15日	16日	17日	18日	19日	20日
中国体育	5	8	9	7	5	8	7	4	6	7	8	6	4	6	3	7	5	2	5	5
总篇数	10	10	12	11	11	11	10	14	11	12	12	12	11	13	10	13	11	11	11	11
比例	50%	80%	75%	64%	45%	73%	70%	29%	55%	58%	67%	50%	36%	46%	30%	54%	45%	18%	45%	45%

图 3　2012 年 10 月 1 日—20 日《世界日报》“体育世界”版面分析（单位：篇）

从图 3 中我们可以看出，在《世界日报》“体育世界”版中关于中国赛事的报道占了相当大的比重，中国体育新闻占了“体育版面”约 55.4%，最高值甚至占了 80%。《世界日报》“体育世界”援引的基本上都是中国媒体的稿件，着重塑造中国体育的辉煌成就以及运动员表现出的不屈不挠、勇于奋斗的体育精神。如《羽联排名王仪涵独领群芳》展现了中国羽毛球世界霸主无人撼动的地位；《王濛：不会憎恨国家队　过去一年像 5 年这么漫长》体现了一个世界冠军跌宕起伏的心路历程和涅槃重生的勇气。体育与音乐一样无国界，《世界日报》通过报道中国体育赛事向菲律宾侨胞传达中国体育精神，使其对中国所获得的体育成就和体育精神产生认同，从而演化成对该国价值观念和文化的认同，进而提升该国的国家形象。

三、《世界日报》在塑造国家形象中存在的问题

现如今，中国国家形象塑造陷入了一个怪圈，就是在展示中国文化中，总是离不开舞龙、舞狮、高跷、鞭炮，最多的就是京剧武打、川剧变脸和少林气功，但这些已经被当作中国传统文化保留下来，在中国大陆并

不是经常发生。比如舞龙舞狮，更多地只是被当作“文体结合，体贸联姻”的形式呈现在大家眼前。

这些当然是中国文化的一部分，但正如孔子所说“过犹不及”，凡事要有度，超过了标准就有偏差，我们可以宣传这些文化，但不能只宣传这些文化，这些文化毕竟只代表古老中国的形象。华侨华人和外国人对中国形象的印象仿佛停留在这上面，其实这对中国形象的塑造是不利的。我们并不需要仅为了塑造中国形象而刻意地放大某些在中国大陆已经逐渐消失的文化，这些并不代表真正的中国，我们要让世界认识的是一个正在发展、正在崛起中的现代化的中国，而不是那些停留在农业社会中的国家形象。图4是根据第126页表中的数据制成的曲线图，我们可以更加直观地看到《世界日报》在12日前后对中国文化报道的变化及趋势。

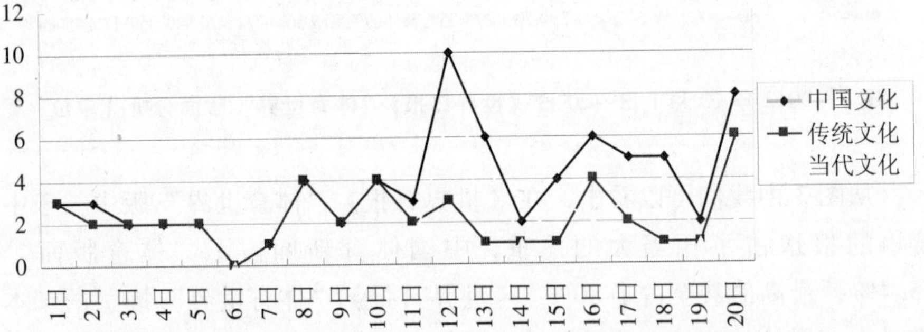

图4 《世界日报》2012年10月1日—10月20日中国文化报道变化趋势（单位：篇）

由图4我们可以看出菲律宾《世界日报》同样存在这种问题，在12日之前《世界日报》对中国当代文化的报道是极少的，几乎为零，对中国文化的报道主要集中在中国传统文化上，并且主要报道的是传统文化中的“武术”、“杜诗苏词”、“太极”、“寺庙”、“气功”等。12日是个转折点，由于莫言荣获诺贝尔文学奖，《世界日报》抓住了这个契机，借莫言获奖大量宣传中国当代文化，然而莫言获奖热过后，对当代文化的报道逐渐呈下降的趋势。

诚然，对中国传统文化的传播无可厚非，但是我们是否应该更加注重中国当代文化所取得的成就呢？传播传统文化是为了塑造国家形象，但是介绍中国当代已取得的文化成就岂不是更能说明中国文化已得到世界的认可了吗？当然，笔者认为无法忽略的一个现实就是，由于现在世界文化的话语权被西方国家所掌握，西方文化界并不是很认可中国当代文化，这在一定程度上影响了中国文化的输出。不过莫言荣获诺贝尔文学奖是世界对中国当代文学的认可，是宣传中国文化的绝佳机遇。而《世界日报》应将此次获奖作为一个转折点，将对中国文化的宣传转为以对中国当代文化的传播为主，并且将这种热潮持续下去，让菲律宾华侨华人了解当代的中国文化，从而更好地塑造中国国家形象。

四、结论

近年来，虽然学界已经认识到海外华文传媒在塑造国家形象方面的重要性，但鲜有文章具体分析海外华文传媒是如何塑造中国国家形象的。本文通过菲律宾《世界日报》对中国国家形象的塑造进行抽丝剥茧的分析，基本呈现出该报塑造国家形象的现状及问题。该报通过对中国文化、政治、经济、体育的报道，为菲律宾华侨华人呈现了一个集灿烂文明、经济腾飞、和平崛起、自强不息于一身的现代中国国家形象。对政治形象的塑造是站在客观公正的国际立场上解构“中国威胁论”；对经济形象的塑造不拘泥于中国国内经济的腾飞，也注重中国对他国经济的影响和援助，塑造和平发展的形象；对体育形象的塑造集中展现中国运动健儿辉煌的成就和永不言弃的体育精神；对文化形象的塑造集中展现中国悠久的传统文化，这都是值得其他海外华文传媒借鉴的地方。但《世界日报》在塑造文化形象时也存在大部分海外华文传媒共同的问题，就是过分侧重于对中国传统文化的报道而忽略对中国当代文化的介绍。

身处于与中国有领土纠纷的菲律宾的《世界日报》，其作为菲律宾发行量最大的华文报纸，它在塑造中国国家形象上的经验对菲律宾其他华文传媒以及其他地区的海外华文传媒而言都具有学习和借鉴意义。而《世界日报》所存在的问题也应该引起其他海外华文传媒的反思与改进。

注释：

① 葛传红：《〈中国国家形象片——人物篇〉效果惹争议——“急功近利不要指望好效果”》，《时代周报》2011 年总第 156 期，第 24 页。

② 郭庆光：《传播学教程》，北京：中国人民大学出版社 1999 年版，第 126 页。

参考文献：

［1］郭庆光：《传播学教程》，北京：中国人民大学出版社 1999 年版，第 126 页。

［2］杨颖靓：《菲律宾〈世界日报〉的历史与现状研究》，厦门大学硕士学位论文，2009 年。

［3］夏春平：《世界华文传媒年鉴·华文传媒简章》，北京：中国新闻社、世界华文传媒年鉴社 2003 年版，第 516 页。

［4］［美］拉里·A. 萨默瓦，理查德·E. 波特著，闵惠泉、王纬、徐培喜等译：《跨文化传播》，北京：中国人民大学出版社 2010 年版。

［5］吴友富：《中国国家形象的塑造和传播》，上海：复旦大学出版社 2009 年版，第 7 页。

［6］余秋雨：《历史的脸谱——余秋雨语录绘本》，北京：文化艺术出版社 2007 年版，第 186 页。

［7］张志坚：《菲律宾〈世界日报〉四、五版的内容分析》，赵振祥：《东南亚华文传媒研究》，北京：世界知识出版社 2007 年版，第 235 页。

日本《中文导报》对中国国家政治形象的呈现

郭　冀

对于海外的华侨华人来说，海外华文传媒的存在具有重要意义。第一，华文报纸用华文传播信息，华语是凝结海外华人的精神和文化纽带。特别是随着第二代、第三代华侨华人的出生，作为华人后裔的新生代，新生代海外华人对母国的认知较为模糊，受客观环境的影响，他们常常不了解母国国情，更不懂得母国文化内涵，有时甚至会对中国产生误解。在这样的背景下，现当代的海外华文传媒作为华人接触祖国的媒介，所起的作用更是难以取代。第二，华文传媒从自己的角度解读中国和世界，身居海外的华侨华人依靠华文报纸能更方便地了解中国和国际上的大事。第三，华文报纸也是海外华人的重要舆论阵地，是海外华人的发声通道，替海外华人争取正当权益。第四，华文报刊是塑造中国国家形象的重要渠道。

国家形象的塑造，作为综合国力中的“软实力”，对一个国家的对外交流，不论是在政治上、经济上还是科技和文化上，都起着越来越重要的作用。国家的政治形象在国际传播的背景下，与国家和政府的意识形态关系最密切，作为“硬新闻”的时政新闻是传媒呈现国家政治形象的主要渠道。

本文以日本华文报纸——《中文导报》所呈现的中国国家政治形象为研究对象，采用内容分析的研究方法，通过对21世纪以来日本《中文导报》的时政新闻标题的议题类型、数量及感情色彩进行统计，总结该报时政新闻标题的特点，并在此基础上描绘并分析我国的国家政治形象。

一、国家政治形象与媒体再现

研究国家形象的塑造，政治学关注结果，强调国家形象在国际交往中的影响力；心理学关注内在机制，研究外界信息的刺激如何形成个体关于国家的“印象”；传播学关注过程，重视媒介传播在国家形象形成过程中的作用。国家的政治形象作为国家形象的一部分，通过多种途径塑造，而媒体构建是其中一种重要方式。

（一）国家形象

国家形象是国家"软实力"的核心组成部分，是一个国家综合国力的具体表现，国内外学者对国家形象的界定大概可以分为三种类型：实体决定说，即认为国家形象不仅仅是外在"形象"，而是内容与形式的统一体；媒介呈现说，即认为国家形象是一个国家在国际新闻流动中所形成的形象，或者说一国在他国新闻媒介的新闻言论报道中所形成的形象；认知印象说，即认为一国的国家形象是其他国家（包括个人、组织和政府）或国际舆论对该国的总体评价和印象。①

（二）国家的政治形象与时政新闻的关系

按照中国传媒大学刘继南、何辉等人的划分，国家形象的政治构成要素如下：②

表1　国家形象的政治构成要素

基本维度	次级维度	深层内涵
政治	国内政治	行政效率、政府信誉、政治风气、民主状况、吏治、法律秩序等
	国际政治	国家领导人外事活动、国际关系等

从"媒介呈现说"的角度来看，本文所提及的"国家形象"特指国家的媒介形象，"国家政治形象"是指国家媒介形象中的政治形象，而作为"硬新闻"的时政新闻是构建国家媒介形象中的政治形象的主要渠道，因此本文研究的是时政新闻所呈现的国家政治形象。

结合刘继南等对国家政治形象构成要素的划分，本文认为国家在媒介上的政治形象主要通过时政新闻体现出来，其中包括媒体对政治人物、国家治理和政府施政、政府信誉、政党建设与执政能力建设、立法司法执法、民主问题、政治体制改革等具有政治意义的议题的报道。

（三）海外华文传媒是构建国家政治形象的重要渠道

在传播学领域，国外传媒、本国的外语传媒以及海外华文传媒，共同构成了国家媒介形象构建的主力军。海外的华人对母国政治方面的信息有需求，于是海外华文传媒的政治新闻成为他们了解母国政治动向的主要途径，也成为构建他们眼中的母国国家政治形象的有效平台。

二、《中文导报》时政新闻标题的内容分析

（一）《中文导报》概况

《中文导报》是日本华文传媒中规模较大、发展较为成熟的一份刊物，它创刊于1992年9月，周报，每周四出版，发行量达8万份。该报开设网站，并于2008年10月1日推出了可在线浏览的电子报纸[③]，这是日本华文传媒中的第一份电子报。目前报纸共32版，其中报道中国新闻的专版是“中国新闻”版和“中国社会”版。《中文导报》于2008年12月进入《朝日新闻》发行网络——罗森连锁便利店。

（二）抽样方法和分布

本文主要采用内容分析的研究方法，对《中文导报》中国时政类新闻的标题进行量化，并结合中日关系发展进程做相关性分析。

在研究问题上，本文以探讨“21世纪以来的日本《中文导报》所呈现的中国国家政治形象变化过程与中日政府关系变化之间的关系如何”为出发点，来确定研究变量与常量：总变量——时间、报道呈现的国家政治形象；分变量——报道议题、感情色彩；常量——同一媒体、相同版面。如图1所示：

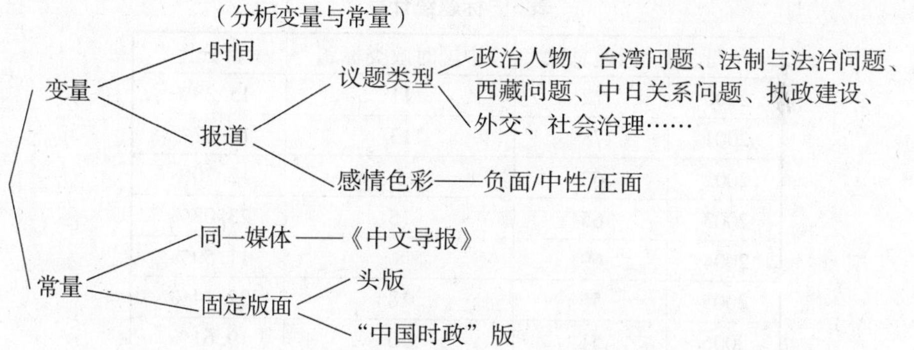

图1　《中文导报》内容分析变量示意图

《中文导报》用于报道中国时政新闻的版面较为集中，主要体现在头版和报道中国新闻的专版中。因此，本文研究2000—2011年（缺2009年）的《中文导报》头版与中国新闻专版。[④]为了保证抽样的合理性，研究采取单周抽样的方式，抽取固定版面，抽样总数为249期。抽样情况如表

2 所示：

表 2　版面抽样数据表

时间	抽取版面
2000 年 1 月至 10 月	头版（1）、中国新闻（9）
2000 年 11 月至 2001 年 5 月	头版（1）、中国新闻（10）、中国社会（11）
2001 年 6 月至 2005 年 12 月	头版（1）、中国新闻（9）、中国社会（10）
2006 年 1 月至 2008 年 12 月	头版（1）、中国新闻（4）、中国社会（5）、中国聚焦（6）
2009 年	因中国国家图书馆正在进行报纸装订，故缺。
2010 年 1 月至 2011 年 3 月	头版（1）、中国时政（11）
2011 年 4 月至 2011 年 6 月	头版（1）、中国新闻（不定）

（三）头版内容分析

1．头版时政新闻标题数量与占比

依据前文对时政新闻的界定，2000—2011 年（缺 2009 年）的《中文导报》头版标题统计数据见表 3 和图 2 所示（图片新闻除外）：

表 3　标题统计表

年份	标题总数	中国时政类标题	百分比
2000	72	11	15.28%
2001	78	13	16.67%
2002	63	8	12.70%
2003	65	15	23.08%
2004	69	8	11.59%
2005	56	18	32.14%
2006	51	10	19.61%
2007	52	13	25.00%
2008	42	12	28.57%
2010	68	15	22.06%
2011	21	3	14.29%
合计	637	126	19.78%

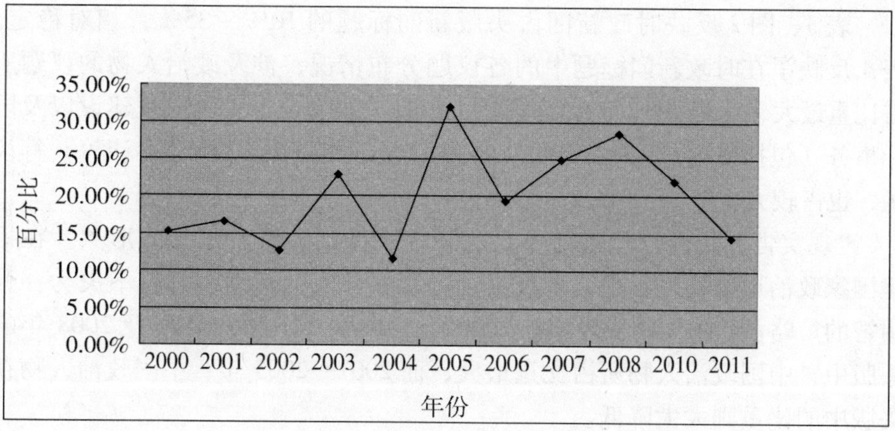

图2 中国时政标题占总标题百分比

其中，各类议题在头版标题中的分布情况见表4所示：

表4 各议题情况表

时间	标题数量	中国时政标题	政治人物	访日	台湾问题	立法司法执法	西藏达赖	中日关系问题	执政建设	国际事务（奥运、世博、WTO）	其他外交
2000	72	11	11	2	4	1	1	1	1	0	0
2001	78	13	2	1	1	0	0	2	3	4	1
2002	63	8	2	2	1	0	0	2	3	0	0
2003	65	15	4	2	2	1	0	1	4	4	0
2004	69	8	2	0	1	0	0	5	0	2	0
2005	56	18	5	1	5	1	0	5	0	4	0
2006	51	10	8	2	4	1	0	1	1	0	1
2007	52	13	9	4	2	1	0	2	3	0	0
2008	42	12	7	1	5	0	0	1	2	1	0
2010	68	15	2	0	0	1	0	4	1	5	1
2011	21	3	2	0	0	0	0	0	1	0	0
总计	637	126	54	15	25	6	1	24	19	20	3
百分比			42.86%	11.90%	19.84%	4.76%	0.79%	19.05%	15.08%	15.87%	2.38%

备注：由于一些标题同时涉及多个议题，本文采取重复累计记录的方式处理；其中“百分比”表示各议题总数占时政类议题总数的百分比。

表3、图2反映时政新闻占头版新闻标题的10%～35%，相对稳定。表4反映了在时政新闻标题中的各议题分布情况，涉及政治人物的议题所占比重最大，达42.86%；台湾问题、中日关系问题、中国执政建设以及国际事务（包括奥运、世博、亚运、G8和G20等国际峰会、朝核会谈等）等议题，也占较大比重。

"现实告诉我们，国家领导人的一言一行都关系着国家的形象。在构建国家政治形象的过程中，重点报道国家领导人的活动、言行不失为一种明智的策略。"⑤在《中文导报》2000年、2006年、2007年以及2008年的头版中，中国政治人物所占比重最大；而2001—2005年，中国政治人物在头版中的比重则大大降低。

2. 头版时政类新闻标题感情色彩分析

由于新闻报道的采写和编辑必须通过新闻工作者的主观处理来完成，因此从新闻选择到新闻采写都杂糅着个人的价值观和感情因素。同样一则新闻事件，在不同的新闻工作者笔下，报道可能截然不同。

一则新闻所包含的感情色彩可以按照最基本的划分方式分为三种：负面、中性、正面。"负面新闻"的定义主要有以下三种指向：①负面事件的新闻，负面事件是指一种处于原始状态的消极被动的事实，包括地震、雪灾等自然灾害事件，暴力、骚乱等突发事件，以及贪污、虐待等与现行社会秩序和道德标准相冲突的不良行为事件；②负面价值的新闻，也称为"负面报道"，它主要以特定主体的判断为认定标准，包括两种类型，一种指报道内容是负面事件，产生的效应也是负面的，另一种指报道的内容并不是负面事件，但由于价值评价的差异，出于特定主体的角度考虑将其定义为负面；③负面效应的新闻，这些负面效应包括社会恐慌、动荡，人心颓废、逆反等不良影响。这三个指向是三个不同的角度，构成了相互交叉与重叠的关系。⑥本文所界定的"负面"并非广义上的"负面新闻"，而是特指对中国国家政治形象产生不良影响的新闻报道。

由于一份报纸的头版是其"门面"，也是其向观众打开的海量信息世界的第一扇窗，对塑造某一新闻主体的形象具有至关重要的作用。因此，本文以《中文导报》头版时政类新闻标题感情色彩统计为例，从中一窥该报对中国国家政治的价值判断。

表5为头版时政类新闻标题感情色彩统计：

表 5　标题感情色彩分析表

2000—2011 年头版时政类标题感情色彩统计							
时间	负面	中性	正面	总数	负面（占比）	中性（占比）	正面（占比）
2000	4	3	4	11	36.36%	27.27%	36.37%
2001	0	6	7	13	0.00%	46.15%	53.85%
2002	0	5	3	8	0.00%	62.50%	37.50%
2003	0	13	2	15	0.00%	86.67%	13.33%
2004	0	5	3	8	0.00%	62.50%	37.50%
2005	1	10	7	18	5.56%	55.56%	38.88%
2006	5	3	2	10	50.00%	30.00%	20.00%
2007	0	4	9	13	0.00%	30.77%	69.23%
2008	0	4	8	12	0.00%	33.33%	66.67%
2010	4	6	5	15	26.67%	40.00%	33.33%
2011	1	0	2	3	33.33%	0.00%	66.67%
合计	15	59	52	126	11.90%	46.83%	41.27%

将三种基本感情色彩标题占当年时政新闻标题总数的百分比用图 3 表示如下：

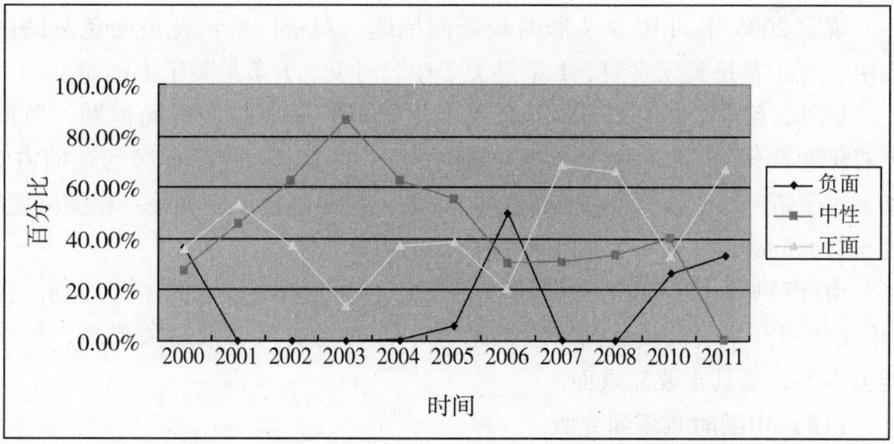

图 3　2000—2011 年头版时政类标题感情色彩比重

《中文导报》头版的时政新闻标题中，大多数年份的头版时政新闻标题还是以正面或中性为主。由于2006年的头版时政新闻负面色彩的标题占比最大，因其特殊性对其进行单独分析。这10条时政新闻标题分别是：

负面：

《赖昌星遣返推迟　中国又被涮了》（2006－06－08）

《马英九访日坠入三大误区》（2006－07－20）

《新华社独揽外电通讯审稿权　中国收紧媒体管制惹争议》（2006－09－21）

《红色倒扁潮硬撼贪腐总统　三种结局　两种下场》（2006－09－21）

《反贪风暴夹带权力洗牌　陈良宇落马效应持续发酵》（2006－10－05）

中性：

《戴秉国访日透露对日政策新变化　从网举目张到四面突破》（2006－02－16）

《陈水扁宣布“终止”国统》（2006－03－02）

《中美战略经济对话传出意外信息　吴仪吹响政改进军号》（2006－12－21）

正面：

《胡锦涛会见中日友好七团体　中日关系重回以民促官》（2006－04－06）

《中国实力三级跳　APEC胡布争风》（2006－11－23）

观察2006年的10条头版时政新闻标题，对中国政治持负面色彩的内容中，有3条是关于贪腐，1条是关于中日外交，1条是关于中国制度。

另外，纵观2000—2011年的《中文导报》头版时政新闻标题，负面色彩标题共计15条。[⑦]这15条负面标题中，关于中国政治贪腐问题的占6条，占了近一半；关于外交问题的占6条，包括中日、中美关系相关问题；关于台湾问题的占1条；关于中国内政的占2条。

由此可见，中国政治贪腐问题和外交问题是负面报道的主要议题。在《中文导报》呈现的负面国家政治形象中，官场贪污腐败现象严重、外交能力不足，是其主要侧重面。

（四）中国时政新闻专版

统计2000年1月至2011年6月《中文导报》报道中国新闻的专版，版面抽样情况见表2。在报道中国新闻的专版中，议题为中国时政类的占比如图4所示：

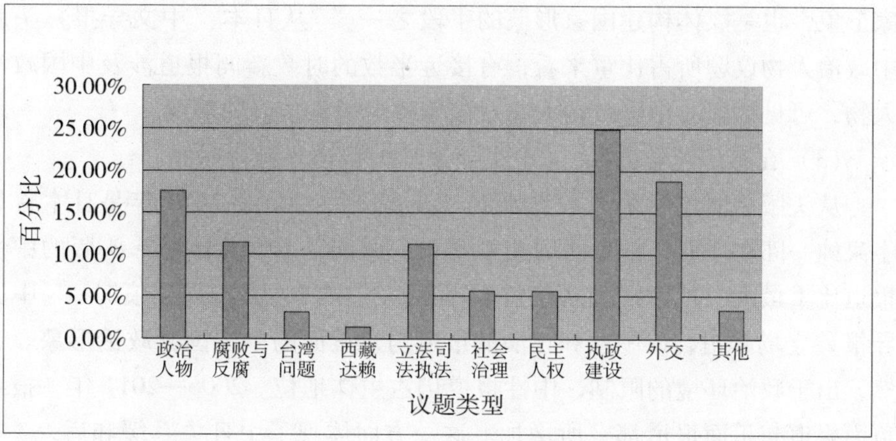

图4　2000—2011年（汇总）各议题占时政总议题量的百分比

从图4可见，执政建设、外交、政治人物占据总议题数量比重的前三位。

三、日本《中文导报》所呈现的中国国家政治形象

（一）日本《中文导报》的中国时政新闻

从内容分析的情况来看，关于中国的时政新闻有以下特点：

（1）中国政治人物、台湾问题以及中日关系报道是《中文导报》最为集中的报道议题，体现了《中文导报》在事关中日两国核心话题方面的议程设置功能。

而头版和中国新闻专版共同涉及的议题里，政治人物、台湾问题、中日关系问题等议题在头版中占比较大，在其他版面占比则很小。例如表4中政治人物议题所占的比重将近半数，而图4中仅占17%；头版中占比接近20%的台湾问题，在中国新闻专版中仅占3%。《中文导报》方针明确，版面布局有规律，将中国政治人物、台湾问题以及中日关系等中日持续关注的议题置于头版。

（2）报道政治人物是《中文导报》呈现中国国家政治形象的重要途径。

“公众对一国国家形象的印象，除了看其政治制度、经济水平、文化

底蕴、文明程度、道德水准等因素外，在很大程度上还依赖于国家代表人物，甚至是权力边缘人物的表现。所以，通过塑造特殊人物形象来提升国家形象，也是媒体构建国家形象的手段之一。”⑧从日本《中文导报》头版中政治人物议题所占比重来看，有接近半数的时政新闻报道涉及中国政治人物，可见该报对中国政治人物及国家政治形象塑造的重视。

（3）在感情色彩方面，《中文导报》的报道具有特殊性。

从头版感情色彩统计数据来看（见图3），2001—2005 年是日本首相小泉纯一郎在任期，中日两国关系紧张，此间，《中文导报》头版的中性报道比重最大，正面报道多于负面报道。当中日关系出现裂痕时，《中文导报》立场鲜明，以中性和正面的报道构建正面的中国国家政治形象。当然，出于政治环境的限制，中性报道仍占主体地位。2006—2011 年，报纸负面报道与正面报道都有所增加。这一方面体现了中日关系缓和后，《中文导报》办报环境更为宽松，言论更加自由，不必一味求稳；另一方面也暗示了，新时期的海外华文传媒以更为严格的标准和批判的态度报道中国。另外，在中国时政新闻版面中，具有负面性质的腐败议题的数量和比重，与头版中负面新闻的比重随时间变化具有一致性。⑨

（4）时政新闻的比重与中日两国关系走向存在相关性。

从头版的时政新闻标题占比的变化来看，21 世纪头十年中，后五年的时政新闻标题所占比例整体高于前五年。

从中国新闻专版的情况来看，时政新闻标题占比（见图5）呈曲折上升趋势。⑩结合中日两国在这段时期的双边关系，2001—2006 年 9 月为小泉纯一郎首相在任期，期间小泉首相参拜靖国神社、为李登辉发放赴日签证等一系列右翼行径，导致中日关系陷入新时期的“政冷”期。2006 年 10 月日本新首相安倍晋三上台后，先后历经安倍首相访华的“破冰之旅”、温家宝总理访日的“融冰之旅”、福田康夫首相的“迎春之旅”以及 2008 年胡锦涛总书记的“暖春之旅”。

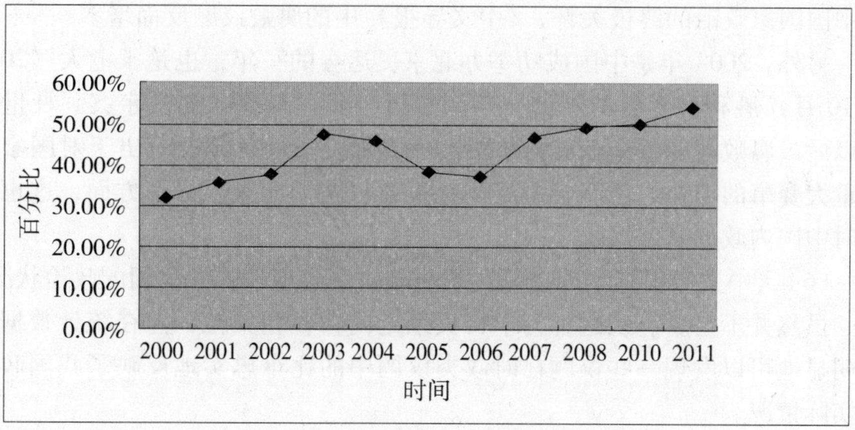

图5 中国新闻专版的时政新闻比重

（5）个别议题的变化情况也与两国关系发展存在相关性。例如腐败类议题。

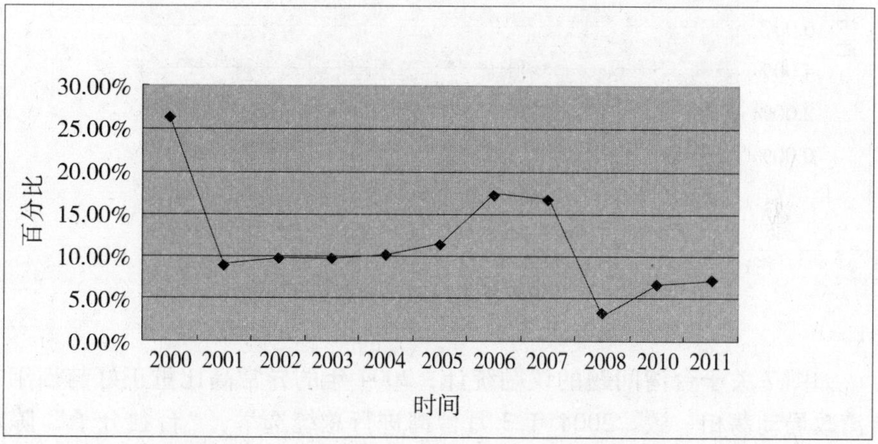

图6 腐败与反腐类议题占时政类议题的百分比

已有学者根据日本首相的更迭情况将中日关系划分为几个阶段，其中2001年小泉纯一郎首相上台至2006年小泉卸任，为中日关系的“政冷”时期。这一阶段腐败与反腐议题的占比骤降，可能与《中文导报》维护母国立场的舆论导向有关。2006年后，中日关系开始转暖，中国话题在日本的政治环境变得相对宽松，轻松的环境容易唤醒媒体固有的批判性，出于对中国国家政治的终极关怀，《中文导报》中的腐败议题反而增多。

另外，2008 年是中国成功举办北京奥运会的一年，也是十七大（2007 年 10 月）胜利召开后的新的一年，在历经前一阶段的陈良宇案、杜世成案以后，腐败问题得到较好的整治。一方面，《中文导报》出于对国家举办重大赛事的考虑，可能会主观调整报道议题的比重；另一方面，这也是当时中国内政的真实反映。

（6）《中文导报》的时政新闻报道基本真实地反映了我国的政治状况。

虽然并不是所有议题都与中日关系走向存在相关性，但在统计数据中很明显地可以发现一些议题在时政类议题中的比重忠实地反映了我国政治的实际情况。

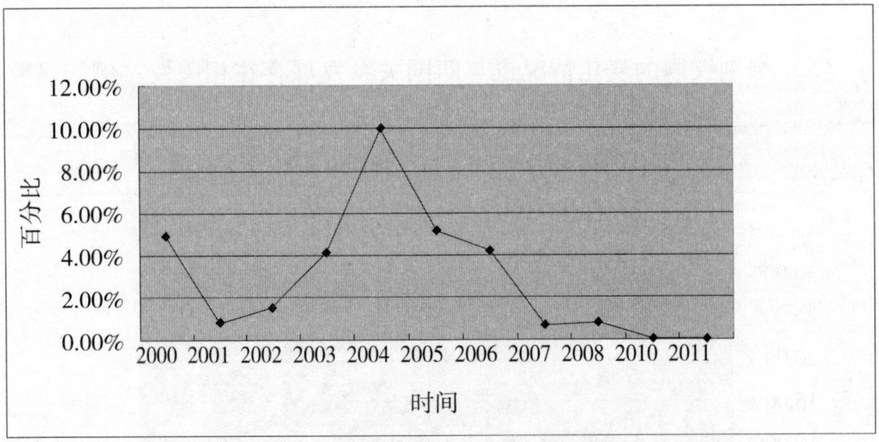

图 7　台湾问题占时政类议题的百分比

如图 7 关于台湾问题的议题统计，2004 年的异常高比重正好与当年的台湾政局动荡相一致。2004 年 3 月台湾进行总统选举，“台独分子”陈水扁以微胜获得连任，国民党等反对党提出竞选无效和当选无效的诉讼，而陈水扁政府同时举行的两项公投均未通过。图 8 中的西藏问题的议题，2008 年以前基本稳定在 1% 左右，2008 年急剧增高，虽然随后几年有所回落，但仍高于过去。这真实地反映了 2008 年“3・14”打砸抢烧事件，以及随后几年达赖流亡政权的沉渣泛起。

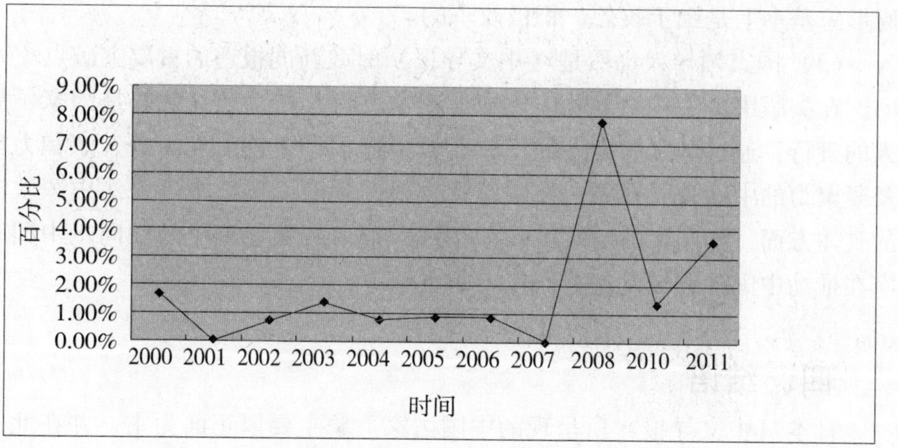

图 8 西藏问题占时政类议题的百分比

（二）日本《中文导报》在 21 世纪所呈现的中国国家政治形象

根据《中文导报》的时政新闻特点，我们可以描绘出该报所呈现的中国国家政治形象。

（1）总的来说，《中文导报》中的中国政治形象是较为正面的，虽然中国内政腐败问题突出，但政府在内政上执行力较强。

纵观 2000—2011 年这十余年的报道，《中文导报》呈现给读者的中国政治形象是“贪腐屡禁不止，政府屡次肃清”，报纸最终强调的还是中国政府高层重视廉政建设的举措。

具体来说，《中文导报》在各阶段又呈现了具有各自特点的中国政治形象，如 2000 年的中国政治腐败问题严重，民主程度不高；2001—2005 年的中国政治在外交上面临较大挑战，主要是中日关系摩擦升级，而台湾问题也被激化，尤其是 2004 年陈水扁连任和公投，给中国政治带来不小波动；2006—2008 年，中国政治状况又回稳，政府执政建设力度加大，廉政建设和社会治理成效显著，法制与法治取得进步；2008 年以后，中国政治又迎来新的挑战，政局中的不稳定因素开始反弹，中日关系问题、西藏问题、社会治理、民主问题等又出现新的变数。

（2）《中文导报》中的中国政府是一个执政能力不断进步，政务建设快速发展的形象。不论在中日关系“寒冷”期还是“回暖”期，社会治理、民主建设、执政能力建设等议题一直是《中文导报》积极报道的议题。在这些议题中，不少报道揭露了中国政治的弊端，但呈现出的中国政府形象基本上是勤于政务、积极改革的。

(3) 国家领导人仍然是《中文导报》时政新闻报道的重要突破点。

在头版中，《中文导报》大量报道了政治人物活动，尤其是国家领导人的言行，通过国家领导人的积极形象塑造了一个较为有活力、亲和力以及凝聚力的中国政府形象；在中国时政新闻版面，报纸则更关注中国政治的具体方面，如国家的新政策、新法规，地市级领导班子的动向，中国政府在推动中国各领域发展上所作出的贡献等。

四、结语

日本《中文导报》所呈现的中国国家形象主要以正面为主，并在此立场下坚持用批判的眼光报道中国政治事件，这种媒体方针是积极且值得肯定的。本文的研究对内容分析中提出的研究问题作出了肯定的回答，《中文导报》中的时政新闻报道在某些方面的确受到中日关系走向的影响。由此可见，作为一家身在日本的华文传媒，《中文导报》与众多海外华文传媒一样，在办报过程中难免受到所在国的政治环境及媒体从业环境的限制。《中文导报》所呈现的中国国家政治形象虽然受到了中日关系变化的影响，但其并非消极地“守口如瓶”或“明哲保身”，而是坚持在特殊的历史环境下有所作为，为塑造正面的中国国家政治形象贡献力量。另外，本文通过量化分析得出了一系列相关结论，不仅为我们认识《中文导报》以及日本华文报纸对中国国家形象的塑造作用提供参考，也向我们提示了许多相关的有待进一步深入的新课题。海外华文报纸，如同客居他国的华侨华人一样，即使久离母国、环境受限，但希望母国越来越好的愿望不会变，积极构建中国正面国家形象的立场不会变，而这一立场是值得所有炎黄子孙尊重和肯定的。

注释：

① 王朋进：《媒介形象：国家形象塑造和传播的关键环节——一种跨学科的综合视角》，《国际新闻界》2009 年第 11 期。

②⑤陈曦：《〈人民日报·海外版〉时政新闻中的国家政治形象》，中央民族大学硕士学位论文，2010 年，第 21 页。

③《中文导报》电子报网址：www. chubun. com/modules/chubunpaper/。

④ 关于中国的新闻报道，2000 年 1 月到 10 月设“中国新闻” (9)

版，2000 年 11 月开始设“中国新闻”（10）版和“中国社会”（11）版；2001 年 6 月开始分布在 9 版、10 版；2006 年 1 月开始设“中国新闻”（4）、“中国社会”（5）及“中国聚焦”（6）三个版面，共同隶属于“时事篇”（整份报纸分为四个篇章）；2010 年改设“中国时政”（11）版（由于无从统计 2009 年，无法得知改版具体时间）；2011 年 4 月 1 日开始，由于地震影响，又改设“中国新闻”版，且版面位置不固定。

⑥ 谢晖：《关于“负面新闻”的困惑》，《新闻记者》2005 年第 5 期。

⑦《江泽民再称要用重典　解放军掀廉政风暴　厦门远华走私案涉及军政要人》（2000－01－20）；《朱镕基彰显铲除腐败决心　原江西省副省长“人大”期间伏法意味深长》（2000－03－16）；《陈水扁就职演说：此处无声胜有声　柔软策略性言辞中深藏分离倾向》（2000－05－25）；《唐家璇与河野洋平在曼谷争执　八国峰会幕后中日争斗暗流激荡》（2000－08－03）；《靖国起风波　钓岛听惊雷　台湾议员称不惜与日本一战》（2005－06－16）；《赖昌星遣返推迟　中国又被涮了》（2006－06－08）；《马英九访日坠入三大误区》（2006－07－20）；《新华社独揽外电通讯审稿权　中国收紧媒体管制惹争议》（2006－09－21）；《红色倒扁潮硬撼贪腐总统　三种结局　两种下场》（2006－09－21）；《反贪风暴夹带权力洗牌　陈良宇落马效应持续发酵》（2006－10－05）；《两会高度关注分配司法不公》（2010－03－18）；《中毒事件两年后侦破　饺子问题突显中方宣传误区》（2010－04－01）；《中美角力暗涛汹涌　谷歌事件余波未了》（2010－04－01）；《钓鱼岛撞船再掀主权风波　日本政府强硬对处激怒中国》（2010－09－16）；《铁道部部长刘志军严重违纪受调查　贪腐重灾区铁老大面临整肃》（2011－02－17）。上述新闻均来自《中文导报》。

⑧ 刘小燕：《关于传媒塑造国家形象的思考》，《国际新闻界》2002 年第 2 期。

⑨ 2000 年占比最高，2001—2005 年稳定在较低比重，2006—2007 年反弹，2008 年急剧回落，并一直保持低值。转折点分别是 2001 年、2006 年和 2008 年。

⑩2000—2003 年是第一个上升期，2006—2011 年是第二个上升期，且第二个上升期的占比整体大于第一个上升期。

第四编

海外华文传媒与政治文化

东南亚华文传媒对华人意识的传播与塑造

彭伟步

华文传媒是大众传播工具，不仅要报道新闻，更重要的是传播思想，特别是华文报纸，它在这方面的作用尤为重要。华文传媒在反映华人的精神面貌的同时，还在华人社会中营造文化氛围，展开对民族发展的诸多思考。笔者认为，这是由华文传媒的历史责任所决定的。

一、各国独立前华侨意识向华人意识的转变

在独立前，华侨基本上持的是殖民地典型的“过旅心态”，许多华侨把东南亚当作旅居的地方，希望在东南亚赚够钱后，回到家乡娶妻生子，光宗耀祖。例如，菲律宾在1946年独立之前是殖民地，当时华侨中95%以上是在中国祖籍地出生的第一代移民，拥有中国国籍，是典型的身在异邦心在故土、落叶欲归根的华侨，淘金发财后衣锦还乡是主导思潮。即使客死异乡，亦想方设法让骨骸安葬家乡故土。所以，当时华侨对祖国故土之眷恋相当浓厚，常以祖国利益为依托。

创刊于中国“五四”年代的《菲律宾商报》等华侨报，当时致力于凝聚华社，促进繁荣发展，团结一致争取生死攸关的权利；在中国多灾多难的动荡年代，倡导民主科学，打倒军阀，救乡救亡，抗日反帝，抵制日货，反内战反饥饿，激励华众爱国家爱民族。太平洋战争前，在华侨的发动下，菲华抗战捐款居南洋各地之冠，沦陷后华人踊跃参加地下游击抗日。可见华报宣传抗日功不可没。

东南亚各国独立前，分别被英国、荷兰、法国等占领（见下表）。当时，由于殖民主义者采取分而治之的方针，虽然华侨与当地原住民的关系有些紧张，但是基本上还处于比较缓和的阶段。而殖民主义者对华侨办报基本上不加干涉，所以当时的华文传媒相当繁荣。日本侵华但还未侵略东南亚期间，华文传媒纷纷发动群众捐赠钱财，甚至号召华侨回国参战。日本侵占东南亚后，华文传媒尽数被关闭。

东南亚十国独立时间一览表

国别	独立时间
泰国	历史上是一个独立统一的国家
越南	1945
老挝	1975
柬埔寨	1953
缅甸	1948
马来亚（马来西亚）	1957（1965）
新加坡	1965
印度尼西亚	1945
菲律宾	1898
文莱	1984

这一时期的早些阶段，经华文传媒的传播，形成了颇有影响的理论“华侨民族主义论”，或叫“华侨爱国论”。

“华侨民族主义论”滥觞于孙中山1916年在《致海外革命同志书》中提出的“华侨革命之母论”，其主要观点有两点：一是华侨是中国革命和建设的主要力量，“华侨的思想，开通较早，明白本党的主义在先，所以他们革命也是在先。每次起革命，都是得海外同志的力量”。其二，华侨对革命比国内人士对革命更热心，华侨更加爱国。当时孙中山的革命经费主要在华侨中筹集，而华侨也踊跃捐赠。显然，孙中山的“华侨革命之母论”是通过当时革命党在东南亚创办的报刊传播出去的。

此后，日本入侵中国，国难家仇使华侨同仇敌忾，同时加深了华侨对祖国命运的忧虑。于是在救国抗日的情怀下，“华侨革命之母论”被发展成“华侨民族主义论”。这个理论是由著名学者汪金丁提出来的。1941年4月6日他在《南洋商报》星期刊发表“南洋华侨的文化”一文，较系统地阐述了“南洋华侨文化优越论”。他认为：“南洋华侨文化运动有以下特点。第一，南洋各地华侨经过艰苦创业积累了一笔财产，在进一步发展自己工商业时却受到当地政府的百般限制。这种地位加强了他们的爱国思想，民族自信心也更加强烈，遂成为‘革命之母’和祖国抗战的主要支柱。第二，华侨实业家不同于中国的买办性资产阶级，是具有独立性的民族资产者。他们深受西方文明的影响，不满足于祖国工业处于附庸地位，迫切要求争取民族解放，因而南洋华侨具有比国内人民更加强烈的爱国思想和民族意识。华侨的这种爱国意识与当地各民族和殖民当局的利益并不矛盾，因为他们都面临共同敌人——日本法西斯的侵略和威胁。第三，南洋华侨的文化传统优于中国国内的文化。南洋华侨的文化虽不及中国的文化传统悠久，但南洋华侨的文化水准普遍高于中国国内的文化水准。这主要表现在南洋华侨的教育的普及率高于中国国内，南洋华文学校的比率多于中国国内。概而言之，南洋华侨文化比中国本土文化具有优越性和进步性。"①

"华侨民族主义论"赞扬了华侨在推翻腐败的清政府，抗击日本侵略者中发挥的重要作用，及其爱国情操，也肯定了中华文化的先进性。刘继宣和束世澂在《中华民族拓殖南洋史》中论及民族特性时宣称："我国民族，有坚忍不拔，刻苦耐劳之性质，白人尤远不如，土人虽亦能耐劳，然智力甚拙。以此种种，我国民族，遂天然为南洋之主人翁。白人虽拥有政治势力，然欲开发土地，则舍华侨不能举，此侨民立足点也。"②这种华侨民族主义论，极大地鼓舞了华侨的信心，肯定了华侨对祖国的贡献，但存在相当大的不足之处：一是南洋文化不可能与母国深厚的文化积淀相提并论，也不太可能发展成优越于中华文化的文化；二是过分强调华侨的智慧和南洋文化相较于当地文化的先进性，为华侨日后的苦难埋下了祸根，也是影响华人始终无法与当地原住民进行融合的因素之一，从而产生了旷世持久的华人问题，而华人也因为这种原因备受欺凌和侮辱。

这种中华文化的沙文主义，当时在东南亚各国的华文传媒很明显地流露了出来。华文传媒在传播这种思想时缺乏周全考虑，没有料到自身处境的微妙性，没有考虑到在一个远离母体的异国他乡，传播这种沙文主义不利华侨的生存，以致日后受到当地原住民极端领导人的敌视。

中国中心论、文化优越论，在20世纪40年代之前，有相当大的群众基础，但是当时东南亚民族并未独立，提出的时候并未受当地民族的非议，但是这种置华侨的实际情况于不顾，对当地国家的实际利益视而不见，甚至将东南亚看作中国的当然"殖民地"，把华侨的历史当作中国历史的补充和延伸，严重影响了华侨华人对当地原住民文化的看法和认识，以致华侨华人文化自我封闭，严重影响了中华文化与当地文化的融合，忽视以当地民族文化为框架和特征的国家文化，并且让日后的华侨华人为此付出了沉重的代价。

二、各国独立后至完成华侨入籍的族群意识传播

各国独立至20世纪70年代中期华侨集体转籍前，华文传媒普遍经历了由兴奋、希望到彷徨的历史。战后，东南亚各国一片残垣断壁，到处都是战争遗留下来的创伤。由于“二战”结束，人们重获自由，华人办报、办广播、办电视的热情很高，短时间各国涌现出数量相当多的华文报刊。然而好景不长，华文传媒很快遭受灭顶之灾。

战后，正是民族独立极其高涨，社会主义与资本主义斗争处于顶峰状态。各种西方势力渗入东南亚各国，扶助反苏、反中势力。美国出兵中南半岛失败后，中苏关系恶化，越南在苏联支持下侵略柬埔寨、老挝，而新中国成立后，支持东南亚国家的共产党，这些错综复杂的关系，加上一波又一波的反华排华现象，使得华文传媒充满了迷惑、彷徨、无奈。与此同时，台湾又以资金资助当地倾向台湾的华侨华人创办报纸，亲中与亲台两种势力在东南亚华人圈中角力，华人社会分裂成两大派，这也使得许多华人心里更加悲伤。这段时间，东南亚华侨华人面对悲惨命运，有国难回，而且中国放弃双重国籍，对华人的遭遇也无可奈何，这一切的不幸，使得华文传媒充满了苦涩，其工作者也彷徨无助。

华文传媒一方面割不断那一份相当浓重的乡情，另一方面，对当时东南亚一波又一波的排华反华感到愤慨，但又无能为力，矛盾与焦虑，时时浮现在报人的脸上。

菲律宾华文传媒在这段时间的遭遇，可以代表当时东南亚其他国家华文传媒的迷茫心理。菲律宾在“二战”中摧毁破坏严重，美国不但食言未兑现赔偿战争损失及复兴经济的重大诺言，且以不平等的《贝尔自由贸易协议》及“授美公民经济国民待遇特权”，以殖民地形式阻碍独立的菲国经济发展，且精心设计嫁祸于华族，将不满的民间情绪转移到经营小本生意的华族身上，导致汹涌排华、菲化措施不断出台，如关闭华文传媒、限制华人经商。1949年新中国成立后，美苏冷战开始，美国截断菲律宾与中国一切交往，两地音信断绝，华人有家难归。而菲律宾在脱离美国不久后，又掀起驱逐全体华人的民族主义思潮。华人多有“此地不留人，自有留人处”的思想，当时初创立的菲华商联总会便有人提出另觅菲华栖身之处的构想，数度指派商会领导人高祖儒组团赴东南亚其他地区考察，寻找乐园，计划集体易地定居。这是在菲律宾的华人最迷惘彷徨的年代，与主流社会之间的误会与隔阂最深，矛盾激化，关系紧张，甚至互相猜忌仇

恨。华人与原住民关系陷于空前低潮中。冷战白色恐怖蔓延到菲律宾，无辜华侨遭集体逮捕遣配，“禁侨案”使300多名华侨枉坐冤狱，不少人倾家荡产，华侨华人惨遭迫害，人人自危，华社怨声载道。这些情况都充分反映在当年发表于华文报刊的文章中。

当时菲律宾华文传媒都对国内的形势感到相当迷茫，不知道何处才是华人的真正归宿。恰逢这段时间，中国正处于“文革”时期，对菲华人处境也爱莫能助。在这样的情形下，华文传媒开始思考华人的命运与前途，不再把中国视为解救自己的国家，而是力求自力更生，以华族整体力量争取生存空间。这是华文传媒历史性的转变，当时《菲律宾商报》的社长于长城认为绝大多数华侨华人仍要永世定居菲律宾，集体转籍是唯一出路，且是对菲律宾、对中国两岸及对在菲华族最有利、最合理的解决办法，于是独排众议，不顾他人诋毁，背着出卖华社的骂名，倡议华族集体加入菲律宾籍，与菲主流社会共同努力，一起建设新兴的菲律宾。这项倡议既能解决菲律宾华侨问题，又可消除菲律宾与中国间的矛盾，同时使在菲华族有条生路。

《菲律宾商报》的倡议得到了许多华文传媒的响应，开始宣传民族融合，以解决困扰当地国家的华人问题。它们大量翻译刊登菲律宾文学作品，先后译载数百篇菲律宾名作家的短篇小说，如民族英雄扶西黎刹的不朽历史小说《社会毒瘤》与《贪婪的统治》，并不厌其详地介绍菲律宾历史、民俗与民间故事，帮助华人了解菲律宾抗击西班牙、美国与日本残酷殖民统治的英勇史实。然而，《菲律宾商报》倡导华族不遗余力融合于主流社会的主张，却被中国国民党驻菲总支部认为是在拆其墙脚。国民党指使马科斯政权，非法绑架菲律宾商报社社长于长城、总编辑于长庚，监禁台北，引起国际社会的关注与谴责，后在国际社会的压力下，才不得不轻判并最终释放于氏两兄弟。

在中南半岛，老挝、柬埔寨的政局在外国势力的渗透和干预下发生变化，之后又受到越南的侵略，华人颠沛流离，朝不保夕，华文传媒几乎全数被关闭，只剩下几份由官方创办的报纸，而这些报纸根本无法反映当时华人的思想与境况。缅甸因为奈温上台，与中国关系恶化，也采取相当残酷的华人政策，华文传媒、华文教育几乎绝迹。在泰国，这一期间，不断发生军人政变，这些军人政府又得到美国的支持，也采取了排华政策。印度尼西亚苏哈托几乎将华文连根拔掉，接连出台同化华人政策，1966年后除了《印度尼西亚日报》，华文传媒30多年间在印度尼西亚销声匿迹。

情况稍好的应该是新加坡和马来西亚，但当时政府都惧怕中国的共产主义渗透入境，对华文传媒管制得相当严格。而这两地的报纸也开始转变笔调，从效忠中国转变成效忠当地国。但是文化上的阵痛，改变国籍的悲伤，时时溢满华文传媒的版面。同时，马来西亚种族关系紧张，华人面临反华排华的危险，也使华文传媒充满了忧虑和彷徨。

彷徨、迷茫到落地生根的选择是这段时间华文传媒思想传播的显著特点。当中国宣布不承认双重国籍后，东南亚华侨仿佛失去了自己的根，长期以来支撑他们精神的落叶归根信念处在十字路口上。那时，所在国反华，中国又执行错误路线，华侨华人处于前后无路可走的困境。随着时势的变化，考虑到华侨华人的生存问题，以及为彻底解决华人问题，华文传媒经过长时间的思想斗争后，终于走上了一条落地生根的道路，致力于民族和解，争取华人权益，共同建设新国家。

三、各国独立后华人的族群与国家意识传播

这个阶段，各国已经基本解决了华人的入籍问题，华人也逐渐从中国弃民的心态中转变过来，同时，世界走向和平与发展，国家之间的竞争转为综合国力的竞争，这就迫使东南亚许多国家调整和放宽华人政策，特别是政府通过调整经济政策来鼓励华人经商和利用华人的经济实力，促进国家经济的发展，在实行严厉华人政策的印度尼西亚，也改变限制华人经商的政策，转变为利用华人资金来实现五年计划的经济目的。据了解，印度尼西亚第一个五年计划有60%的资金来自华人。

20世纪90年代开始，华人经济在环境转好的情形下致力发展经济，涌现出许多跨国公司。他们不断兼并其他国家的公司，以致有些英文报刊老报人慨叹："昔日沿街叫嚷收买旧报纸的挑扁担的贩子，现登堂入室，是权势殿堂上昂首挺胸的贵宾。"

与此同时，华人也在形势趋于缓和的情形下，纷纷创办和出版新的报纸，有些创办人纯粹从传播中华文化出发，试图增强华族的认同感，有些报纸则是从商业和中华文化两个角度出发，出版华文报纸。

经历了20世纪六七十年代的排华反华事件，许多复刊或新创办的华文报纸虽然还在副刊中传播中华文化，但性质已经发生了重大变化。他们纷纷把自己定位为"民族和解，繁荣当地文化，实现共同发展，担当与中国交往的桥梁"。他们在报道中国大陆与中国台湾的新闻时，都倾向中国大陆，支持中国的统一大业，但是言论大多趋向理性，把中国当作其他国家

了，再没有像以往那样对中国倾注政治热情。

随着老一代华人心态的转变，以及在当地出生的新生代对中国越来越陌生，华文传媒力求当地政府实行多元文化，当时还涌现出文化平等论、两个文化中心论等思想。特别在文学领域，新加坡、马来西亚作家在多个国际华文文学的研讨会上提出当地华人文化与原来的文化母体——中华文化是两个平等的文化实体，不是从属关系，引起华人之间的热烈讨论。追求华人文化的本地化，融合当地文化形成南洋华文，已成为华文传媒的一大思潮。这种思潮体现在东南亚华文传媒报道越来越多的本地新闻，内容包括华人、马来人、印度人等，他们的视野已经不再局限在华人社会当中。在华文报纸副刊中，他们越来越多地刊登和编译当地其他种族文学，比如说马来文化与华人文化的碰撞和融合的文学作品，引起世界文学对东南亚文学形态变异的关注。

迈进21世纪，日本经济衰退萎缩，中国一枝独秀，崛起成为亚洲经济大国，并与东南亚国家联盟协议在2010年以前建立世界最大的自由贸易区，且决定提前于2005年试行方案。随着中国经济的崛起，一股“中国情结”又悄悄出现在许多华文传媒当中，涌现出一种华文“再中国化”的现象，民族优越感又有抬头趋势。印度尼西亚一些华文报刊甚至反击对“中国情结”的批评。比如说，2003年中国获得2008年奥运会主办权，东南亚各国华文传媒都祝贺中国获得主办权，尤其是印度尼西亚的华文传媒使用中国情绪相当浓重的笔调歌颂中国人民的胜利，引起一些华人和报纸的批评，但是华文传媒针锋相对，认为，“以印度尼西亚公民的身份对宗主国申奥成功表示庆贺，又有什么不对呢。《我们赢了》就是代表广大华人对自己母亲的关怀与祝贺。这个‘我们’当然包括全世界的华侨华人，看远一点，也代表整个亚洲、整个世界人民的心声。因为北京申奥的胜利，是全世界人民的胜利，也是全世界华人的胜利，这个‘我们’就当然包括了印度尼西亚的华人，我们对这一伟大的胜利，表达我们的兴奋之情有什么不对……”③

在菲律宾，这种“中国情结”、“大汉沙文主义”也在华文传媒时有出现。面对华人经济地位提升及中国经济崛起，菲律宾主流社会的响应是改变以往一贯坚持“菲律宾是马来民族国家”的思维，接受多元民族、多元文化的现实。现任总统阿罗约以作为华裔媳妇为荣，一再申明华族是菲律宾多元民族构成的分子，并提倡大专院校教授华文华语。官方正式承认华语的地位，并期望华族充当桥梁，促进菲律宾与中国的经贸关系。然而，近几年，华人对当年马科斯集体转籍强制推行的同化政策的非议和反抗暗潮逐渐表面化，尤其是菲律宾近三十年来经济处于谷底，而中国却在此时蓬勃发展，华人沙文主义在华人潜意识中又在滋生。华文传媒再现这种暗涌越来越受到主流社会的重视，阿罗约总统就曾在总统府多次设宴招待华报负责人与华报专栏作家，旁敲侧击地提醒华文传媒要端正自己的办报思想，为菲律宾效忠。事实上，当前随着中国经济的崛起，华文传媒的自我意识有了一定的膨胀，引起当地政府的忧虑，不但菲律宾总统出面提醒华文传媒，其他国家也在提醒华文传媒要警惕新的“中国情结”的出现。

当然，并不是东南亚所有的华文传媒都有一股强烈的“中国情结”，如《联合早报》、《星洲日报》、《南洋商报》、《菲律宾商报》等报纸对那段时间出现的“再中国化”、“大汉沙文主义”进行了批评和否定，明确了华文传媒现阶段的历史使命，警醒华人今日的经济地位得来不易，作为当地国公民，应当对国家政治效忠，认清华文传媒隶属当地国家文化体系，使之反映当地多元民族多元文化中的华人心声，才真正符合华人、中国与当地国的利益。

总的说来，在这一时期，随着中国的强大，华文传媒的思想传播出现了新动态，20 世纪初的“文化中心主义”、“华族民主主义”再一次出现在人们的视野当中，许多报人自觉不自觉地把中国的强大作为靠山，而忽视了当地复杂的民族构成。可以预料的是，华文传媒在今后的思想传播中，将会出现许多分流，思想领域的激战将不可避免地再次出现，如果这种思潮得不到正确引导，说不定又将引起当地政府对华人政治效忠对象的怀疑。这种倾向应该引起我们的反思和担忧。

注释：

①② 李安山：《中国华侨华人研究的历史与现状概述》，中国日报网，2003 年 8 月 8 日。

③《庆贺中国申奥成功》，《呼声》（印度尼西亚）2001 年 9 月 16 日。

参考文献：

［1］许梅：《试析传统文化因素对早期菲律宾华人参政意识的影响》，《东南亚研究》2003 年第 4 期。

［2］张琴凤：《华人新生代作家边缘意识和身份建构比较论——以中

国大陆、中国台湾、马来西亚为例》,《山东师范大学学报》(人文社会科学版)2009 年第 3 期。

[3] 魏明枢:《略论华侨华人“根”的意识及其发展演变》,《嘉应大学学报》2003 年第 8 期。

[4] 陈寿仁:《近三十年新加坡华人社会结构及其社会意识形态的变化(摘要)》,《华侨华人历史研究》1989 年第 12 期。

[5] 吴前进:《孙中山与海外华侨民族主义》,《华侨华人历史研究》2011 年第 9 期。

[6] 沈斐斐:《试论辛亥革命时期孙中山的海外华侨统战工作》,《福建省社会主义学院学报》2011 年第 4 期。

[7] 张道有:《“华侨是革命之母”》,《中山日报》2010 年 9 月 29 日。

早期南洋华文报纸的政治论战

彭伟步

南洋是早期华文报刊的诞生地。新加坡过去是海外华文报纸最繁荣的地区，现在马来西亚取代了它的地位，有 22 份华文报纸，每天发行量逾 100 万份，无论是日销量，还是增长率，都超过了马来西亚主流报纸——马来文报和英文报。早期南洋华文报纸效忠中国，华人众多，也比较富有，因此一直以来都成为中国国内各政党的争取对象，也为此爆发了三次政治论战。

一、保皇与革命之争

第一个高潮是在戊戌政变至辛亥革命前（1898—1911 年）。戊戌政变后，许多维新知识分子被迫离开中国。其中许多人到了东南亚，以图继续变法维新。他们在东南亚印制报刊，通过秘密渠道带回国内，鼓励民众继续保持变法维新的观念。由于观念落后，思想顽固，他们蜕变为保皇派。而与此同时，以推翻清政府腐败政权为己任的革命党人，鉴于南洋华侨众多的特点，为筹集革命经费，并帮助华侨树立推翻清政府的革命观，也创办了各种革命性报纸。因此，革命派与保皇派各自利用报刊在新马展开言论激战。

南洋政治论战主要在南洋华人、维新派邱菽园创办的《天南新报》、《总汇报》和革命派创办的《图南日报》、《中兴日报》、《星洲晨报》、《光华日报》之间展开。（见表 1）维新派领袖康有为利用邱菽园创办的《天南新报》宣传保皇思想，企图向海外华侨继续灌输君主立宪制，受到革命派报纸《图南日报》的猛烈抨击。

表 1　保皇派与革命派报刊

保皇派		革命派	
报名	办报时间	报名	办报时间
天南新报	1898—1905 年	图南日报	1904—1905 年

（续上表）

保皇派		革命派	
报名	办报时间	报名	办报时间
总汇报	1906—1945 年（1929 年改名《总汇新报》、1940 年卖给胡文虎，1945 年停刊）	中兴日报	1907—1910 年
		星洲晨报	1909—1910 年
		光华日报	1910 年至今

1904 年由陈楚楠与张永福创办的《图南日报》，不仅是南洋第一份宣传革命的报纸，也是新加坡中国革命派报纸的先驱。该报早期被华侨视为“孽子”，直到 1905 年，才得到越来越多华侨的支持。

在《图南日报》创刊号上，主笔尤列以“吴兴季子”为笔名发表发刊词，大力宣传革命，痛斥清廷，抨击保皇派，结果报纸“出世第一天，入了社会人士的眼帘，他们就紧张起来，不约而同大呼小叫，说是无父之君，谋反大逆的报纸。不要说叫他们出钱买来一份看看，就是你十二分诚意地不要钱送他们一份看，请他们赏识，他们老实不客气地随手就撕掉”，各商店均“严诫其子孙伙友不许购读”，给报纸发行造成很大的困难。“报纸初印 1 万份，以后减为 1 000 份，实际上长期订户仅有 30 余份，因此报纸只能作为宣传品免费赠送。”①

1904 年 1 月，《图南日报》与《天南新报》关于保皇与革命展开论战。《天南新报》主持编务的许山河，打着“团结御侮”的幌子，攻击进行革命乃是“灭种亡国”，大肆散布唯有“变法救国”才有出路等论调。《图南日报》针对《天南新报》所谓“变法救国”、“革命灭种”等谬论，刊登大量文章，揭露清政府封建统治的反动与腐败，以及列强野蛮侵略和任意宰割中国的事实，旗帜鲜明地支持推翻清朝统治的革命，宣传“革命之目的，以保国而存种”的民族主义理论。在革命派有力的舆论攻势下，保皇派、保守派和清政府驻新加坡总领事联合起来对付《图南日报》，英殖民当局也警告《图南日报》不得刊登言词激烈的革命文章。

1905 年《图南日报》停刊后，陈楚楠与张永福不甘心革命派喉舌就此消亡，1906 年底，他们与其他人士一起创办《总汇日报》，继续宣传革命。可是其他的股东如陈云秋及朱子佩却反对该报宣传革命。最后用抽签决定该报的归属。恰好陈云秋抽到好签，陈楚楠与张永福无奈退出《总汇报》。从此《总汇报》言论向保皇派倾斜，1929 年改名《总汇新报》后，就成为保皇派的喉舌。

为抗击《总汇报》的保皇言论，革命派于1907年7月12日创办《中兴日报》，在新马宣传革命。在与《总汇报》论战中，《中兴日报》讥讽《总汇报》为“汉贼”、“认贼作父”，而《总汇报》则回击称其“叛逆、流氓、大逆不道”。在《中兴日报》的强大舆论攻势下，《总汇报》处于论战下风，于是急调美国的徐勤担任主笔，但他也无法挽回《总汇新报》的颓势，没有多久，徐勤便败逃而去。虽然在论战取得上风，但同样因为经营管理不善，缺乏财政资助，《中兴日报》不得已在1910年停刊。

虽然《中兴日报》不到三年就停刊，却唤醒了南洋华侨，特别是新马华侨。此报涉及清政府暴政的主题较多，对本地问题则涉及很少。在闽粤新闻栏和国内新闻栏里，大量反映福建、广东、香港和中国其他各省的新闻，约占报纸三分之二的版面。《中兴日报》始终贯彻“开启华侨爱国意识，支持祖国革命”的宗旨，发表大量论说，抨击清政府暴政，揭露政府的欺骗行径和阴谋，唤醒人们推翻清政府的思想。如“何虞颂、王斧的论说《异哉清廷之谕旨》、《愚民术之变迁》等，抨击清廷的暴政；《华侨宜自筹保护策》等，揭露清廷派官员来新所谓保护华侨的实质；《秋瑾之冤胡讼为》、《呵呵拿匪徒耶拿革命党耶》等，都激发华侨的爱国和反抗清政府的思想”②。

二、拥北洋政府与拥孙中山之争

辛亥革命后，袁世凯窃位，但很快在全国人民的讨伐声中下台，中国进入北洋政府时期。此时发生《振南日报》与《国民日报》、《叻报》与《新国民日报》拥北洋政府与拥孙中山的论战。(见表2)

表2　拥北洋政府与拥孙中山报纸

拥北洋政府派		拥革命派	
报名	办报时间	报名	办报时间
叻报	1881—1932年	国民日报	1914—1915年停刊，1916年复刊直至1919年
振南日报	1913—1920年	新国民日报	前身是《国民日报》，1919—1941年

《天南新报》停刊后，保守派邱菽园1913年再创办《振南日报》，支持北京政府的段祺瑞，认为段氏任国务总理，政局将会翻新，中国统一前

途充满乐观气象。另一方面，它鄙夷孙中山及国民党，认为孙氏与军阀陈荣廷合作，假护法之名，反对北京政府，不过是“争权竞利”，两系最终必会发生冲突。

《国民日报》是国民党机关报。创办初期，该报坚持立场，“必以锐利之言论，扔掉假共和，勿俾陨越，对于国内戕贼共和之官僚，务使根诛尽去，不在（再）萌生”。“1916 年 3 月 1 日复刊，《国民日报》极力揭发军阀的阴私，谴责他们假共和之我，行奴才之实，为了满足个人的欲望，不惜卖国亡国。”[③]《国民日报》不断提出警告，“倘若任由军阀势力坐在，无法加以制止，任由他们卖国自肥，凌辱国人，那么必将导致亡国”。

针对《国民日报》的亡国论，《振南日报》邱菽园驳斥：“亡国论是暴烈党人所要的花招，他们利用国民心理的弱点，动辄以亡国吓人，他们兴妖作怪，以逞个人私欲，而国人亡为彼之应声虫而不觉。丘氏折起胸膛，敢指人为证，警告寰球：中国必不亡。”

《国民日报》反驳：“它之所以提出亡国论是以报人的天职，心所谓危，不敢不告。抚览时事江河日下，觉长此以往，有亡而已。忧之也深，则言之也切，借此警省，或冀人知亡而求其不可亡者。按这事实，北京政府亡国之举措已见诸施行，国民之自觉心已形太弱而晚，以致险象横生，中国濒于危绝之境，挽救之际，犹待国人有激切之觉悟，实力奉行，这一来就能挽亡为存，转危为安。”由于当时孙中山克己奉公，改造中国的事迹已在南洋广为传颂，因此拥北洋军阀的言论大多受到华侨的抵制。

1919 年五四运动后，《国民日报》激于义愤，屡屡刊载抵制日货的文字，被英国殖民当局勒令停刊 1 个月。1919 年 10 月 1 日复刊后，取名《新国民日报》，该报宣称：“促进共和国民的征途，发挥平民政治的意义，要改良社会，鼓吹教育与提倡实业。”在这样的办报宗旨下，它又与南洋第一日报《叻报》打起了笔战。

《叻报》主笔叶季允，人称南洋第一报人，针对 1912 年 4 月孙中山建立正式政府，国会非常会议选举孙中山为中华民国大总统这件事发表《谔谔谈：论广东举总统之非计》一文。叶季允认为：“选举总统非但无益，不更其药，对于实际毫无裨益，另一方面南方建立政府，选举总统，与北方政府对峙，是为一国分为二国，而列强只承认北廷，绝不承认南方政府，这样一来，只会造成各种交涉之困难，种种贸易之阻碍，因此改总裁为总统，欲速偏迟，求工反拙，不唯无益，所损实多，大大失计。”

《新国民日报》对此进行反驳，推出何畅秀文章《与谬谬者辩》，首先提问窃国大盗徐世昌当选总统是否合法，如果答案为否定，则孙中山之任总统为义理与法律所容。至于叶季允说的中国与列强之交往，只承认北洋政府，而不承认孙中山的南方政府，何畅秀予以驳斥："历来中外交涉，列强均以强权姿态出现，与中国密订不平等条约，使中国丧权辱国，奴役中国人民，我们只问交涉之是否合理，怎样才能对我们有利，列强之不承认孙先生为总统有何所害？"

对《新国民日报》的反击，叶季允撰文声明，表示"对孙中山个人无非议，且素知他一心爱国，改造中华，他向来都倾向南方政治，愤北廷之坏法，亟欲护法之成功，但认为在如此形势下，如此推举总统的方法，实为不当"。

政治论战初期，双方均有君子之风，就法理事实展开笔战，文字虽带讽刺，语气尚称平和，但过后不久，双方的过招便沦为人身攻击，极尽谩骂与诋毁之能事。"无耻"、"卑鄙"、"龌龊"、"不要脸"、"妖报"、"二毛子"等粗鄙的字眼都派上用场。《叻报》一度通过律师致函《新国民日报》，称倘若后者不"立即谢罪"，将以诽谤罪控上法庭，《新国民日报》不甘示弱"亦乐于从事，唯是辩论事理，与起诉法律截然殊途，则辩论问题，依然存在，当无中止之理"。

这次笔战前后持续了四个多月，直到 1921 年 9 月 9 日叶季允染病去世方才罢笔休战。"在此期间，两报几乎每天都有文章刊出，有时三几篇同时出笼，有长篇大论、义正词严的言论，也有嬉笑怒骂的短文。在南洋的舆论界成为一大景观。"④

历史证明，《振南日报》与《叻报》以保守的姿态看待中国的政治运动，结果出现偏差，而且逐渐被读者所抛弃。《振南日报》维持的时间很短，《叻报》在叶季允死后，不久也停刊，反映了报纸如果不能清楚地掌握时代发展的脉搏，就会被历史所淘汰的事实。

三、拥蒋与拥共之争

在抗日战争、国共内战期间，南洋华文报纸也发生拥蒋与拥共的政治论战。

抗日期间，中国处于水深火热之中，南洋华侨密切注意中国的政治动态。报纸不再单纯地报导消息，而是带有明显的政治倾向。由于各份报纸由不同的华人领袖所创办，不同的政治理念就直接体现在华文报纸的论战上。

拥蒋与拥共的政治论战主要在《南洋商报》与《星洲日报》、《总汇新报》间展开。日本投降后，拥蒋与拥共之争在《南洋商报》和《总汇新报》，《中兴日报》与《南侨日报》、《中国报》与《民声报》、《光华日报》与《现代日报》之间展开。（见表3）

表3　拥蒋与拥共报纸

拥蒋			拥共	
论战地点	报纸名称	办报时间	报纸名称	办报时间
新加坡	星洲日报	1929年至今（前身是1906年创刊的《总汇报》，1929年改名《总汇新报》，1940年卖给胡文虎，1945年停刊）	南洋商报	1923年至今
新加坡	南洋商报	1923年至今	总汇新报	前身是1906年创刊的《总汇报》，1929年改名《总汇新报》，1940年卖给胡文虎，1945年停刊
新加坡	中兴日报	1907年7月12日创刊，1910年停刊	南侨日报	1946—1950年
马来西亚吉隆坡	中国报	1946年至今	民生报	1945年创刊，两个月后停刊
马来西亚槟城	光华日报	1910年至今	现代日报	1936—1941年，1945—1949年

抗日期间，《星洲日报》和《总汇新报》被胡文虎控制，立场倾向国民党，而胡愈之主政下的《南洋商报》却支持陈嘉庚和共产党。1940年3月，陈嘉庚率领中国慰劳视察团访问中国，先到重庆视察，会见了多名国民政要及将领，稍后回乡，目睹闽省主席陈仪实行苛政，民不聊生，陈嘉庚大感悲愤，对国民党腐败行为和压制舆论相当不满。陈嘉庚说："据诸记者言政府统制严厉所致，则又与新加坡大异。新加坡西报，不但社会事自由论载，即使是政府政治事项，或公务员、市政局，稍有差误，立可批评，甚至攻击无遗。若有被诬失实，可以法律控告，不能任意检查干涉。"⑤

为支持陈嘉庚的行为，1940年12月31日，《南洋商报》发表了一篇胡逾之撰写的《陈嘉庚先生从祖国回来》的社论，礼赞陈嘉庚不辞劳苦，跋涉万里，到前线慰问英勇战士与后方同胞。1941年1月20日，陈嘉庚借中华总商会召开南洋闽侨大会之际，痛陈陈仪祸闽事项，宣称除非打倒陈仪，否则无法挽救陷于水深火热的乡民。陈的言论受到《光华日报》、《总汇新报》与《星洲日报》的批评，认为陈嘉庚诋毁国民政府，为南洋华人所不耻。当时，支持陈嘉庚和拥共的报纸很少，只有《南洋商报》等少数报纸刊登支持陈嘉庚的言论，拥蒋报纸明显占了上风。

当时，著名南洋报人张楚琨对拥蒋与拥共的报纸论战有这样的评述："作为全南洋华侨活动枢纽的新加坡，两家最有势力的大报——《星洲日报》为一向反对陈嘉庚的胡文虎所创办，不必说了；连陈嘉庚先生1923年创办的、胡逾之同志1940年任总编辑的《南洋商报》，由于股权的变化和反动文化控制了编辑部，也加入反民主叫嚣的行列。"⑥

日本投降后，《南洋商报》已经归李光前和李玉荣兄弟所有。他们的办报态度有所改变，而英殖民当局对拥共言论也加以管制，因此国共内战期间，《南洋商报》立场倾向国民党。而面对共产党军队节节胜利，国民党大势已去的现实，胡文虎逐渐从倾向国民党，转到中立立场，甚至有所偏向共产党，其名下的《星洲日报》、《总汇新报》的态度也跟着转变。拥蒋与拥共的言论反而变成了《南洋商报》与《总汇新报》之间的论战。

此时《南洋商报》认为，国民党是正统政府，共产党要听从国民党的指挥。该报反对暴力革命，"尤其是武装叛乱，破坏交通，残杀人民，我们将坚决反对"。甚至在中华人民共和国成立后，《南洋商报》的反共立场依然如故："……新中国政权树立之一年多来表现的一切，令人大失所望，对内，是采取苏联革命的肃清异党政策，大事屠杀非同党的所谓'反革命分子'，对外则以苏联马首是瞻，甘心沦为苏联的附庸。"《总汇新报》却认为南京政府的当权者只顾私利，不能安抚内乱、抵抗外敌。该报倡导人民以流血革命打倒南京政府。这样一来，《总汇新报》被指煽动人民暴力革命，是共产党的同伙。

接着《中兴日报》、《南洋商报》与《南侨日报》发生论战。《中兴日报》是国民党在新加坡的机关报。该报声称："坚持拥护国民党政府，宣扬三民主义，极力揭发共产主义的阴谋，因此对支持中共的中国民主同盟与陈嘉庚抨击不遗余力"，"它责骂民主同盟是中共的'尾巴'与'帮凶'，也斥责陈嘉庚是'叛徒'"⑦。此外，《中兴日报》也誓言拥护英殖民政府，协助政府剿灭马共。亲英和反马共的言论，招致了马共的报复，反共报人接连收到恐吓信，1950年3月7日，马共向报社投掷了手榴弹，幸而没有引爆。⑧《中兴日报》的反共立场，遭到亲共报纸如陈嘉庚创刊、胡逾之主政的《南侨日报》的反击。

"1948年5月，国民大会根据宪法规定，选举蒋介石为中华民国总统，这更掀起了《南侨日报》反蒋运动的高潮。它发动了否认'伪选举'、'伪总统'运动，展开爱国反蒋宣传周，出版了特刊，通过打油诗、讽刺短文、宣言、电文与告同胞书等，斥责行宪的非法，历数蒋氏的独裁与罪行。其过激言论，甚至引起了殖民官员的警告。"⑨

在马来西亚，也发生拥蒋与拥共的报纸笔战，如马来西亚槟城《现代日报》与《光华日报》，吉隆坡《民声报》与《中国报》的笔战。实际上，拥蒋与拥共一直延续到20世纪的80年代中期，此后南洋的华文报纸逐渐转向客观公正，更加关心本地华人的新闻，拥蒋与拥共的政治论战随着中国的逐渐强大而烟消云散。

从辛亥革命、抗日战争、国共内战期间的三次论战中，我们不难发现南洋华文报业承袭了中国文人论政、文人办报的风气，对时事诸多评论，引导舆论，争取读者，形成泾渭分明的阵线。南洋的政治论战不仅反映了不同政治取向的报纸的办报特色，同时也反映了早期华侨华人的政治取向与政治归属，向我们展现了他们在南洋的生活状况和政治思想。这段历史，与中国的抗日、国共内战同步，真实地反映了这段时间南洋华文报业的发展情况，在中国的报业史上占有重要地位。

注释：

① 吴庆棠：《新加坡华文报业与中国》，上海：上海社会科学院出版社1997年版，第70页。

② 吴庆棠：《新加坡华文报业与中国》，上海：上海社会科学院出版社1997年版，第75页。

③ 吴庆棠：《新加坡华文报业与中国》，上海：上海社会科学院出版社1997年版，第21页。

④ 崔贵强：《新加坡华文报刊与报人》，新加坡：海天文化企业（新加坡）1993年版，第22～24页。

⑤ 吴庆棠：《新加坡华文报业与中国》，上海：上海社会科学院出版社1997年版，第210页。

⑥ 古玉梁：《我在南洋133天》，吉隆坡：大众科技出版有限公司2006年版，第47页。

⑦ 崔贵强：《新加坡华文报刊与报人》，新加坡：海天文化企业（新

加坡）1993 年版，第 168 页。

⑧ 崔贵强：《新加坡华文报刊与报人》，新加坡：海天文化企业（新加坡）1993 年版，第 167 页。

⑨ 崔贵强：《新加坡华文报刊与报人》，新加坡：海天文化企业（新加坡）1993 年版，第 199 页。

早期海峡华人报刊传播中华文化的历史贡献

彭伟步

新加坡和马来西亚生活着数以万计的华人。经过数代人的演变，他们现在已经呈现出许多异于中国人的文化特征。他们用双手和智慧创造出辉煌的历史，缔造了各种族的文化交流史。在许多为文化交流作出贡献的华人当中，有一个特殊的社群作出的贡献尤大，他们就是早期的海峡华人，又称新马土生华人、峇峇。根据约翰甘默（Johor Clammer）所著《海峡华人公会》一书对峇峇社会的分析，峇峇是一个与中国没有联系的社会，而且生活习惯已经“土生化”，虽然在一定程度上仍然保存着中国的旧传统，但语言方面“福建马来化”和装饰上的改变，使他们成为特殊的社群。不过，仍然有许多土生华人接受传统的中华文化教育。他们被父亲或祖父送回中国接受教育，然后又回到新马。因此，相比那些接受马来文、英文教育的土生华人，他们的思想和行为更接近中国人。故此，我们可以根据土生华人所接受的教育把他们分为三种：接受华文教育者，同时接受华文教育和马来文教育者，同时接受马来文和英文教育者。不论是从小接受传统中华文化教育的华人，还是接受马来文和英文教育的峇峇，他们在创造华人与马来文化、西方文化交流的历史中都作出了贡献。

当时，海峡华人主要通过创办各种语文报刊，进行文化传播。实际上，这是进行各种文化交流最有效的工具。此文所讲的海峡华人报刊是指他们创办的各种语文报刊，并不仅限于华文报刊。本文通过研究海峡华人创办各种报刊，挖掘海峡华人传播中华文化的历史，讴歌他们为东西方文化交流所作出的贡献，也为读者更加深入了解海峡华人历史，客观评价海峡华人的历史贡献提供窗口。

一、特殊的族群

早期海峡华人的身上带有华人和马来人的血统，他们当中的一些人很小的时候就受到马来母亲或祖母的影响。从他们身上所具有的特质以及所接受的文化教育来看，他们是一个特殊的族群。

1. 马华混血

华人移居新马有悠久的历史，甚至可以追溯至秦朝时期。有的史学家认为，宋末元初时期，华人为逃避元兵的追杀，就不远万里来到新马。有的史学家则认为，有证据显示华人大规模移居新马的历史，应是在15世纪初期。当时郑和护送一位公主到满剌加，下嫁苏丹满速沙，随从有500名中国男子和宫女，苏丹把公主和随从安顿在马六甲的一座小山，这座山后来被命名为“中国山”、“华人山”，今称为“三宝山”。这500名随从，与当地贵族通婚，造就了马华混血，即土生混血华人，又叫海峡华人。男的叫峇峇，女的叫娘惹，以区别于从中国移居过来的华人或是在新马出生的非混血华人。

早年南来的闽南人多是单身男子，女子很少，这些单身男子如果想找同族女子成家，非常困难，于是只好和异族女子通婚，这些异族女子多为马来人。因为绝大部分的马来妇女不谙华文，华族男子要想与马来女子交流，就不得不使用马来话。马来妇女生下小孩后，也用马来话教育小孩，这样，许多海峡土生华人一生下来就接受了马来文。这样就为在华人和马来人之间搭起桥梁提供了语言和文化的便利。

2. 效忠英国

在英国殖民时代，新马许多土生华人接受英文教育，同时对英国政府效忠。接受英文教育的土生华人，过着英式生活，信奉天主教、基督教，迁居大洋房，驾马车和收藏艺术品等。他们既不太愿意与马来人交往，又疏离华人社区，因此成为华人和马来人之间的过渡族群。他们基本不过问华人族群的事情，但是又因为工作和生活需要，不得不在华人与英国殖民当局之间担当翻译或买办的角色。他们的社会地位比较高，在当时仅次于英国人。而英国殖民当局对他们的忠诚也十分赞赏，对他们封官授爵。

他们接受马来文、英文教育，自然与传统的中华文化有所疏离，虽然如此，他们的生活仍然保留许多传统的中华文化，比如说，早期海峡华人结婚时，仍然采用有明朝遗风的婚礼仪式，在日常生活中，他们也保留着许多中华文化传统。

由于接受马来文和英文教育，他们在英殖民地政府、马来人与华人之间起到桥梁作用。他们生活水平较高，再加上人数很多，这就为马来文、英文报刊的诞生创造了物质基础和读者群体。报刊是非常有效的文化传播工具，当海峡华人创办各种语文报刊后，不同文化的交流和传播也就有了渠道。

二、海峡土生华人传播中华文化的途径

许多土生华人能够接受比较好的华文或英文教育，思想比较开明，这使得他们有意识利用各种工具开启民智，传播文化与思想。他们实现这种目的主要通过以下几种方式来完成。一是创办华文报刊，如薛有礼、邱菽园、林文庆等；二是创办英文报刊，如林文庆、宋旺相等；三是创办马来文报纸，如曾锦文、袁文成、宋旺相等。

1. 通过华文报刊传播中华文化

通过华文报刊传播中华文化最有代表性的有两人：一是薛有礼，二是邱菽园。

海峡华人薛有礼于1881年12月10日创办《叻报》。该报是一份真正具有新闻性的日报，人称“南洋第一报”。它一直出版到1932年，维持了51年，因此在华文报业史上占有重要地位。

薛有礼既是一个商人，也是一个文化人。在追求商业利益和文化传播两个目的的促使之下，他决定创办一份华文报纸——《叻报》，以传播中华文化。有人高度评价他的行为：“薛有礼受英文教育陶冶，接触西方文化良多，视野开阔，同时又有感于当时当地其他民族办报之活跃，而华文报章则独付阙如。于是决定办报，以开启华人社会风气，推广文化活动，同时表示华人社会不落人后。”

《叻报》直到1932年才停刊，在华文报业史占有重要地位。有报业史学家认为它在发展中国现代华文报业方面起到了示范作用，特别是它在广告的设计和刊登以及经营管理方面都为后来的华文报纸提供了相当重要的启示，甚至为当前现代报业市场化的经营管理提供了许多借鉴。

另一个比较有名的是邱菽园。“根据新加坡学者王慷鼎的研究，邱菽园从1898年至1931年曾经与12家日报或周报发生密切关系。他在新加坡创办或承办的报纸有《天南新报》、《振南报》、《南铎日报》、《星报》、《觉华周报》。他也在上海的《苏报》，广州的《国是报》，香港的《实报》、《华字日报》，新加坡《星洲日报》、《南洋总汇新报》，槟城的《槟城新报》投稿。活动地盘之广，时间之久，以及身份之多样化，为新马报业史上罕见。”[①]“邱菽园是十九、二十世纪交替间新马最浪漫的传统士人，集晚清知识分子之侠、儒、艳、佛于一身，对新马的华文报业、华文教育和女子教育，产生深远的影响。他也以文学，特别是诗歌，闻名遐迩，从事大量的写作和出版，在远离国土的新加坡，展现中国文化的丰姿，洗涤

南岛穷荒之气，甚至推动东亚地区中华文化的交流。”[②]

然而，用华文来传播中华文化，只能局限于华人族群，而无法实现让西方人或者马来人了解中华文化的目的。因此，要开展不同文化间的交流，还得依靠英文或者马来文报刊。

2. 通过英文传播中华文化

林文庆和宋旺相是采用英文和马来文传播中华文化的两个典型代表。

林文庆是第三代海峡华人，早年接受英文教育，由于成绩优异，获奖学金赴英国留学。然而，留英期间，令他感受很深的是，作为华人后代，却不懂华语，既被中国留学生嘲笑，又无法帮助导师翻译有关的华人文献，于是从19岁起，他努力学习华文，学贯中西，留下大量优秀英文和华文作品，在中西文化交流方面作出了卓越贡献，成为当时杰出的侨领。

林文庆驰骋于东西方之间，阅历丰富，学识渊博，写下许多体裁多样、题材纷繁的作品。他的论文和演说文，散见于《海峡华人杂志》、《海峡华人年刊》、《海峡哲学学会学报》、《海峡哲学学会记录汇编》、《天南新报》、《日新报》、《南洋商报》、《星洲日报》和厦门大学的重要刊物，专著则有《中国内部之外危机》（1901年）、《普通卫生讲义》（1911年，中文著作）、《对英帝国的责任——大战期间海峡华人的基本指南》（1915年，与宋旺相合写）、《从儒家观点看世界大战》（1917年），《东方生活的悲剧：社会心理问题的导言》（1927年）、《英译离骚》（1929年）、《中国文化的精义》（1931年）、《厦门和思明岛》（1936年）、《孔教大纲》和《李鸿章杂记译本》（最后两本是华文作品）。[③]除了在华文、英文报上发表文章外，1899年，林文庆接办林衡南于1890年创办的《星报》，并易名为《日新报》，该报在内容上增添了对国际新闻及西方科学技术知识等的报道。《日新报》刊行两年后，因经费困难而停办。

宋旺相也是第三代海峡华人，与林文庆不同的是，他接受的是马来文化和英国基督教文化，对中华文化不太感兴趣，也不太熟悉，因此，他不像林文庆那样在中西文化之间挥洒自如，但他关心马来人和海峡华人的动态。他一生中最重要的著作是《新加坡华人百年史》。这部史著在为后人了解新加坡华人，认识新加坡百年历史方面发挥了重要作用。除此之外，宋旺相还出版和编辑多份刊物。“如1894—1899年助编《海峡殖民地法律报告书》、1902年主持《七弦五琴报》（Lyre）（参加英皇加冕典礼时在锡兰号轮船上用公费出版的，只有两期），1897—1907年与林文庆合编《海峡华人杂志》、1909年主编《海峡华人年刊》和1908—1916年主编《磐石堂信息》。他自已也在这些杂志上发表文章，计有《海峡华人杂志》十二篇、《海峡华人年刊》两篇、《磐石堂信息》十一篇、《海峡时报年刊》(1936年)一篇。单行本和专著则有：1915年与林文庆等合写的《大战期间对英帝国的责任——海峡华人基本指南》(林写十篇，宋写六篇，其中有一篇题为《自愿精神与征兵运动》)、1915年出版的《海峡华人与当地爱国者同盟》和1923年出版的《新加坡华人百年史》。”④

在传播中华文化方面，最值得一提的是，林文庆与宋旺相于1897年4月出版《海峡华人杂志》。该刊物致力促进海峡华人的文化活动，并提供版面和空间让海峡华人有机会对各种社会议题发表看法或观点。杂志内容丰富，体裁多样，包括新闻、评论、文学、社团消息、新书评介等，1907年12月停刊。

《海峡华人年刊》于1909年1月问世，一经问世1 500本年刊迅速销售一空。宋旺相把所得700元用于女校建设。《海峡时报》评介其刊登了不少丰富多彩和极有趣味的珍贵文学作品，如诗歌、小说，以及林文庆的论说文《热带种族的退化》，特别赞赏其刊登了许多幽默而又敏锐的插图。《磐石堂信息》创刊于1908年10月，由宋旺相担任编辑，直到1916年。它是一份用罗马化马来文和英文出版的宗教月刊，免费分发给教徒阅读。每份四页，第一页报告每周主日崇拜的时间和主持人，以及华人基督教协会、读者俱乐部、圣经班等活动消息，还有一篇英文议论文章，其他页则是马来文或英文的宗教作品，以论说、书信、祷告等体裁写成。它的议论文章主要由英国人慕雷执笔，内容探讨道德、社会、人类等问题，比如《饮酒的习惯》、《赌博的习惯》、《高尚的生活》等。

虽然都曾受过西方教育，但林文庆与宋旺相的文化思想和出发点却非常不同。林文庆关注的是在英国殖民地政府管制下华社的社会变革，而宋旺相则把更多的视野投放于海峡华人和马来人社会的进步，因此林文庆在文化传播方面是让西方人了解中华文化，而宋旺相则是让马来人和西方人了解新加坡本土化的中华文化。虽然林文庆和宋旺相在传播中华文化方面有所差异，但是他们都把西方的科学知识和人文思想带给海峡华人，同时也向英国人以及欧洲人传播了新马海峡华人的生活状况，促进了他们对海峡华人和中华文化的了解。

3. 通过马来文报刊传播中华文化

利用马来文报刊来传达土生华人的社会动态，代表人物有袁文成、温必成、宋旺相。

宋旺相从小学就会马来语，能够阅读马来文学作品，也能够写作马来文文章。他于1894年7月2日在陈文进帮助下创办《东方之星》。《东方之星》是一份用罗马文出版的报纸。这份报刊的主要目的是促使大批对英文一知半解的海峡华人关心世界新闻，使其知识得到扩展，见识得到提升。当时《东方之星》最热心的赞助人和撰稿人之一就是柔佛的拿督敏达拉鲁雅（The Dato Bintara Luar of Johore，马来人）。

《东方之星》的新闻报导范围颇为广泛，涵盖了欧洲和亚洲。同时，它也注重本地消息，报道海峡华人的生活状况，反映他们的思想变化。该报刊相当关心马来族群儿童的教育。它的版末以十四行诗结束，诗歌的编排像一颗星，表示其能为人们带来地球各角落的讯息。可惜这份报纸只存在了一年。

袁文成的主要贡献在于出版马来文报刊。他创办了《消息报》、《新闻报》、《商业报》、《土生华光周刊》等。他几乎穷尽一生来创办马来文报刊，反映土生华人心声。由于当时海峡华人读者市场很小，专门针对海峡华人的马来文报刊无法获得持续的物质和经济支持，因此，他所创办的马来文报刊的寿命都很短，但是他创办报刊的热诚，值得后人尊敬，他也为推动土生华人的马来文报业的发展作出了很大的贡献。

温必成（Wan Boon Seng）既是报人，也是翻译家。他于1930年10月11日创办了《土生华星周刊》（*Bintang Peranakan*），这是所有马来文报刊中影响最大的一份周刊。刚出版的时候，《土生华星周刊》每份只售一毛钱，不仅在马来半岛发行，而且销往婆罗洲、泰国及印度尼西亚。该报亦与今日我们所见的报纸有所不同，共有三十余页，版面为10寸×8寸，类似于今天的杂志。

在《土生华星周刊》封面的上半端，最顶部中央是一颗星，光芒四射地衬托出 *Bintang Peranakan* 的报名。报名底下则是 Straits Born Chinese Romanised Malaya Weekly 这几个英文字，说明这是一份海峡土生华人的周报。报题与大星两边及底下则配有椰树、山岛、狮虎等图案，反映了该刊所处的地理环境。作为土生华人办报史中最具代表性的一份新闻报，《土生华星周刊》的内容包括了新闻、时事报导、文艺、广告等。然而，它的新闻少得可怜，特别是国际新闻方面，每一则都只是短短几个句子，无法让读者比较全面了解新闻内容。它所刊登的文稿大部分都是娱乐性的，像马来班顿歌谣、中国民间传说之类，因此它为传播中华文化发挥了作用。该报最引人注目的是其社论，基本上反映了海峡殖民土生华人的态度倾向，也是“海峡华人公会”（Straits Chinese British Association）的传声筒。

土生华人办报目的不在于“支援中国的反侵略反封建”，而只关心当地的土生华人族群。这从他们所创办的报纸的言论中可以反映出来。如1931年3月14日《土生华星周刊》刊发的一篇社论，社论中反映了土生华人的办报目的：“……我们必须向英政府表示我们对它的热爱，再其次，我们土生华人并未有一份用作喉舌以发言的报章，更其次，我们出版这份报章以便那些不大懂英文教育的也能在读这份‘侨生者之生’时易以明了。”[⑤]这段话，直截了当地表达了这份刊物的创办目的，同时也反映了土生华人知识分子，在20世纪初已懂得了报纸舆论的重要性，希望利用本社群出版的刊物来促进峇峇和娘惹们对本社群动向的关注。

早期海峡华人创办的马来文报刊在传播文化方面很有特色。“所用的语言很怪，很特殊，这是典型的‘峇峇语言’。”土生华人创办的马来文报纸与马来人创办的报纸有很大的不同。语言词汇用的是马来文，结构却靠近华文，同时又受到英文的影响。因此，工作人员大量使用俚语，表述也口语化。马来文报刊，让我们看到了华、马、英三种文化交融，展现了海峡华人丰富和多元的文化生活方式。

从1880年到1950年70年间，土生华人创办了许多有土生华人语言色彩的马来文，马来文与英文、华语双语兼具的报刊。“如《土生华人报》（*Surat Khabar Peranakan*, *Straits Chinese herald*，1894年创刊，马英双语）、《东方之星》（*Bintang Timor*，1894年创刊）、《马来西亚维持者报》（*Malasia advocate*，1910年创刊）、《消息报》（*Kabar slalu*，1924年创刊）、《新闻报》（*Kabar Uchapan Baru*，1926年创刊）、《商业报》（*Perniagaan*，1928创刊，马华双语）、《土生华星周刊》（*Bintang Peranakan*，1930年创刊）、《土生华光周刊》（*Sri Peranakan*，1932年创刊）、《说书双周刊》（*The story Teller*: *fornightly Romanised malya magazine*，1934年创刊）等。”[⑥]虽然他们把视野投放在土生华人社群，但是他们的文化融合了中华文化、马来文化和英国文化，因此，他们在交融三种文化，介绍和反映中华文化方面作出了贡献，在新马文化传播史上也占有一席之地。

三、海峡华人传播中华文化的历史贡献

从上述的论述中，我们不难发现，海峡华人创办的报刊主要有三种：华文报刊、英文报刊和马来文报刊。他们利用这三种刊物传播中华文化，促进不同文化间的交流。

1. 翻译中国文学

华文报刊把传播中华文化作为己任。英文和马来文报刊则大多站在海峡华人的立场，传播海峡华人的讯息。但是，海峡华人毕竟流着华人血液，因此，生活和思想多少会受到中华文化的影响，虽然英文报刊、马来文报刊相当关心峇峇的消息，但他们仍然会有意无意地在传播中华文化方面作出贡献。

"比如说，他们翻译大量中国古典通俗小说如《憨仔婿》（*Gong Kia Sie*，1889 年出版）、《五美缘》（*Chrita Dahula - kala Nama - Nya Gnoh Bee Yean*，六册，1891 年至 1892 年出版）、《凤娇与李旦》（*Hong keow sama Lee Tan*，八册，1891 至 1893 年出版）、《三国演义》（*Chrita dahulu - kala nama nya sam kok*，三十册，1892 年至 1902 年出版）、《水浒传》（*Chrita dahulu - kala di triak song kang*，十九册，1899 年至 1902 年出版）、《西游记》（*Chrita she yew*，九册，1911 年至 1913 年出版），此外还编印一些歌谣集，如：《小诗集》（*Panton champor bawor*，1908 年出版）、《短歌集》（*Nyanai - an extra - turns & pantons*，1933 年出版）。"⑦

这些翻译出来的通俗小说和诗集，或在马来文报刊的副刊上发表，或出版成书籍。销行的范围，除了新加坡、马来亚之外，还远至爪哇、泰国、沙劳越等地。虽然马来文报刊寿命都不长，却经常有马来文报刊不断创办，为刊登翻译后的通俗小说提供版面。当时翻译小说的数量达数十种之多，出了两位翻译家：曾锦文（约在 1851 至 1920 之间）和袁文成（主要活动时间在 1920 至 1950 年间）。《五美缘》、《三国演义》、《西游记》、《水浒传》等，都是曾锦文翻译的。袁文成的主要贡献在于创办报刊，但他也翻译了不少小说，刊登在他自己的报刊上，最出名的是《钟无艳》（*Cheong Moh Inn*），一共连载了五十五回。土生华人翻译中文通俗小说为中华文化的传播作出重要贡献，与当时西洋汉学界对中国文学作品的翻译比起来，实有过之而无不及。

2. 有关中华文化的学术研究与传播

除了文学和艺术传播外，在学术领域，土生华人也作出了杰出贡献。宋旺相撰写的《新加坡华人百年史》被英国历史学家 Edwin Lee 高度评价，认为是一部学术巨著。

林文庆对中华文化的研究和传播，也令西方人非常钦佩。欧洲学者里思（Geo M. Reith）为林文庆撰写的《从儒家观点看世界大战》作序，称赞林文庆是亚洲人的骄傲，认为没人会怀疑林文庆在中国古典著作的研究和注释方面所作出的贡献。剑桥大学汉学权威翟理思教授（Prof H. AGiles）将《英译离骚》跟泰勒（G. H. Brewitt Taylor）的《三国演义》译著并列为20世纪初叶两部英译巨作，认为其足以巩固大英帝国在汉学研究的领先位置。印度著名诗人泰戈尔（R. Tagore）也对《英译离骚》给予高度评价，认为林文庆向世人展现中国古代的文学硕果。

林文庆的学术观点也曾引起西方学者的争论。比如说，他用英文撰写的多篇文章，发表在《海峡华人杂志》、《海峡时报》、《马来西亚信息报》、《新加坡自由西报》上，谈中国人的社会主义、儒家在远东等，认为欧洲社会主义者要摧毁儒家文化，但“过去的历史提供充分根据，中华文化将会战胜暴风骤雨，如凤凰从灰烬中再生”。这个观点立刻被西方知识分子反驳。“比如说贝泽（C. Bazell Esq. B. A）评论林文庆有关教育的文章时指出，儒家虽然重视幼儿教育，却严重忽略女学。斯蒂尔（A. W. Still Esq）评论林文庆有关中国社会主义的文章时，认为作者过于从理想主义的立场出发。”[8]我们姑且不论林文庆的观点是否站得住脚，但他的观点引起西方学者的辩驳，这本身就有益于中华文化的传播，有助于加深西方学者对中华文化的了解。

海峡华人由于受到比较好的教育，文化水平较高，他们都认识到传播工具的重要性，掌握了那时代最先进的媒介，包括报纸、杂志，履行知识分子传播知识，推动社会进步的职责。海峡华人不论受的是华文教育，还是马来文教育、英文教育，他们都为文化传播作出了巨大的贡献，谱写了新马华人与马来人、西方人进行文化交流的历史。今天我们不断缅怀华人先贤对新马的贡献，不应忘记早期海峡华人在文化交流和传播中的作用，他们都用自己的智慧写下了新加坡光荣的历史。

注释：

① 李元瑾：《东西文化的撞击与新华知识分子的三种回应》，新加坡：新加坡国立大学中文八方文化企业公司2001年版，第42页。

② 李元瑾：《东西文化的撞击与新华知识分子的三种回应》，新加坡：新加坡国立大学中文八方文化企业公司2001年版，第43页。

③ 李元瑾：《东西文化的撞击与新华知识分子的三种回应》，新加坡：新加坡国立大学中文八方文化企业公司2001年版，第52页。

④ 李元瑾：《东西文化的撞击与新华知识分子的三种回应》，新加坡：新加坡国立大学中文八方文化企业公司2001年版，第63页。

⑤ Bintang Peranakan：Satu Tinjauan Ringkas Mengenai Sebuabakbar Orang - orang Cina Peranakan（《土生华星周刊》，对一份土生华人报章的简剖），*Malaysia in History*，1978，21（2）.

⑥⑦ 王习迅：《本世纪初期峇峇的报纸》，《新闻传播研究》（马来西亚）1984 年 4 月 6 日。

⑧ 李元瑾：《东西文化的撞击与新华知识分子的三种回应》，新加坡：新加坡国立大学中文八方文化企业公司 2001 年版，第 262 页。

《侨报》中国传统节日的报道框架分析
——以 2011 年春节报道为例

李 贺

中国传统节日是中华民族传统文化的重要组成部分，对于长期居住在海外的华人而言，中国传统节日具有文化传承、增强文化认同感和民族凝聚力的作用，海外华文传媒在传播中国传统节日文化方面扮演着重要的角色。本文拟以美国《侨报》作为研究对象，探讨其在传播传统节日中的作用。

一、前言

流传千百年的中国传统节日是中华民族传统文化的重要组成部分，是中华民族历史文化长期积淀的产物，它代表了中华民族博大的精神内涵和魅力。中国传统节日文化是中华民族传统文化世代相传的最重要的载体，是召唤人们文化归乡的源头和动力。[①]然而，伴随着全球化趋势的迅猛发展，人们越来越热衷于过西方的圣诞节、情人节等洋节，而冷落中华民族的传统节日，西方的文化霸权问题在国际社会中也愈发凸显出来。另外，对于长期居住在海外的华人而言，由于长期生活在当地的主流文化环境中，不可避免地会受当地主导文化的影响。故对他们而言，对中华文化的依恋和寻求感特别强烈。这是由于长期经受着西方现代文明的冲击和震荡，海外华人在文化心理上形成了一种强烈的寻根意识和文化归属意识。[②]一方面，当人们生活在自身文化传统被异化的社会环境，回到所熟悉的环境，使用所熟悉的语言时，就好像久别故土的游子回到家乡一样轻松，文化的回归常常带来精神的慰藉。[③]另一方面，对于出生在海外，对中华文化完全不了解的华人而言，了解和接触中华传统节日，有利于中华文化的传承，增强海外华人的文化认同感和凝聚力。海外华文传媒在传播中国传统节日文化方面，起着重要的作用。而海外华文传媒主要是通过对事件的"选择"和"凸显"，形成一定的报道框架，参与到中国传统节日的构建过程中。媒体报道框架对客观现实具有建构作用，再造与重塑了中国传统节日的符号和意义，影响了受众对中国传统节日的认知和诠释。而海外华文传媒的报道框架是否促进了中国传统节日发挥它的作用，这是个值得探索的问题。

在中国所有传统节日中，春节是我国传统民俗中最盛大、最热闹、最隆重的节日。它是中华民族文化的优秀传统的重要载体，凝聚着华夏人民的生命追求和情感寄托。因此，本文选择春节这一最具代表性的中国传统节日作为研究的新闻话题，聚焦《侨报》对 2011 年春节的报道，从框架理论的角度分析《侨报》中国传统节日的报道框架。

二、《侨报》2011 年春节报道的媒体框架

（一）何谓新闻框架

框架理论（Framing Theory），源自美国社会学家欧文·戈夫曼（Erving Goffman）的思想。将框架理论引入新闻传播领域的是美国传播学者吉特林（Gitlin）。他给框架下的定义是：框架是在“关于存在着什么、发生了什么和有什么意义这些问题上进行选择、强调和表现时所使用的准则”。传播学者恩特曼（Entman）指出：媒体框架是指“人们选择感知事实的某些部分，并将它们凸现在传播的文本中，通过这种方式传达关于被描述对象的某种问题的定义、因果解释、道德判断以及处理建议……框架中各元素的重要性可以调整，强化或淡化所描述事实的元素，从而使其突出或不突出”。总的来说，新闻框架是大众传媒对新闻事实的主观选择和阐释的一种结构，通过这种结构建构媒介现实。

台湾学者臧国仁在阐述框架理论内涵时，将新闻报道分为高、中、低三个层次。高层次是对某一事件主题的界定，即“这是什么事”，经常以标题、导言等形式出现；中层次则由以下几个环节组成，包括主要事件、先前事件、历史、结果、影响、归因、评估等。低层次则是指语言符号，包括由字、词等组合而成的修辞与风格。

（二）框架分析

在资料搜集过程中笔者发现，《侨报》关于 2011 年春节的报道集中在 2011 年 1 月 23 日至 2011 年 2 月 17 日这 26 天时间里，因此将这段时间内的 336 篇春节报道作为研究样本。

1. 高层次与中层次结构分析

高层次与中层次的分析主要探讨哪些内容被纳入春节报道的范围之内，分析被报道的内容所反映的报道议题框架。《侨报》关于 2011 年春节

的报道议题在内容上较为广泛，包括政治、社会、经济、文化、外交等多个方面。由收集到的样本分析得出，《侨报》的报道议题框架可分为各地海外华人庆贺新春活动、中国与海外的文化交流、海外华人的春节生活、中国国内春节报道、春节文化现象、春节经济、探亲旅游及其他。由表1可以看出，海外华人庆贺新春活动、中国与海外的文化交流、中国国内春节报道、海外华人的春节生活这四个议题报道数量最多，占到了报道总量的73%。

表1 《侨报》2011年春节报道议题分布情况

报道议题类型	篇数	百分比
海外华人庆贺新春活动	94	27%
中国与海外的文化交流	59	17%
海外华人的春节生活	40	12%
中国国内春节报道	58	17%
春节文化现象	22	7%
春节经济	14	5%
春节对华人的意义	17	5%
探亲、旅游	20	6%
其他	12	4%
总计	336	100%

（1）关于海外华人庆贺新春活动的议题。《侨报》关于海外华人庆贺新春活动的报道最多，占到了报道总量的27%。在这一议题中，报道对象绝大多数是各地领事馆等机构及海外华人社区团体举办的聚会活动，如2月6日《越棉寮华侨敬老互助中心春节联欢》报道了美东越棉寮华侨敬老互助中心5日举行的庆祝春节暨筹款联欢晚会一事。此外，也有相当一部分议题是对于这些活动的预告，使得受众能够及时获知春节活动信息，最大限度地参与到活动中来，如2月7日《法拉盛再办包饺子滚汤圆比赛 主办方望民众阖家光临》向受众预告了当地时间2月12日将举办的新春庆祝活动的内容和联系方式。

（2）关于海外华人的春节生活的议题，重点报道了海外华人民众过春节的方式及活动。由于海外华人身处异乡，生活在一个不同的文化环境中，因此他们庆祝春节的景象和方式成了媒体关注的焦点。如2月7日的组稿《行走唐人街，共度中国节》，通过图片和文字展现春节期间唐人街独特的热闹景象和各种庆祝活动；2 月 5 日《四个中国女孩的美国春节：过一个轻松平淡的年》一文从个人角度描写了华人的过年方式及在海外过春节的感受。

（3）关于中国国内的春节报道。《侨报》所涉及的范围较广，涵盖了政治、经济、文化、社会等各个方面，向海外华人展示了中国国内春节的全方位信息。同时对于春运、春晚等民众较为关心的热门话题，《侨报》也进行了较多的关注。

（4）关于中国与海外文化交流的议题。这一议题也是《侨报》报道的重点，春节期间中国一些官方及民间文艺团体到世界各地为海外华人举行文艺展演，《侨报》对此进行了全面的报道。例如，2011 年春节期间由中国国务院侨办和中国海外交流协会组派的“文化中国·四海同春”艺术团赴洛杉矶为华人进行了文艺演出，致力于加强同世界各地的华侨华人的感情交流和文化联系，对此，《侨报》从该活动之初到举办结束进行了全方位报道，从 2 月 8 日到 2 月 13 日连续刊登了 9 篇报道，从背景介绍、“华人争相购票”、组织者的访谈、活动现场的描写到演出的“台前幕后”以及相关评论，对此次活动进行了全景式展示。

（5）与春节相关的文化、经济、探亲等议题。由春节延伸出来的相关的文化、经济、探亲等议题在《侨报》的报道中也有所体现。对于文化这一话题，《侨报》重点报道了两个方面：一是春节期间饮食、健康等生活方面的百科知识；一是关于当前由于春节所引起的一些文化现象，如 2 月 5 日的组稿《短信大闹春》报道了信息时代，短信拜年这一新的文化现象。而对于中国春节几千年的背景、历史、民俗、内涵等文化主题的报道则寥寥无几。在经济议题这一方面，《侨报》侧重报道了春节对国外消费市场的影响：一是华人消费市场的繁荣，如 2 月 7 日《天公作美街头热闹　八大道开市红火大吉》报道了纽约某区各种年货的热销；一是春节期间中国大量游客出境旅游探亲给国外带来巨大的消费市场，如 2 月 7 日《中国游客千人团聚赌城拉斯维加斯　梅西百货开专场》。

（6）“春节对华人的意义”议题。对于这一议题，《侨报》通过各种报道、评论阐释春节对于海外华人在文化传承、增强文化认同感和民族凝聚力等方面的特殊意义。如 2 月 5 日的两篇报道《春联增进海外华人认同感》、《春节：华人与祖国的纽带》通过一系列新闻事实，阐释了春节对于华人的积极意义。

2. 低层次结构的分析

报道框架低层次结构是将媒体框架放在动态层面进行考虑，主要涉及新闻体裁、叙事手法以及符号的运用等方面。由于本文分析的是春节报道，时间阔度较大，样本数目庞大，不适合作象征符号与表意元素等的分析。因此，关于报道框架低层次结构的分析，将着重在报道体裁与形式这一方面。

表 2　《侨报》2011 年春节报道的体裁分布情况

新闻体裁	篇数	百分比
消息	287	85%
通讯	27	8%
组合式报道	5	2%
新闻评论	7	2%
副刊体裁	10	3%
总计	336	100%

从表 2 可以看出，《侨报》2011 年春节报道体裁以消息为主，比例为总报道量的 85%。《侨报》的消息特点是短小精悍，以报道当前主要新闻事实为主，时效性强，重在第一时间传递最新消息。而通讯和组合式报道则较少，特别是组合式报道比例仅为 2%。总的来说，《侨报》春节报道的体裁特点是以陈述事实的消息为主，描述性、评论性的报道较少；以零散报道为主，组合式报道少。

三、结论

通过以上对《侨报》2011 年春节报道的框架分析，可以得出以下结论：

第一，《侨报》对中国传统节日的报道议题较为全面，但存在一定的偏颇。《侨报》对中国传统节日的报道议题涉及面较广，包括政治、社会、经济、文化、外交以及华人社会与中国社会等多个方面，但在议题的选择上存有一定的偏颇之处：其一，议题偏重于对活动和民生的报道，包括海外华人庆贺新春活动、中国与海外的文化交流、中国国内春节报道、海外华人的春节生活等。通过对大量活动和民生的报道，有利于将海外华人放入一种中国传统节日氛围之中，从心理上产生一种寻根意识、文化归属意识和身份认同感，增强中华民族的凝聚力。其二，对中国传统节日文化关注较少，且较为单一，仅停留在当今社会所出现的一些文化现象，缺少中国传统节日背景、历史、民俗、内涵等文化主题的报道。在海外华文传媒的诸种功能中，传扬中华文化是最重要的一项。而文化议题的缺失，一定程度上破坏了文化的传承，不利于海外华人了解中国传统节日深厚的文化底蕴和魅力，进而阻碍了文化认同感和凝聚力的产生。

第二，《侨报》中国传统节日报道的中层框架结构和体裁形式较为单一。涉及海外华人参与庆祝活动等主题的报道，在中层框架上《侨报》只单纯地报道了主要事件，缺少对事件的影响、评价等报道，没有很好地展现活动对于节日习俗的意义（诸如春节拜年、团聚、舞龙等活动所代表的节日意义），节日传统文化没有得到直观的呈现。在体裁形式上，《侨报》中国传统节日报道的体裁以陈述事实的消息为主，描述性、评论性的报道较少；以零散报道为主，组合式报道少。描述性和组合式的报道，有利于从多个方面、多个角度，全面、深刻地报道中国传统节日，全面呈现出中国传统节日文化的内涵和外延、创造节日气氛、展现情感。而以消息为主的单一的体裁形式，与描述性和组合式的体裁形式相比，不利于受众全方位地感受中国传统节日文化和寻找情感共鸣。总的来说，《侨报》中国传统节日报道的中层框架结构和体裁形式的单一，不利于海外华人对中国传统节日文化的认知与传承，阻碍了其文化认同感和身份归属感的形成。

注释：

① 张海英：《中国传统节日与文化》，太原：书海出版社 2006 年版。

② 彭伟步：《海外华文传媒概论》，广州：暨南大学出版社 2007 年版。

③ 李大玖：《海外华文网络传媒》，北京：清华大学出版社 2009 年版。

东南亚华文传媒的政治参与：民权争取的必由之路

彭伟步

媒体报道政治新闻，由于涉及面比较广，又关系到人们的切身利益，因此具有相当强的敏感性，人们也会从政治新闻中获取政府变动的消息，以加强对社会动态的把握，从而避免自己利益受到损失。西方报纸如此，东南亚的华文传媒更是如此。处在民族矛盾和斗争的旋涡，华人在政治上又处于弱势的地位，华文传媒更加注重报道政治新闻，让华人及时了解政治动态，避免重蹈过去反华排华的历史。

东南亚华文传媒鉴于当地华人比较微妙的政治、经济、文化环境，以及华人不太关注政治，只埋头创造物质财富的传统，在政治报道和宣传方面投入大量精力，发挥其发动华人参政议政的功能，认为华人只有走出埋头经商的习惯，积极参与政治竞选，掌握一定的政治权力，才能为当地其他种裔所重视，也才能更好地维护华人的利益。所以，华文传媒在政权更替，国家大选之际都会推出各种选举专栏、专版、专刊，重点介绍政治选举的情况，并呼吁所有的华人用手中的一票来影响政情的发展，并投身候选人的行列，显示华人的政治诉求。

一、大量报道政治新闻

华文传媒相当重视华人参政议政，不仅在政治选举当中花费大量精力和版面报道新闻，而且平时也相当重视报道政治新闻，一方面作为报纸的重稿，另一方面唤起华人对政治的兴趣，激发他们参政议政的热情，培养他们投身政治的思想。

比如说，2004 年 11 月份，马来西亚多个政党陆续召开一年一度的代表大会，特别是巫统和马华两大国阵成员党相继召开大会，各华文报都以大量版面予以报道。如《南洋商报》，不管是对巫统还是对马华的大会，几乎都有近十版的报道。这是因为 2004 年是巫统的选举年，即该党领导人的换届选举，而巫统又是主导马来西亚政治的政党，巫统代表大会的讨论与决策直接影响到国家政策甚至是华社的前景，所以，《南洋商报》辟出大量版面报道巫统的新闻，这样读者不但可以听到国家决策层中的巫统领袖的想法，而且可以听到来自全国各地的基层马来人的声音，他们谈到许多关于华社或华教的课题，都值得华人留意。以往马来文和英文报纸都会大篇幅报道关于这方面的新闻，相对而言华文传媒则比较少报道。在20世纪80年代或之前的华文报，对巫统大会只专注报道大会的总结，很少报道代表的辩论内容，但是随着政局的发展，以及华人当前面临出生率下降，民族意识不断增强，华人参政热情不断高涨的情况，华文传媒自然会用相当多的版面来报道巫统的新闻，并配发相关言论，探讨巫统代表大会的纲领对华人的影响。所以，2004年华文传媒对巫统大会的报道之广泛，并不亚于其他马来文或英文报纸。

华文传媒在报道政治新闻，特别是报道其他族群的政党新闻时，由于语言不同，出现了一个相当有趣的现象，那就是照片多过文字。由于照片更加直观，即使不懂华文的其他族裔也都能看明白照片中的意思。当然，华文传媒也会关注和报道反对党执政的代表大会，特别是对华人反对党的意见给予足够的报道，以体现新闻的客观公正和平衡报道原则。比如说，在马来西亚，报道最多的新闻是关于人民行动党（华人政党）的新闻，其次才是回教（伊斯兰教）党。所以，如果以国会中的各政党议员比例来计算，其实华文传媒报道反对党议员言论的比例，并不比报道执政党议员少。

当然，华文传媒在报道政治新闻时，常以新闻价值为依归，尽量选择新闻价值高的新闻，比如说，执政党奉行的华人政策，华人政党的动态，华人的参政态度等，都会成为华文传媒政治新闻的来源，且它们占的比例相当大。一家报纸对政治新闻的报道角度和数量，会很明显地反映出该报纸的政治倾向。《南洋商报》与《星洲日报》相比较而言，《南洋商报》的言论就比《星洲日报》要激烈得多，数量也比较多。这就很明显地反映出《南洋商报》比较注重政治新闻的报道，也从中反映了《南洋商报》在发动华人参政议政方面意识较强。

在东南亚各国的媒体当中，对政治选举最感兴趣，投入精力最多的应该是马来西亚华文报纸，它们的新闻不但有深度，而且有大量相关的言论，不但为华人提供了翔实的新闻内容，而且为华人详尽分析政治形势，鼓励华人积极参政，影响选举结果。华文传媒这种强烈的政治参与意识，自然提高了马来西亚华人的从政和参政意识，所以，每一次马来西亚的政治选举，各个政党都不敢忽视华人，纷纷向华人许下诺言，改善华人的生存环境，放宽华文教育政策，甚至拨款资助华文小学。诸如此类反对党和执政党在选前频频向华人示好的动作，一方面显示了华人在选举过程中的作用，另一方面也显示了华文传媒在发动华人从政和参政方面的巨大作用。

在一些言论比较自由的国家，由于竞争激烈，华文传媒在报道政治新闻时，竞相用激烈、尖刻的言词批评自己不喜欢的候选人，甚至采取人身攻击的方法来报道政治新闻。如泰国，华文传媒在报道政治新闻时，都会利用一些候选人的问题大肆炒作和攻击。曾做过总理的川立派和他信，都受到过华文传媒的严厉攻击。而在新加坡，华文传媒也相当关注政治选举新闻，但具有相当明显的倾向。由于政府对言论比较敏感，又控制了传媒，报纸在报道执政党人民行动党与其他政党竞选时，新闻的频率和数量缺乏平衡原则。关于人民行动党的新闻往往占据了90%以上的篇幅，而反对党只能占极小的比例，以致世界人权组织批评新加坡的政治选举不太民主。在菲律宾，华文传媒报道政治新闻也不遗余力，敢于抨击各种腐败现象，批评执政党。2000年2月15日菲律宾股交所发表报告证实，总统密友陈丹地涉嫌内幕交易与操纵股价，再加澳门赌王何鸿燊计划在马尼拉开赌场，在社会上引起了一股针对华人的浪潮。《菲律宾星报》的社论指出："1986年推翻独裁政权的人民力量不能滑向种族主义……至于总统的华人密友问题，任人唯亲不是单单指总统的密友……至于何鸿燊，反对他不是因为他是华人，而是因为他要在菲律宾开赌，诱发犯罪活动。华人要敢于在政治上表明态度，澄清陈丹地与华人的关系……"①

在一些比较缺乏民主观念的国家里，如缅甸、越南、老挝，由于经历过严重的排华反华，华文传媒很想通过大量报道，为华人提供更多的政治新闻，帮助读者了解政治选举，但因为其国内环境不太允许，而且华文传媒少，华人刚从排华反华的环境缓过劲来，因此，华文传媒一般都会按照政府的要求，平铺直叙地报道政治新闻，很难谈得上调动华人参政议政的热情。

在华人受过残酷压制的印度尼西亚，随着独裁者苏哈托下台，印度尼西亚引入民主体制，实行全民普选制，给华人参政议政提供了机会。所有刚创办的华文传媒在痛定思痛之后，都对政治新闻发生了强烈的兴趣，希望通过对华人参加竞选的报道，来教育华人运用手中的一票，影响选情，积极参政，改变自己的命运。因此，它们大量报道瓦希德下台、梅加瓦蒂上台的新闻，对2004年第一届总统选举做了高密度的报道，并配发了大量言论。

二、大力鼓励华人参政

从来不存在一个天生就有强烈从政和参政意识的民族。只有当一个民族面临其他种族的镇压和驱赶，处于险境的时候，才会想到应该培育本民族的从政和参政意识。事实上，一个民族即使在经济上再有地位，如果缺乏政治地位，物质财富很快就会化为泡影。1998 年印度尼西亚大规模的排华反华事件，就很清楚地说明了这一点。华人数十年辛苦积聚下来的财富，一夜之间消失殆尽，许多华人从颇为富裕一下子变成一无所有。所以，比较而言，马来西亚华人算是幸运的，这当然也归结于该国比较民主的体制及华人强烈的从政和参政意识。

民主意识要去争取，要经过培育。华文传媒鉴于东南亚种族矛盾，华人缺乏政治权利的事实，在培育华人的从政和参政意识方面作出了巨大贡献。华人要扩大影响力，争取自己的权益，就只能培养出更多的杰出人才，鼓励他们从政，为本民族的利益说话。为了保护每个华人的利益，华人必须团结起来，作为一个族裔整体参政。这绝不是什么“族裔本位主义”，而是追求真正的人权、民主、平等。华人参政的含义，就是华人要通过选举的方式，显示整体的力量，来表达、保护自己和所有华人的利益。华文传媒特别呼吁有条件、有能力的华人精英挺身而出，参加竞选议员、政府高官。因为“有了华人在政府任职，华人的利益就可以得到保护”。不然的话，华人就只能属于“二等公民”。“在苏哈托掌权期间，华人虽然在经济上取得了显著的成绩。但是华人参政的渠道被堵死，对华人的政治排斥几乎杜绝了华人在公务员、军队、司法界的从业机会，华人只能通过权钱交易表达自己的利益。这种人为的职业分工使华人或被视为‘经济动物’而受到鄙视，或被视为控制印度尼西亚经济的集团而遭到非议。在苏哈托政权面临危机时，华人往往成为政治动荡的牺牲品和转嫁社会危机的‘替罪羊’。”②

鉴于华人受到的不平等对待，印度尼西亚华文传媒尽力鼓励华人从政和参政。《印度尼西亚商报》2000 年 11 月 2 日报道了中华改革党（PARTI）主席佐哥 · 苏西洛关于华人参政的谈话，鼓励华人在政治上求得发展。苏西洛称，华人族群不仅要贡献于经济领域，还包括生活领域，甚至政治领域，才能消除华人族群和其他族群之间的隔膜。苏西洛的这番话被人认为是试图拉拢华人的选票，为自己在 2004 年的总统大选打好基础，但无论苏西洛的动机如何，他的讲话显示了华人在印度尼西亚政坛中的作用。

在华文传媒的鼓励下，也由于华人经历了那一段非人待遇，印度尼西亚华人在 1999 年议会选举中，纷纷参选和踊跃投票。《国际日报》总编辑李卓辉2004 年 4 月 7 日介绍说，在 2004 年获准参选的 24 个政党中，有 17 个政党派出华裔候选人竞选议会议员，总人数超过 210 人，在总共 7 786 名候选人中占 2.7%。其中，新印尼联合党把 12 名华裔作为选区主要候选人。另外，在全国 32 个省竞选人民协商会议（简称人协）代表的 920 名候选人中，也出现了 20 名华裔候选人，这些都是前所未有的。按规定，每个省将选出 4 名代表参加印度尼西亚最高权力机关——人协，与全国议会选举产生的 500 名议员共同行使立法和监督中央政府施政的权力。

在泰国，华文传媒也担当了匡济时事、论政报国，调和并呈现多元意见的社会公器，而作为报人，由于长期观察社会和政坛，能敏感地洞悉政治形势的变化，因此报道的新闻具有相当高的参考价值，能为选民的政治取向提供参考，甚至影响选民的投票意向，因此，华文传媒又成了意见集中地。每当大选期间，《世界日报》收到不同地区华人的大量投稿，与报社交换观点、启迪思考、达成共识，刊载后对华人投票产生了重大影响。

民权与参政，作为《世界日报》优先报道的“两桩”新闻，争取特定华人司法正义与社会公平，是华人社区及华文传媒保障其民权的体现，而集体、长期的权益维护，则非通过政治参与不成。近年来，鼓励华人参政及投票，属于《世界日报》持续不懈重点报道的范畴。从华人候选人的集中介绍、政见分析到政党政策差异，无不详加缕析，甚至由报社推荐人选、推介法案，供华人选民参考，以提高其参政兴趣与投票率，使华人形成不可忽视的政治力量。近几年来，华人选民踊跃投票及参选，其热烈情况与过去冷漠回避有天壤之别。因此，华文传媒经常受到候选人的拉拢，其负责人频频要求接受华文传媒的采访或乐于到报社畅谈自己的政见。一些没有受邀请采访的候选人甚至诉诸法院，指称某华文传媒违反新闻客观公正和平衡报道的原则，要求该华文传媒提供他发布竞选纲领的机会，以此通过华文传媒吸引华人的选票。比如说，2001 年泰国大选期间，各个政党为了获得华人的选票，纷纷在华文传媒做广告，刊登新年贺词（投票是在 1 月 6 日），恭贺和祝愿华人“荣华富贵，步步高升”，甚至更加肉麻的祝贺词也时常见诸报端。由此可见，华文传媒在该国政治选举中的作用。

由于泰国的华人政策相当宽松，同化程度比较高，华人从政和参政意识相当高。20 世纪 50 年代的一项调查发现，在华人领袖中，有 83% 的人泰语流利，而 1965—1966 年的政府内阁，在 19 位阁员中，12 位有中国血统。“目前的国会，约有30%的议员是商人，其中多数是中泰混血儿后裔。”“1987年的政府内阁成员44人，有中国血统的占1/2以上，包括总理察猜·春哈旺上将和几位副总理、部长与部长助理在内。高级军政官员中80%有中国血统。”③

总的来说，华文传媒在鼓励华人参政方面相当努力，无论哪个华文传媒都竭尽全力让华人意识到：“不论哪一个领导人上台，华人要想改变自己的命运，都必须参政议政。”华文传媒是一个大众传播工具，起着影响人们行为和思想的巨大作用。笔者认为，在东南亚国家中，如果一个国家中华人从政、参政意识相当高，而且以实际行动参与政治选举，那么最大的功劳应归于华文传媒。如果没有华文传媒的宣传与鼓励，唤醒华人沉睡的参政意识，华人是不可能把自在的维护自己利益观念转变为自觉的从政和参政意识。所以，从这点来说，华文传媒无疑在鼓励华人参加选举和培养华人政治选举意识方面作用显著。

三、提出华人参政的策略

华文传媒作为一种宣传工具，具有强大的舆论形成和引导功能，它对华人的政治选举有着举足轻重的作用。当前，华人参政面临许多问题，特别是在华人人口比例比较小的国家，如果华人不团结，华文传媒不改变报道策略，那么完全依靠华人选票，帮助华人成功当选议员或担任其他重要职务，则是不现实的。所以，华文传媒的竞选口号和参政议政策略的改变，不仅关系到华人的参政，而且关系到整个族裔的前途。

在菲律宾，华文传媒也积极鼓励华人从政和参政，但是由于华人人数比较少，如果以选区直选方式参与选举，不可能赢得国会议员，因此，华文传媒提出政治选举的迂回策略。比如《世界日报》指出：“新一轮的参政路向，应避免参加竞选公职，因华人人数在菲占比例太小，菲国地理形势也不利高职位候选人活动。只有以高学历和勤奋的工作态度，谦卑和清廉的作风获委公职，才能青云直上，如现任农业部长黄严辉，就是一极好例子。”④

一直以来，华人的整体形象在原住民眼中欠佳，原因有很多方面，但是不可否认，华人社会确实存在相当多的缺点。其中，华文传媒某些不合理、不理性、不恰当的做法，也是造成华人整体形象不佳的原因。比如说，华文传媒关于是否融入主流的话题争论颇多，从多元文化主义的角度来说，这种争论与探讨都是值得提倡的，但是有一点必须清醒地认识到，不能以保持族裔特色、维护多元文化为借口，对本民族一些陈旧、不文明、不合现代法制精神、不尊重本地文化传统的做法抱住不放，拒绝改进，从而引来原住民的指责和排斥。华文传媒报道的种种有损华人形象的言行举止，诸如炫富、家庭暴力、扰邻等，虽只是少数华人所为，但势必降低华人在各族群中的声誉和评价，对华人参政之路极为不利。又比如说，菲律宾华文传媒对华人家事广告的登刊来者不拒，无论家事大小，广告内容是否理性和健康，只要华人付广告费，华文传媒都统统见报。据笔者观察，这些广告当中，大部分是炫富的内容，如某人60大寿，在海鲜大酒店大摆宴席，恭请各位嘉宾莅临，这些类似内容都相当刺激当地原住民特别是比较贫穷者的心理，华人被认为为富不仁。华文传媒这些内容，使华人从政面临许多困难。所以，华人自20世纪50年代就开始参加竞选，但几乎没有在直选区中获胜的事例，只有被总统委任的国会议员，这种现象不能全怪华文传媒，但是作为大众舆论的工具，华文传媒的行为是很值得反思的。

在马来西亚，过去《南洋商报》为华人族群维护和争取各种权利，值得称道，但是笔者也发现，《南洋商报》在某些内容和策略方面似乎欠缺技巧。比如说，言论过于激烈，缺乏理性，一味从华人族群的利益出发，而没有瞻望整个社会的大环境，过于注重华人的内部事务，两耳不闻窗外事，使得华人的眼光仅仅局限于华人族群当中，而缺乏开阔的视野去审视整个马来西亚社会的变迁。所以，近几年，《南洋商报》改变了过去对其他族裔政治发展的报道策略，无论是深度和广度都比以前有了提高。这种报道策略的转变，一方面能够帮助华人更加深入地了解其他族裔政党的纲领，另一方面，通过言论的配发，阐述学者对政治发展形势的看法和预测，为华人从政和参政提供新的参考，培养华人机动灵活的竞选策略，提出自己的诉求，这样不但有助华人参政，还可争取到华人的权益。比如说，随着形势的变化，面向马来人的巫统现在面临另一个同样面向马来人的政党——回教党的激烈挑战，24%的华人成为这两个政党争取的选民，在选举前夕，主导政治的巫统为争取华人选票，都会出台有利华人的政策，如资助华文教育，任命有名望的华人出任部长，甚至在华人欢度春节之际，给华人拜年。这种举动常受到回教党的强烈批评，认为巫统利用政府资源，拉拢华人，违反了公平竞选的原则。而伊斯兰回教党的领导人也会在春节期间向华人示好，甚至会说“恭喜发财”，以拉近与华人之间的距离，希望得到华人的选票。回教党这种举动，在以前简直是天方夜谭。

基于这样的形势，也为更加深入地了解其他政党的情况，华文传媒大幅增加了巫统与回教党的新闻，利用他们之间竞争激烈的矛盾，阐述华人应该争取的权利，特别是呼吁华人要出任政府的官员，在决策时要有华人的声音，传达华人对政策的看法。

早在马来西亚独立之前，1947 年 1 月《南洋商报》针对华侨缺乏公民权的事情，在社论中提出警告："华侨的商业利益与政治权利分不开，没有政治权利，我们工商业随时可以被别人排斥，被别人侵犯，华侨工商家不能不关心当地政治制度。"1969 年马来西亚发生种族骚乱之后，华人在政治上处于弱势地位和缺乏建树，对此《南洋商报》2000 年 5 月 18 日以"财长一去不回头"为题，报道了 1974 年陈修信不再任财长后，马华公会就未再担任内阁要职，在马来西亚政治生活中没有决定性发言权，作用日益边缘化，提醒华人要积极入阁。

此外，《南洋商报》还针对华人入职公务员越来越少的情况，于 2000 年 3 月 24 日发表两篇文章《华人也不爱当公仆》和《华裔好男不当差》，"近来华人公务员的人数不断下降，在 20 世纪 50 年代和 60 年代招聘的华人公务员现在几乎全已退休，70 年代起招聘的公务员，大部分为马来人。目前马来人公务员共有 45. 436 万人，而华裔公务员只有 6. 486 7 万人。在 1999 年申请成为公务员的总人数中，华裔只占 1. 77%。还有，目前马来西亚警务人员一共为 7. 918 1 万人，其中华裔警官和警员仅为 2 259 人，只占 2. 9%。华人公务员越来越少，会影响到华社的利益"。

由于前副总理安瓦尔被马哈蒂尔解职，马来人分裂成两派，原来靠马来人支持的马哈蒂尔面临失去许多马来人选民的危险，于是华人成为各政党争取的对象。回教党青年团长阿布合加指出，"回教党应认真探讨党未来的斗争路线，除了研究能为回教作出什么贡献之外，也需要探讨能够为群众做些什么"，"如果我们无视客观和现实环境的需要，一味沿袭着违反现实的斗争方式，回教党不但不能进一步把影响力更全面地扩张至马来社会，甚至我们的前途也将一片暗淡"⑤。回教党丁加奴州主席阿兹蒙也认为，回教党不应一味地批评执政党重物质而轻精神的发展政策。他说："党也要检讨它要人民从物质发展和精神文明之间选择其一的斗争方式是否能迎合时代的演变。"⑥巫统和回教党的态度转变，为华人参政提供了相当的形势。《南洋商报》采访马华公会副会长黄家定后发表文章认为："如果 26. 8% 的华人力量能在这次（1999 年）大选中凝聚起来，确保'国阵'胜利，将使'国阵'内华裔主流力量得到增强，从而使华人能在国家政策制定方面发挥左右大局的作用，这不仅有利华人社会今后争取更大的权益，而且有利马来西亚的国家利益。”⑦

调整华人参政的策略问题，在印度尼西亚也急待得到解决。华人只占印度尼西亚总人口的4%左右，这种人口比例就决定了华人不但自身要团结，而且要寻求其他族裔的支持，但是从1999年至2004年的政治选举看，华文传媒虽然喊出了民族和谐，共同发展的口号，但是仍然局限于华人族群，并没有真正促进其他族裔了解更多的华人情况。比如说，华文传媒还只是停留在华人参政的报道，而忽视其他族群对参政的看法，久而久之，他们的思维、视野、见解仅仅局限于华人世界，对主流的政治、经济、文化、教育、社会各方面了解不够，对相关政策、措施、法令、规章、风俗知之甚少，游离于整个社会之外。

参政不是少数华人侨领的事，如果华文传媒不为广大华人提供与所在国政治形势发展有关的信息，不关心所在国的政治运作、经济社会发展，华人怎能清醒地认识到自己所处的尴尬政治环境，并制定出合理的策略？华人应充分运用选举权，选出真正无种族偏见、有智慧有才干的不同族群的政治家。如果没有这样的意识和紧迫感，华人就永远谈不上与其他族群的所谓“平权”。所以，及时调整报道策略，更新观念，以更加包容的心胸去展望华人参政，这是包括印度尼西亚在内的所有东南亚华文传媒今后急待加强的观念。

注释：

①《菲华力抗排华潮》，《菲律宾华侨商报》2000年3月9日。

②张锡镇：《“五月骚乱”之后——印尼华人政策的变化及其原因》，http://www.people.comhcn/wsrmlt/jbzl/2001/05/30/zhang/zhang.html。

③曹云华：《泰国华人社会初探》，《世界民族》2003年第1期。

④蔡青桓：《也谈“菲华公会”的可行性》，《世界日报》网站，http://www.worldnews.com.ph/news1/y6.html。

⑤⑥《回教党拉拢华人》，《南洋商报》1995年9月3日。

⑦转引自方金英：《东南亚“华人问题”的形成与发展》，北京：时事出版社2001年版，第92页。

参考文献：

[1] 石沧金：《二战后马来西亚华人社团的政治参与》，《世界民族》

2004 年第 8 期。

[2] 孔祥利:《民主化进程中东南亚国家的华人政治参与——以菲律宾、马来西亚和印度尼西亚为例》,《东南亚研究》2008 年第 10 期。

[3] 许梅:《独立后马来西亚华人的政治选择与政治参与》,《东南亚研究》2004 年第 2 期。

[4] 邓仕超:《"五月骚乱"以后印尼华人的政治参与》,《东南亚研究》2004 年第 2 期。

[5] 赵海立:《从白小保校运动看马来西亚华人的政治参与形态》,《东南亚研究》2005 年第 8 期。

[6] 周春明:《如何扩大公民有序的政治参与》,《北京日报》2003 年 10 月 13 日。

[7] 汪永成:《新社会阶层的政治参与、价值取向调查》,《北京日报》2007 年 12 月 24 日。

[8]《联合时报》社论:《公民政治参与是民主政治发展的题中要义》,《联合时报》2010 年 8 月 10 日。

第五编
海外华文传媒与业务探讨

马来西亚华文报纸在华人社会中的影响
——以马华公会收购《南洋商报》为例

彭伟步

2001年5月28日之前，除了华文报纸之外，马来西亚（下称大马）其他语种的报纸已被各政党所收购，但华文报纸仍能继续保持竞争态势，并拥有刊登多元言论的自由。2001年5月28日，代表华人利益的华人政党之一马华公会（属于执政的国民阵线）一举收购具有80年历史，并且在华社当中具有强大影响力的南洋报业控股集团，顷刻改变了大马的华文报纸竞争态势。由于星洲日报报业集团与政府关系越来越密切，经常充当政府的喉舌，因此一旦两家在大马华社中具有重大影响力的报业集团被彻底政党化，就会引起社会的强烈关注，使人担忧报纸失去发表多元言论的自由。

一、报业为政党收购

2001年5月28日，由大马富商郭令灿家族掌舵的丰隆集团旗下的谦工业（Hume Industries）把南洋报业控股集团（Nanyang Press Holdings）72.35%的股权，以马币23 100万（约6 084万美元）出售给马华公会（Malaysian Chinese Association，马来西亚最大的华人政党，属于执政的国民阵线Barisan National）属下的华仁控股私人有限公司（Huaren Holdings）。南洋报业是大马最大的华文出版集团，拥有《南洋商报》、《中国报》、《新生活报》、《亚洲时报》及《生活出版社》各类杂志17种，是由著名侨商陈嘉庚于1923年创办于新加坡。该报曾经是大马最大的华文报，但到了20世纪90年代中期，被《星洲日报》赶过，退居第二位，之后又被《中国报》超过。根据2001年大马发行稽查局的数据显示，《中国报》的每日发行量是202 000份，《南洋商报》则是187 500份。《星洲日报》则居榜首，每日发行量达299 000份。至此，马华通过收购南洋报业，完全控制了华文中发行量居第二和第三的报纸——《中国报》和《南洋商报》，以及属下的几份杂志，同时又与《星洲日报》关系密切，从而把影响华社的舆论工具掌握在自己手中。

在此之前，马华公会已经拥有英文报纸《星报》（*The Star*，马来西亚发行量最大的报纸）。此次收购成功，不仅意味着大马媒体的进一步集团化，垄断局面随之出现，更意味着华文报传统上的相对独立与自主时代的终结。

华文报业与政党挂钩并不是新近现象。马华公会自1970年开始掌控《星报》，在1976年已经控制了《新明日报》，于1981年接管《通报》。马华接管《通报》后，由于不被华社所接受，发行量不断减少。由于长期亏损，《通报》正式于1994年宣告停刊。除此之外，由马华前总会长陈群川控制的《新明日报》因经营不善，在1986年由《新海峡时报》报业（巫统控制，巫统是马来人政党，也属于执政的国民阵线）接管。由马来人掌舵的《新明日报》更加得不到华人的支持，最终与《通报》一样，于1994年停刊。

当前，大马半岛共有五大华文报纸，但这些主要是由三大集团所拥有。除了南洋报业的《南洋商报》与《中国报》之外，《星洲日报》与《光明日报》是由张晓卿属下的长青集团所拥有，而另一家在北马区深具影响力的《光华日报》则由光华日报私人有限公司拥有。严格来说，大马最具影响力的两份报纸就是《南洋商报》和《星洲日报》，大约有80%的华人都把这两份报纸作为了解华社和文化动态的窗口，相比较而言，《南洋商报》的新闻较《星洲日报》更加尖锐和客观，也经常批评马华公会以及马来西亚政府的华人政策，这或许就是被收购的主要原因。

二、报业政党化引起社会关注

大马报纸的政党化引起人们强烈的关注，有人认为，在传媒的生存由市场准则来决定的今天，传媒被政党所控制，无异在走新闻业发展的回头路，可能会钳制和阻碍报业的发展。南洋报业被收购之前，华社还保持着相对自由和开放的言论空间，但是被马华公会收购之后，人们就开始担忧不同声音是否还可以继续在南洋报业得到反映，因此南洋报业被收购才引起了华社、马来西亚社会以及国外传媒的高度关注。

马华收购南洋报业后，至今已有500个华人社团公开表态，反对马华的收购行动，另有90位活跃的华文报评论人及专栏作者，集体停止供稿给《南洋商报》、《中国报》，及被指涉收购行动的《星洲日报》与《光明日报》集团，这令向来以言论百家争鸣为特色的华文报，顿时陷入无稿可用的窘境。

反对政党收购南洋报业的马华公会工委会主席陈亚才指出，80%的华人是靠报纸获取资讯，如果华文报被政党控制，它长期以来享有的相对独立将消失，同时也将丧失监督和制衡政党与政府的权力。他强调，与其他享有新闻及言论自由国家不同，在马来西亚办华文报困难重重，面临更多的不利条件。“在马来西亚，不是有财力就可以办报，人们必须向内政部申请出版准证，只有特殊地位与关系的人才能拿到出版准证。”也正是由于这个原因，华人对华文报纸被政党化格外敏感，生怕这将造成“言论窒息”与文化断层。

目前大马影响力较大的三家华文报业集团中，一家已被政党收购，另两家也被视为马华公会收购的对象，这将使大马主要媒体集中在一个与政党有挂钩的集团下，华社为维护自身利益的努力因此面临前所未有的抑制与围堵。

华文报与华社的关系源远流长，唇齿相依。华文报的创立过程与华小的创办极为相似，皆有其文化传承和文化、民族认同的使命感。早期从中国南来的华侨兴学办校，是为了子女的教育及文化的传承；华裔商人开办华文报在当时除了商业的考虑外，也带有强烈的欲望，想要传达“祖国”信息给离乡背井的侨民，在抗日战争时期还肩负动员海外华侨支援祖国的重要使命。当前，虽然绝大部分的华人加入马来西亚国籍，已不再称中国为“祖国”，但是他们仍然拥有强烈的文化认同感，把华文报作为促进民族认同的重要工具。因此，华人反对马华收购华文报是为了捍卫新闻与言论自由，他们充满了文化脐带被切断的恐惧。马来西亚华社研究中心研究员张景云指出，华文报与华社息息相关，它所扮演的角色是多面性的，包括负起传承文化、传达信息、表达民意、形成舆论的使命。他指出，马来西亚几千个华人社团极其依赖华文报传达信息给会员，华人也依赖报纸传达民生问题，促使政府正视华社的存在；华文报的副刊也承担起启发民智、传播知识的责任。“如果没有副刊，就没有马华文学，甚至没有华社。”

华社长期以来无法通过马华争取权益，也无法通过反对党改变现状，在被边缘化的情况下，华文报就成为华社唯一可以依赖的对象。“华文报不仅成为华社向政府表达意愿的工具，也是凝聚族群力量与共识的工具。”

然而，被许多华人认同的南洋报业却走上政党化道路，人们立刻意识到南洋报业可能只会刊登维护政府声音的文章，而不会反映华社的利益诉求，因此感到非常愤怒和失望。

华社担心，被政党化的南洋报业会重蹈《通报》和《新明日报》的覆辙，这样，政府就会收回颁发给华文报纸的准入证，华社就会丧失学习华文和反映利益诉求的渠道，而华文传媒读者一旦减少，所引发的骨牌效果，会影响教育、文化、思想各方面的精神建设，在马来西亚政府推行同化政策之下，华社能否继续以一个民族存在于大马之中将成为一个疑问。华文报纸是华人的教育、政治言论、民族权益的最大堡垒，失去了华文的文化承传和教育功能，将导致华人社会的民族精神被连根拔起，对政治、教育、文化、经济甚至民族，都会造成不小的伤害。正因为《南洋商报》凝聚了华人的感情，代表着华人的利益，传递着华人的声音，开辟了华社的言论自由，所以华人才会对南洋报业的政党化表示关切。

三、报业为政党选举开路

2001 年南洋报业被收购的争议已引起马来主流社会的关注。由巫统控制的马来文报《每日新闻》（*Berita Harian*），在其社论中提醒马华公会必须确保华人在 1990 年及 1995 年全国大选中继续给予国阵支持。该社论也指出马华公会必须面对和承担华社对它失去信心的风险。

众所周知，在 1999 年地方选举中，由于 1998 年“安华事件”，巫统的马来人基层选票大量流失。从他们的政治选举角度来看，倘若没有华人选票在混合选区的大力支持，国阵极难保证国会 2/3 的多数议席，而巫统执政国家的地位，亦将被动摇。

由于 1998 年爆发“安华事件”，虽然国阵成功渡过地方大选的难关，却失去了大部分马来人的信任，政府开始对给予国阵大力支持的华人另眼相看。下届大选，国阵要想继续执政，争回马来人的选票，非常困难，唯有继续抓着华人的心，才是上策，而要维持华人对国阵的支持，就必须牢牢控制华文报纸，但华文报纸在 1999 年大选期间，多家报纸的报道似乎都对国阵不利，尤其是在 1999 年大选期间，国阵地位岌岌可危的时刻，《南洋商报》的报道，尤其在维护华社权益不受侵犯方面，对政府形成巨大的威胁。因此，首相马哈迪指责华文传媒，尤其是《南洋商报》和《中国报》利用华社问题，导致人民憎恨他和国阵，使反对党如民行党从中得利。他指出，国阵去年年底在鲁乃州议席补选中落败，主要也是《南洋商报》和《中国报》的报道所致。他说："这两份报纸指责我煽动华人的情绪，以致引起华人反对政府、憎恨政府，要求华人不要把选票投给政府。"显而易见，如果这些华文传媒继续对政府挑刺，新一届大选，国阵未必能够像1999年大选一样，在最后一刻获取华人的选票，扭转不利局面。

在这样的背景下，马华公会会长林良为即将到来的2004年大选考虑，作出了收购南洋报业的决定，通过控股南洋报业影响华社的舆论。

对于南洋报业被收购一事，反对收购运动的华社领袖颜清文形容马华公会决定"犯了历史性的错误"。他因此公开警告马华公会，可能在即将到来的新一届大选中"付出很惨重的代价"。事实上，华社有组织性地抵制马华收购行动，已造成南洋报业的销量大减。在首两个星期内，《南洋商报》的报纸发行量下跌了约8%（1万多份），《中国报》也减少5%（将近1万份）。两个月后，《南洋商报》报纸销量急跌20%，《中国报》也跌了13%。20世纪80年代，马华公会和巫统也曾分别控制《通报》、《新明日报》两家华文报，冀图利用两报控制华社舆论，但都因为得不到华人的支持而于20世纪90年代关闭，而两个执政党之后再没有插手华文报业。马华收购南洋报业会不会重蹈《通报》和《新明日报》的覆辙，人们拭目以待。马华公会收购南洋报业是否有助于选举，取得政治选举的胜利，也是一个未知数。

马来西亚统治集团收购大众媒体以利政权稳定和选举成功的企图是非常明显的。马华控制《南洋商报》和《中国报》之后，将使这两个曾经敢于批评国阵及马华的媒体沦为马华的宣传机关，成为马华的思想传播机器，为大选铺路。然而，政党控制传媒，冀图实现舆论为大选服务，并不一定能奏效。早期马华公会和巫统收购《通报》、《新明日报》受到华人的抵制，之后收购《新海峡时报》、《每日新闻》与《马来前锋报》也受到马来人的强烈反对，并因此丧失了不少马来人读者。不论是华人、马来人，还是印巴后裔，在极其复杂的种族社会中，他们都对政党控制传媒极端敏感，因为传媒能代表他们的声音，帮助他们争取权益，传承本民族的文化，但一旦传媒被政党所控制，它就只能沦为选举的工具，而无法体现本民族的利益。这种心理状况真实地反映了各种族对传媒政党化的忧虑。

四、报纸政党化危及华社利益

在南洋报业被收购之前，华文报纸在新闻报导方面，基本上还能够保持一定的客观公正，敢于传达华社对政府制定的不利于华人的经济政策的不满，维护华社的利益。在大选期间，国内的 5 000 多个华人社团、反对党、非政府组织，也可以通过《南洋商报》及属下的报纸、杂志反映华社的心愿，但收购之后，与马华公会或政府不和的华人社团、反对党人士则要寻找其他的途径了。

其实，马来西亚政府非常善于利用法律制度来约束传媒。“新经济政策”和 1971 年出版与印刷的法令，严格规定报纸大多数的股份应归国民所有。具体的法律制度有《内安法令》、《官方机密法令》及《出版及印刷法令》，政府通过每年颁发一次牌照许可证的制度来控制传媒的言论。

在出版与印刷法令下，任何形式的媒体，每年都必须重新申请出版准证（以前只需要“更新”而已）。准证的申请批准，内政部长有绝对的权力，而且这种权力是不容挑战的。由于一年的限期实在太短，造成出版准证成了政府迫使传媒妥协的强势工具，因为一旦政府不发出版准证，受波及的传媒机构便立刻被迫倒闭。另外，内政部官员时常都会请掌握传媒机构编辑权的负责人去“喝咖啡”，警示媒体不能报道某些新闻。“这点已经受到内政部副部长曹智雄的承认，他认为这是很普通的事。”

《内安法令》允许当权者在无须审讯的情况下扣留涉嫌危害国家安全的人，首先可扣留 60 天，如果内政部长觉得需要，可再扣留两年，而这两年的扣留期限可无限制地“更新”或延续下去。至于官方机密法令，它对媒体工作者最不利的一点是该法令给予政府“诠释”机密的权力。只要媒体工作者在采访时，触及这些机密文件，他将会被逮捕。这个法令限制了传媒去“调查”政府，令传媒发挥不了监督功能。政府依据这些法令约束批判性媒体。1961 年，《马来前锋报》由于批评政府，煽动种族情绪，被政府强行接管；1987 年政府吊销《星报》、《星洲日报》的执照。在 1999 年普选之后，内政部削减《哈拉卡》（*Harakah*，反对党回教党的机关报）的发行量，停止出版几份反对党控制的报纸，如《埃斯鲁西夫》（*Eksklusif*）、《德帝克》（*Detik*）和《华西拉赫》（*Wasilah*），但这些事件均引起华人和马来回教徒的强烈抗议。

南洋报业被马华公会收购后，由于华社忧虑党报不可能再刊登多元化言论，担心过去南洋报业站在华族的立场，维护华族利益将成为绝响，于是反对声音如排山倒海之势向马华扑来，然而，如果仔细审视马华收购南洋报业的行动，我们会发现，收购行为是由多种因素促成的。譬如，马华在 1999 年大选后的表现，显示它与华社的关系“渐行渐远”，马华在宏愿学校、诉求课题、白小事件、华裔优秀生无法进入国立大学等事件上没有为华人争取利益，已经使许多华人感到失望，目前又不顾华社的极力反对，一意孤行收购华文报，令华社对马华从失望走向绝望，因而反应激烈。著名学者郑丁贤认为："此次的抗争与其说是华社反对政党控制报纸，不如说华社对马华表达强烈的不满。"

在收购事件前后，《南洋商报》和《中国日报》约300名新闻从业员多次展开纠察行动，坚决反对政党控制华文报，并发出"坚定捍卫新闻自由，拒绝政党控制，请大家支持我们"的呼声。随后的反对声音也来自全国各地华团、马华公会一些中央领袖及基层、在野政党以及华文报纸的评论作家等。马华收购南洋报业，业已造成内部分裂为两大派系，加剧了华族内部的矛盾，这对华族作为一个整体争取自身权益是非常不利的。

报纸政党化是在非常特殊的环境下形成的，它是多种因素综合影响的结果。维护多元种族并存局面，保持各种族和谐相处，促进国家经济发展，是大马政府今后一段时期的重要任务，因此，使传媒服务于政治经济环境，是马来西亚政府必须着手处理的问题。然而，如果过分钳制华社的声音，堵塞华人表达利益诉求的渠道，就会引起华社强烈的反对，甚至会引起华社与政府更大的矛盾，激化华社与其他种族原本就存在的矛盾，大马有可能面临又一次社会分离，这对大马来说不是一件好事。因此，正视华族的利益，适当放开传媒的言论自由，以利于华人心声的传达，舒缓他们因声音被钳制的不满心理，这样才能推进种族和解，维护国家的稳定。

参考文献：

[1]［马来西亚］冼善毅：《大马传媒制度与媒体自由》，暨南大学学士学位论文，2003年。

[2] 何华芳：《南洋报业收购战内幕》，《大马报》2001年6月6日。

[3] 林友顺：《华社为何反对马华收购行动》，《联合早报》2001年6月28日。

新加坡特殊的传媒形态

彭伟步

新加坡于1959年脱离英国殖民统治，成立自治邦，1963年加入马来亚联邦，1965年脱离马来亚联邦建国，是东南亚金融中心和港口物流中心，法制完善，经济发达，社会繁荣，人民生活富足，但由于地理环境处于东南亚中心，生活着多个种族，种族关系和国际政治关系相当敏感，政府为使新加坡能够在东南亚生存，因此出台了一系列管理传媒的法律，传媒业因此相当有特点。

一、语言环境：华人占多数的多种族国家

新加坡是一个城市国家，是东南亚的信息、物流和金融中心，但是种族构成相当复杂。新加坡华人占多数，大约占总人口的77%，其他族裔，如马来族、印度族、欧亚混血等共占23%。这种人口比例，决定了新加坡是一个由华人占主导的社会。然而，新加坡被马来西亚、印度尼西亚所围绕，国土面积大约700多平方公里（有一半是经填海而来），人口约530万，而马来西亚人口有2 800万，印度尼西亚有2亿多人，他们都信奉伊斯兰教，同属马来人种。因此新加坡是一个被马来人所包围的小岛。

新加坡独立后，完全依靠自己的力量建设国家，于是他们把世界作为市场，同时为实现各种族的沟通，把英语作为主要的媒介交流语言。这就直接造成了英文报纸盛行，中文报纸低迷的局面。

二、主流报纸：英文报纸

新加坡是一个由多种族构成的城市国家，虽然华人占多数，但是复杂的种族和地理环境以及历史渊源迫使建国者采用了英语作为官方语言，并强力推广英语，华文教育受到极大的制约。在政府的主导下，英语成为学校的媒介语言，新加坡已经没有真正意义上的华文学校。目前，新加坡英文化的程度相当高。在这样的语言环境下，英文报纸成为主流和精英报纸，政府和社会精英均在《海峡时报》刊登文章，影响新加坡的政治经济

文化等政策，而华文报纸逐渐被边缘化。

从表1、图1可见，无论是最具影响力的中文报纸《联合早报》和英文报纸《海峡时报》的日销量相比较，还是总的中文报纸与英文报纸的日销量相比较，中文报纸都与英文报纸有显著的差距，只及英文报纸50%。在新加坡各语文报纸中，《海峡时报》一天的发行量相当于三份华文报纸发行量的总和。

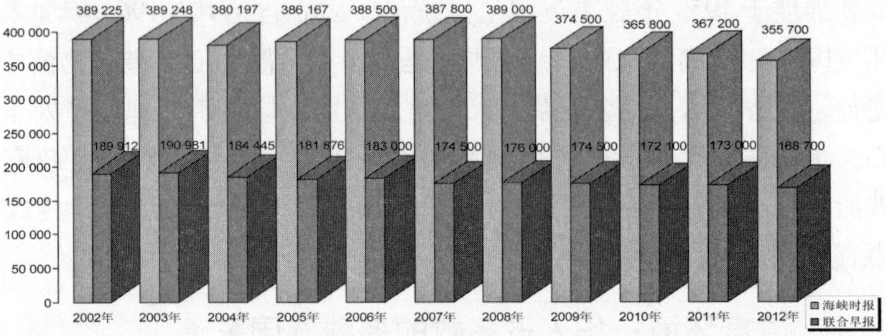

图1　新加坡英文报与华文报每日销量比较

注：《我报》（*My Paper*）在2006年6月1日创刊，是新加坡首份免费华文报。2008年1月8日，《我报》改版为华文与英文双语报。由于其华文色彩较浓，因此在统计各语文报纸销量时，将其计为华文报。

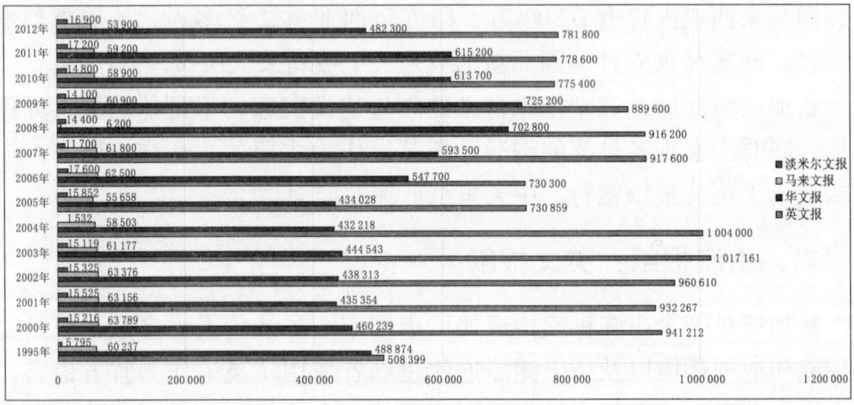

图2　新加坡各语文报纸销量总计

三、传媒自由度：有限度的新闻自由

在特殊的种族关系背景下，新加坡政府一直认为，社会整体利益重于个人的价值，有序的社会比追求个人自由更重要。因此，为求社会稳定，塑造有序社会，避免出现种族问题，政府对传媒的法律控制在政府看来就显得相当合情合理。李光耀在回击西方记者对新加坡缺乏新闻自由时表示，如果新加坡采用美国式的新闻自由标准，新加坡就不可能达到今天经济繁荣、社会稳定的目标。

在这样的治理理念下，政府首先通过法律——《报章与印刷出版法令》，把报纸公共化，接着国有化。新加坡目前有七家日报，其中有两家英文报纸（《海峡时报》和《商业时报》），三家华文报纸（《联合早报》、《联合晚报》和《新明日报》），一家马来文报（*Berita Harian*）和一家淡米尔文报（*Tamil Murasu*）。所有报纸均属于政府控股的新加坡报业控股有限公司（以下简称报业控股公司）。

与此同时，政府还不断修订法令来管理传媒，如 1972 年政府再对《不良出版物法令》进行修改，变成《新印刷出版法令》，1974 年再颁布管理报纸等出版物的重要法令——《报章与印刷出版法令》，1977、1986、1988 和 1990 年又对此法令进行四度修改，2002 年，又再次修订《报纸和印刷出版法》和《新加坡广播管理法》，以根据因特网的发展，对网络信息传播进行监管。

在政府的严格管理下，报纸无论在内容上还是在新闻报道的角度、方法上，都要考虑政府的立场和观点，与政府保持一致，带有明显的政府喉舌的性质，内容侧重政治新闻，每天都有赞成和解释政府大政方针、政策法令的社论、言论、评论等内容。

四、媒介竞争：政府主导

与西方传媒业激烈的市场竞争不同，新加坡传媒业是在一种政府主导的环境下展开适度竞争。2000 年政府曾希望报业和广播电视业之间展开竞争，决定给报业控股和新传媒集团各颁发报纸和电视出版执照，希望它们通过竞争提高报纸和电视节目的品质，然而，执照颁发后，两者之间的竞争非但没有出现政府希望看到的良性竞争，反而出现广告相互削价，集团利润大幅下滑的现象，结果造成两个集团严重亏损。报业控股公司和新传媒集团均在文告中指：自本地媒体业在 2000 年 5 月开放后，由于竞争导致电视制作和购买节目的成本都提高了。同时，竞争也导致广告费严重削价。

由于人少地寡，在政府未放开传媒竞争的情况下，垄断电视业务的新传媒集团和垄断出版业的报业控股公司由于经营互不重叠的业务，各自相安无事，赢利也颇为可观，但是政府放开传媒垄断政策之后，报业控股公司开辟电视频道——“优频道”，新传媒集团创刊英文报《今日报》，各自花费不少金钱去开拓市场，互挖对方的墙脚，以致出现严重亏损。

李光耀面对这个亏损局面指出：“竞争能促进传媒的发展，但是本地市场太小，无法容纳两个大型的新闻集团，如果这种局面继续下去，两个集团肯定还在流血。”他认为，有必要结束传媒的跨媒体竞争。

2004 年 9 月 17 日，为减少亏损，两个集团之间进行协商，达成合作协议。报业控股公司的电视业务与新传媒集团的电视业务合并，而它出版的免费英文报纸《街趣报》（*Streats*）则与新传媒集团出版的免费英文报《今日报》（*Today*）合并，结束了媒体跨媒体之间的竞争，两家又重新各自垄断报业和电视业，这从一个侧面说明新加坡传媒市场过小，无法承受激烈竞争的事实，也反映出政府无法忍受自己控股的传媒公司遭受严重损失。由此可见，新加坡有限度的竞争主要是在政府引导下，并在政府能够接受的情况下形成的，而非市场竞争所致。

新加坡人少地寡，在一个复杂的种族关系中求生存，每一届的政府都认为，严格的传媒管制是相当必要的。然而，许多人激烈反对新加坡政府实行严厉的媒体管理制度，其中一个重要的观点就是，新加坡是一个高度商业化和繁荣的社会，人们教育水平很高，政府放开传媒的限制，未必会引发狮城的社会动荡，激发种族矛盾，以致带来国家的灭亡。他们举出香港的例子，认为香港高度的新闻自由非但没有把其带入困境，反而增添了活力。然而，新加坡与香港毕竟有很大的差异，究竟新加坡是否应该放开媒介管制，以及放开媒介后是否仍然能够保持繁荣与稳定，只能留待新加坡人去思考和实践，留待历史去检验。

参考文献：

［1］郭赫男、颜春龙：《从〈联合早报〉办报理念看新加坡传媒与政府的关系》，《长江师范学院学报》2008 年第 5 期。

［2］赵靳秋：《媒介融合背景下新加坡传媒监管的制度创新与实践》，《现代传播》（中国传媒大学学报）2011 年第 6 期。

［3］王靖华：《新加坡对大众传媒的法律管制》，《东南亚纵横》2005年第2期。

［4］孙发友、李艳华：《新加坡新闻传媒控制模式透视》，《编辑之友》2005年第3期。

［5］林任君：《与西方传媒巨人的对抗——新加坡对西方媒体的反击与新加坡的媒体模式》，《前进论坛》1996年第7期。

［6］张矛矛：《新加坡青奥会新传媒集团报道分析》，《南京体育学院学报》（社会科学版）2011年第12期。

［7］金月成：《新加坡的两大传媒集团》，《新闻实践》2007年第5期。

［8］姜鹏：《新加坡的传媒管控与新媒体战略》，《青年记者》2012年第11期。

［9］林克勤：《传媒在新加坡的公众咨询与民意处理中的作用》，《新闻界》2007年第2期。

困境与坚持：非洲华文传媒的生存策略探析

罗　欣

非洲国家众多，但由于经济发展落后，一直以来，华人的数量都较少。1990年以后，中国人才开始大量进入非洲，现如今，华侨华人已遍布非洲53个国家。目前非洲的华侨华人约有55万人，90%左右为新移民，主要是来自浙江、广东和福建等地的华商。[①]在非洲，各国华人的数量有很大差异，其中南非、尼日利亚、毛里求斯的华人数量相对较多，华文传媒也聚集于此。

一、非洲华文传媒所面临的困境

（一）读者群不足，市场受到严重限制

近些年来，中国人虽大量涌入非洲，但华人族群毕竟是外来族群，占总人口数量比例很小，因此华文传媒的全部受众群基数小，发展潜力并不大。

在南非，华人数量在30万左右，占南非人口总数的1%不到，华文传媒主要是报纸，主要有三家：《南非华人报》、《华侨新闻报》以及《非洲时报》。三家报纸三足鼎立瓜分受众市场，使原有的狭小市场更加紧张。在这里，受到人口数量的限制，读者资源缺乏，华文传媒先天不足，一直以来都是名副其实的非主流媒体；另外，在一些国家，如毛里求斯，华人主要是老侨民后裔，他们中很多都已经不会汉语，更不会读华文报纸，华文传媒所遭受的现实境况更加糟糕；虽说有些华文报纸在本国发行的同时，也发行到非洲的其他国家与地区，但由于非洲落后的交通条件，一些国家地区只能通过邮寄发行报纸，这大大增加了报纸的发行成本。如此一来，华文报纸主要在小范围的华人群体中发行，发展受到严重限制。

读者数量的限制，一方面直接阻碍了报纸的发行壮大，但更直接的是使报纸的广告收入受到重挫。报纸要得以生存，关键在于其广告收入，而非洲华文传媒因为读者数量的限制，报纸并不被主流广告商看好，报纸经营收入低，难以壮大。

（二）缺乏强有力的经济支持

在非洲，华文传媒一般都是由几名华侨华人共同出资筹办。在非洲的华人，一般都是以经商为主，从事纺织、建材、商贸、旅游、饮食等。然而，华文传媒因各种原因不能自负盈亏，收入少，经济压力大。一直以来，华文传媒创办的不少，但真正存留下来的却寥寥无几，至今，非洲没有一个华语广播或者电视台。以南非为例，在南非旅居的华人，和非洲其他地区的华人一样，大部分以经商为主。然而，全球的金融危机以及南非本地经济的衰退，直接影响了他们的收入，也影响了报纸广告的投放，这对华文传媒的打击是重大的，没有华人的各种支持，华文传媒的生存受到挑战。

（三）华文传媒小范围流通

这是世界上任何一个地方的华文传媒都面临的一个问题：华文传媒受到主流媒体的挑战。在非洲，华文传媒作为非主流媒体，生存受到各国主流媒体的挑战。一方面，华文传媒要想真正融入当地，做权威的主流媒体，必然要在新闻报道上涉及更多当地的新闻，要关注当地人普遍关注的问题，而非仅仅华人社区的问题；另一方面，华人传媒往往把报道的重心放在华人社区或华人新闻上，非洲现有的华文报纸都会将一部分版面用来刊登侨乡（如福建、广东等）的新闻。以《西非统一商报》为例，目前发行覆盖尼日利亚、加纳、贝宁、多哥等国所有华侨华人聚集的城市和社区，是西非华侨华人每周必读的中文报纸。现如今，《西非统一商报》为4开报纸，有20个版面，具体包括尼日利亚新闻版、加纳综合新闻版、西非综合新闻版、新华社新闻、《新民晚报》西非版、《今晚报》西非版、读者之家版，其中新华社新闻用英语刊登，尼日利亚新闻、加纳新闻、西非综合新闻只占3个版面，其他大部分版面均由中国的新闻占据。最近一期的《西非统一商报》也报道了中国关于悍匪周克华被击毙的新闻。我们不难看出，这样的新闻构成，除非报纸发行量很大，影响力很强，否则要成为某一国的主流媒体是很难的，毕竟尼日利亚人还是会更多关注本国的新闻而不是中国的新闻。华文报纸就处在这种在华人范围中发行与期待成为主流媒体的尴尬之中。

（四）人力物力有限

在非洲，华人本来就不是很多，是新闻专业科班出身并愿意在当地媒体工作的人就更少。以南非的三家华文传媒为例，一般都是两三个记者，配上几个编辑和广告人员，这就是一家报纸的基本架构。剩下的印刷、拆报、发行工作都是由当地的雇工来负责。华文传媒的从业人员一般都是多面手，能采能写能拍，后期制作也行。总编在忙不过来时也要出去采访，即使是广告总监也与中国的普通广告人员一样，联系、接待广告客户，且报纸广告设计方面的所有工作，都要独自完成。可以说，在人力资源上，非洲华文传媒十分缺乏。另外，因资金问题而导致设备不先进也是华文传媒的一大困境。

二、华文传媒的生存与发展之路

虽说如今华文传媒的发展在非洲正处于上升期，但这些困境显然已经成为华文传媒发展的“拦路石”。非洲华文传媒要想取得长足的发展与进步，必然要寻求转变，找到新的发展突破点。

（一）要打造传播信息与服务生活的综合华文传媒

媒体最首要的功能始终是传播信息，即使在新闻传播飞速发展的今天也不例外。人们接触新闻媒介，第一目的是为了获得有用的信息，了解客观世界的变动。[②]新闻媒体如果不提供人们或者社会有用的信息，就不会受到读者的欢迎，更没有存在的必要。非洲华文传媒作为非洲华侨华人了解信息的一个重要渠道，必须提供给华侨华人足够有用的信息，包括环境的最新变动和他们所关心的社会现象。华侨华人通过华文传媒的信息传播，了解环境，有效开展与自身生存和发展有关的活动。

近些年来，非洲的新移民数量剧增，且现有华人中新移民占大多数。因此，华文传媒作为新移民最首要的信息来源，应该在关注信息传播的同时，更加注重其服务性，这是华文传媒立足华人及华人社区并长期为其服务的初衷和要求，也是华文传媒发展的奠基石。华文传媒用中文发行，其与新移民心理的贴近性和亲和力是当地主流媒体无法比拟的，华文传媒应该通过自身的信息传播，帮助新移民更快地适应周边的环境和了解周围的变动；通过服务性信息的提供，使他们更好地生活在“异国他乡”，而不会因各种信息渠道的不便捷导致生活上的困难。这种服务性在日常的报道中可以体现在很多方面：作为瞭望哨，关注华侨华人的生存环境，如社会安全，指导华侨华人在日常的生活中应怎么样维护自身的安全，遇到问题应该怎么办等这一类准则性信息的刊载；生活服务信息的导航，招工、酒店、宾馆、饮食、社会服务等，做华侨华人社区圈里信息的导航者……

（二）立足华人社区，拓展媒体视野

“立足华人社区、服务华人”，以维护华人利益为宗旨是非洲华文传媒

的基本思想。华文传媒这一办报宗旨始终是其生存之根本，脱离了这一根本，华文传媒则失去了存在的意义。华文传媒要立足华人社区，关注华侨华人信息，架起华侨华人与中国信息沟通的桥梁。然而，就非洲华文传媒而言，在中非关系不断发展的今天，华文传媒要想获得更好的发展，还应拓展自身视野，开拓媒介市场。

上文我们分析到，华文报纸在现阶段而言，大部分版面都用来刊登中国国内的信息，从政治到经济，从文化到社会，信息内容多种多样，甚至包括一些城市（非侨乡）的某一次普通交通意外等。如此的内容，也就直接决定了其读者群的构成。华文传媒读者市场狭窄，发行量小，还是其自身办报视野不够开阔导致的。

现在的华文传媒针对的读者群是华侨华人，但问题是媒体通过自己的信息刊登，强调的是华侨华人与中国的关系，而不是与居住国的关系，且不论华人后裔是否真的那么关注他们与中国的关系，时时刻刻关注着中国某城市的新闻动态。如果说华文传媒立足华人社区、维护华人利益强调的是华文传媒之于华侨华人的归属感和依赖感，那么华文传媒对华侨华人的融入感还亟待加强。华侨华人在非洲当地要想获得真正的发展，不可能只是生活在自身的华人圈内，还应融入当地的社会。华文传媒要想获得发展，就应该拓展自身的视野，更多地关注当地社会普遍所关注的问题，将自己也当作当地社会媒体中的一分子，从华人的角度关注整个社会环境动态，参与社会讨论，让华侨华人成为多元社会的一分子，并且是重要的一分子，而不是外来的单一族群。

华文传媒拓宽自身的视野，从报道内容上来说，应着力于当地新闻信息，内容上将当地社会的信息作为主要部分，加强与当地的交流，帮助在非洲的华侨华人融入当地社会，使更多的华侨华人通过华文传媒能够了解到他们所生活的环境的动态，以此指导他们的行动；从报道方式上来说，应该力求客观报道，华文传媒作为当地华侨华人参与社会的代言人，维护华人利益，更应当摒弃主观因素的影响，客观报道新闻事实，这既有利于维护华文传媒的权威性，也更有利于华侨华人在当地的发展。

（三）加强与中国政府、企业、同行的交流、学习与合作

在非洲，华侨华人一般以经商为主，经贸信息需求必不可少。现在，中国与非洲经贸关系不断发展，中非政府、企业之间的交流与合作也日渐增多，华文传媒作为华侨华人的信息指南，理应为华侨华人提供更多的经贸信息。不仅如此，华文传媒可以利用自身得天独厚的优势，加强与中国

政府、企业之间的交流与合作，架起非洲华侨华人与中国沟通的桥梁，如经贸洽谈会等，既提高自身在华人社群中的声望，又促进华侨华人在当地的发展，也有利于中国企业的发展，实现三赢。

另外，华文传媒加强与中国同行的交流与合作是十分必要的。一方面，华文传媒办报落后，同中国优秀的同行交流合作，可以学习到先进的办报经验和管理理念，有利于华文传媒的长足发展；另一方面，华文传媒通过与中国同行日常办报的交流与合作，既可解决人力不足的问题，也可以降低成本。如《西非统一商报》就有《新民晚报》西非版和《今晚报》西非版。在合作上，可以如《西非统一商报》那样，将中国报纸的非洲版置入报纸，华文传媒只负责发行，如此，华文传媒的新闻信息得以丰富，而中国媒体相对于自主发行，也可以降低发行成本；当然，媒体之间还可以互相提供新闻信息，根据各自的要求重行编辑。

（四）文化的传承与交流

华文传媒作为沟通的桥梁，理应为中非文化的交流和中国文化的传承出一份力。华文传媒要立足当地社会，传承中国文化，展示和提高华人社会的整体形象。作为华侨华人在非洲发展的直接见证者和记录者，华文传媒无疑肩负着为当地华侨华人的文化需求服务的重任。文化需求作为华侨华人族群归属感的一个重要方面，是华侨华人日常生活中不可或缺的精神食粮，华文传媒要成为中华文明的传播窗口，服务华侨华人，促进文化传承与交流。

三、总结

非洲华文传媒虽然在生存与发展中面临着重重问题，但仍然坚持这样的理念：华文传媒不会消失。虽然经营困难，但这几年来中国与非洲的交往可以说给非洲华文传媒提供了发展的新机遇，非洲华文传媒仍然有一个比较好的前景。如今，随着越来越多的国人移居非洲，以这些新移民为对象的非洲华文传媒也必然要调整自身的发展策略，适应新的华人读者，以新的姿态与面貌来继续为华侨华人服务，实现全新的发展。

在非洲国家，华文传媒作为“外来”媒体，不应将自身置于当地社会之外。事实上，任何媒体都不可能脱离它所赖以生存的社会而存在。为华人服务，不仅仅是在社会的小区域、经济的小范围、文化的亲近感上，制造出华人“小圈子”，更应帮助华人更好地融入当地的社会，服务华人生活，使华人在当地获得更好的发展。中国与非洲国家的交往与合作不断加深，华文传媒可以作为非洲华人甚至是非洲国家与国内企业、政府沟通的桥梁，在经济上、文化上甚至政治上都加强沟通与合作。华文传媒的使命感和经济效益都能得以实现，国家之间也能因此获得发展，可谓多赢。如此，华文传媒也必然能够步上发展的新台阶。

注释：

①庄国土等：《华侨华人的分布状况和发展趋势》，《侨务工作研究》2010 年第 4 期。

②李良荣：《新闻学概论》，上海：复旦大学出版社 2009 年版，第 128 页。

③彭伟步：《海外华文传媒概论》，广州：暨南大学出版社 2007 年版，第 198 页。

第六编
海外华文传媒与新媒体

媒体融合背景下海外华文传媒的开拓与创新

——以马来西亚星洲媒体集团为例

彭伟步

随着网络、手机等新媒体的迅速发展，媒体融合成为传媒业今后发展的主要趋势。媒体融合即重组媒体的架构，推动媒体改革，提高信息资源的利用效率，促成一个立体、多层次、跨媒体和全球化的传播网络。向媒体融合方面转型，已经成为媒体维系生存与发展的必然之路。

作为海外华社最具影响力的华文传媒，马来西亚星洲媒体集团旗下拥有多份华文报刊和网站，逐步建立起跨媒体和全球化的传播网络。其紧紧抓住媒体融合的发展趋势，重点发展新媒体传播领域，并根据新媒体的特点在业务上进行改革和创新，不仅继续维系了它在马来西亚和世界华文传播网络的影响力，还为读者提供了新的信息分享网络。马来西亚星洲媒体集团因应媒体融合而实现的一系列变革值得业界和学界关注。

一、星洲媒体集团现状

随着中国迅速崛起以及大量中国人移居海外，海外华文传媒呈现良好的发展势头。世界各地的华文报纸不断创刊，有些华文报纸建立起世界性的华文传媒集团，其中最为著名的是马来西亚的星洲媒体集团。该集团不仅在马来西亚拥有强大的影响力，而且与香港明报集团、南洋报业集团于2008年4月30日合并，建立起全球性、跨媒体的庞大华文传媒集团。

目前，马来西亚约有625万华人，其中87%，大约522万的华人通晓华文，其中77%，大约402万的华人是忠实的华文传媒受众，为华文传媒创造了极其厚实的受众基础。正是植根于如此庞大而又受到良好华文教育的受众群，马来西亚的华文传媒非常繁荣。该国每天发行16份日报，销量超过100万份。其中，星洲媒体集团属下的两份报纸《星洲日报》与《光明日报》则占据华文报业市场的60%以上的份额。该集团也因此成为马来西亚最大的华文传媒集团。

作为华人重要的舆论工具，星洲媒体集团以维护华人利益和华文教育为己任。经过数十年的艰苦耕耘，该集团属下的各子报均取得不错的成绩。如从 1992 年至 2007 年，《星洲日报》销量从 20 万份上升至 37 万份，读者人数大幅增加，从 68 万增加到 135 万。与其他华文报相比，它的增长幅度相当惊人。

2007 年，马来西亚华文报每天发行 100 万份，但是《星洲日报》及其子报《光明日报》每天发行量接近 50 万份。据 AC 尼尔森的调查数据，2008 年，《星洲日报》以及属下的《光明日报》读者人数约占华文报市场的 57%，目前接近 60%，占据了马来西亚华文报业的半壁江山。

为推动星洲媒体集团的全球化、数字化、跨媒体化，2004 年 3 月 8 日，《星洲日报》董事主席张晓卿拥有的“朝日报业私人有限公司”（1983 年 3 月 15 日注册成立）转为公共有限公司，并易名为“朝日报业有限公司”，同年 5 月 9 日，再易名为“星洲媒体集团”，拥有《星洲日报》、《光明日报》、《亚洲眼》、星洲互动私人有限公司、姆禄报业私人有限公司、媒体传播私人有限公司等，开始致力于跨媒体和全球化发展。

2006 年 10 月 17 日，张晓卿通过名下的益思（Ezywood Option）私人有限公司，以 6 468 万令吉（一令吉相当于 2 元人民币），从南洋报业集团控股大股东兼马华公会的华仁管理有限公司购买南洋报业集团 21.02% 的股份。之前，张晓卿名下的常青集团已经购买了南洋报业集团 23.74% 的股份。这样，张晓卿就一共拥有了 44.76% 的南洋报业集团股份，一跃成为南洋报业集团的最大股东。张晓卿由于收购南洋报业集团，因此拥有马来西亚影响力最大的四份报纸：《星洲日报》、《光明日报》、《南洋商报》、《中国报》。这四家华文报纸的销量占据了 80% 以上的马来西亚华文报业市场份额，为两家集团与香港明报集团合并做好了铺垫。

2007 年 1 月 29 日，星洲媒体集团与香港明报集团宣布合并，并邀请南洋报业集团参加。合并于 2008 年 4 月完成。之前，香港明报集团已于 1995 年被张晓卿购买，并在加拿大、美国创立分版（美国《明报》现已停刊）。《星洲日报》则于 2000 年 11 月 8 日在柬埔寨首都金边创办《柬埔寨星洲日报》，2006 年 12 月 2 日，进军印尼华文报业市场，入主印尼有 40 年历史的华文报——《印度尼西亚日报》，并将它改名为《印尼星洲日报》。三家集团合并后，意味着《星洲日报》、《南洋商报》和《明报》不仅可以实现马来西亚与香港的华文传媒资源的整合，而且开始了全球化的进程。合并后的集团名为“世界华文传媒集团”，成为海外最大的华文传媒集团，足迹遍及全世界，华人的声音因此传遍全世界。

目前，世界华文传媒集团已成为每日报纸总发行量逾100万份，有三家集团，共5 000名员工，拥有《星洲日报》、《光明日报》、《南洋商报》、《中国报》、《明报》五大报纸，超过30份中英文杂志，5个大型网站的大型跨传媒和全球化的媒体集团，不仅拓展了集团的生命线与经营领域，而且对在全球传递华人的声音，增强华文传媒的话语权，传播中华文化，促进东西方的文化交流有着重要意义。

二、星洲媒体集团应对媒体融合的强烈冲击

随着各种新媒体的快速发展，华文传媒不仅要面对海外华人数量萎缩，华族文化逐渐被融合、同化的问题，还要面对严峻的新媒体冲击。新媒体不仅对世界政治和文化产生重大影响，而且对传统的华文传媒也构成了冲击，越来越多的海外华人从手机和网络获取信息，传统的海外华文传媒不得不面临受众流失的困境。如何应政治、文化环境的变化和新媒体传播的要求，抓住媒体融合的机会，加强传媒的变革与创新，构建全球化、跨媒体的传媒网络，实现资源利用的最大化，继续发挥中华文化传承的作用，对海外华文传媒是一个严峻的挑战。

在新媒体的强劲挑战和网络传播强势介入的情况下，海外华文报纸的销量和华语电视的收视率出现了下滑的趋势。本来海外华文传媒的生存就非常不容易，新媒体的冲击使它们的生存与发展面临更大的困难：广告大量流失到华文网络中，而广告收入是传统媒体赖以运营的重要手段，也是它们的生命线。传统媒体的广告收入随着新媒体的冲击日趋下滑，从侧面反映了海外华文传媒必须转型，要从新媒体的发展浪潮中寻找新的生长点的事实。

海外华人网民、华文网站数量迅速增加，功能不断完善，使得华文传播更加快捷和自由，大大拓展了华文网络发展的空间，促成了一个全球性华文传播网络的形成，对社会舆论的形成和引导产生了重要作用。然而，华文网络的迅速发展，却在某种程度上挤压了传统海外华文传媒的生存和发展空间。日益在海外华人社会中发挥重要作用的网络以及其他新兴媒体已经在分流传统媒体广告，对海外华文传媒业造成十分深远的影响。

以马来西亚为例，由于网络的迅速发展，包括星洲媒体集团在内的华文传媒均感受到新媒体的强烈冲击。20世纪90年代开始，为了适应新的经济发展要求，马来西亚政府加速产业升级的步伐，于1991年制定了《2020年宏愿（1991—2020）》这个跨世纪发展战略，提出了“多媒体超

级走廊”思维，创建马来西亚的硅谷。“1990 年初，马来西亚开始与网际网络接轨，但是那时网际网络并未普及，直至 1992 年的网际网络注册用户仅仅只有 90 个。截至 2006 年 5 月，马来西亚的网络注册用户人数已占全国人口的 13% 至 14%，约 350 万人口。”[①]马来西亚通讯及多媒体委员会在 2005 年公布的《家庭互联网应用状况调查结果（2005）》报告显示，“马来西亚网络最大用户使用群体年龄介于 15 至 34 岁，且这群体中的大多数用户的教育水平都是高中以上”[②]。很明显，网络使用者的年轻化已经是一种趋势，而年青一代习惯于从网络获取信息，自然对传统媒体的生存与发展构成威胁。

由于有“多媒体超级走廊‘不审查制度’”的庇护，“当今大马”（Malaysiakini. com）作为网络媒体，不受印刷机与出版法令管制，无须申请出版许可证，因此新闻采编的空间与自主性相当大。“当今大马”是影响力相当大的网站，每天的浏览次数在 30 万次以上。作为马来西亚最大的华文传媒集团，面对受众年轻化的趋势，星洲媒体集团深深感受到新媒体的冲击。

星洲媒体集团在马来西亚的华文报业的市场占有率已经达到了 60% 以上，市场已经接近饱和，再难有很大的突破，从当前的华文教育、读者市场的现实状况来看，发展并不乐观，相反，它面临新媒体的挑战。手机、网络、移动电视等，都对其冲击强烈。

广告是维持星洲媒体集团运营和赢利之本，但是由于新媒体的发展，使其集约性和规模化的发展方向不得不作出变革。鉴于传媒产业的发展规律及媒体的运作特点，星洲媒体集团认识到单一依靠传统媒体传播信息已经不能满足甚至不符合现时期及未来的传播要求，传媒产业化和跨行业化的变革已经势在必行，从而作出了重点发展跨媒体的发展战略。

为适应新媒体的发展趋势，星洲媒体集团不断在新媒体领域进行开拓创新，充分利用新科技，以全球化的视野、网络传播的跨媒体化的新观念，找准传媒产业发展的突破口，在经营管理理念上实现突破，创新传播思想，开拓新的财源，在传媒产业跨媒体化的道路上实现产业的集约化和规模化。如与马来西亚电信合作，不仅通过手机传递新闻，而且在 3G 手机上开播星洲媒体视频新闻等。星洲媒体集团多年的开拓和积极进取，在今天取得了显著成就。

三、星洲媒体集团媒体融合的成效与创新

为迎接网络、手机等新媒体的挑战，跟上信息时代的步伐，并在以网

络为代表的传媒竞争中寻找新的增长点，星洲媒体集团于1995年10月18日建立“星洲日报”网站，开始为网络读者提供网络服务。该网开通后不久就取得了非常好的成效，之后发展十分迅猛。“2006年12月底，用户浏览量每月达到了200万人次，平均每天超过60万人次。读者既有马来西亚读者，也有来自中国大陆、中国香港、中国台湾及世界其他地区的读者。”

2006年12月底，以《星洲日报》为基础建立的星洲互动网实现财务平衡，开始进入赢利期，以《星洲日报》为旗舰报的星洲媒体集团的赢利收入更加可观，突破了6亿令吉，相当于12亿人民币。在一个远离中国，而且华人人口只占马来西亚总人口的25%，华人为非主流族群的国家中取得这样的成绩实属难得。

面对新技术日新月异的发展趋势，为推进手机报纸的发展，星洲媒体集团依托该集团丰富的信息资源，把发展重点投向此领域，为读者提供即时的个人服务，从而迈出了向手机报纸发展的步伐。用户每月只要缴纳一定的费用，就可以获得星洲媒体集团的新闻、财经、股市和其他投资信息。这些即时新闻为华人第一时间了解时事和股市行情提供了极大的便利，也为星洲媒体集团创造了丰厚的利润。更重要的是，该集团因此在华文信息的服务和消费市场方面占据了很高的份额。如2004年该集团新设手机电话和短信服务后，读者如想第一时间获悉独家新闻，既可以拨电话给报社，也可以向集团定购短信。电话每分钟收费0.15令吉，而短信则一条0.2令吉。此外，除了为读者提供内容服务外，星洲媒体集团也利用网络平台，通过媒体网站提供网络咨询服务，以扩大收入渠道。除此之外，集团还创办了其他服务网站：600铃声网、易购网和商业特区网，用华语和英语为网民提供广泛及多样化的手机短信服务，包括铃声下载、万字开彩结果、足球比赛成绩、即时SMS新闻及多媒体信息。

为顺应传播全球化的大趋势，星洲媒体集团的各个服务网站与数家来自中国大陆、中国香港、中国台湾、新加坡及其他国家和地区的知名国际媒体密切合作，合作的范围包括内容创造、内容开发和网络科技，以充分利用新科技的特点，发挥星洲媒体内容资源的优势，开展多项业务服务，实现集团运营收入的增长。

此外，为打造网络华文电视台，2008年2月25日星洲媒体集团董事主席张晓卿创办“常青台”（网络华文电视台），不仅面向马来西亚华人，而且面向全球华人。常青台负责人洪松坚表示，常青台的服务对象是全球华人，报道重点将会聚焦在马来西亚华人社会的问题及国家的重大课题上，以便让马来西亚华人及全球华人了解马来西亚华社及马来西亚的情况。他说：“在此次（2008 年）大选中，我们将会把采访重点放在华人选区，尤其是槟城、霹雳州近打谷、雪兰莪及吉隆坡，为世界华人了解马来西亚大选提供窗口，促进他们对马来西亚华人的了解。”这样，星洲媒体集团不仅牢牢控制了马来西亚的华文报业市场，而且在新媒体领域也走在其他传媒的前面，推动了星洲媒体集团的全球化传播，为世界华人了解马来西亚华人创造了条件；不仅扩大了星洲媒体集团在海外华人社会的影响，而且对维护该国华人的权益，缔造一个公平、公正、各种族和睦共处的政治、文化和经济环境作出了重要贡献。

星洲媒体集团为迎接新媒体的挑战，主动应变，积极向新媒体方向发展，根据新媒体的传播规律，重组集团，建立起符合新媒体运作规律的公司实体，从而在开拓新媒体市场中取得了良好回报。星洲媒体集团致力于新媒体领域的开拓与创新，一方面说明传统的海外华文传媒只有顺应新媒体的发展要求，紧紧抓住新传播技术，利用新媒体传播信息，才能在日见萎缩的传统华文传媒受众群中获得新的生长点和增长点，也才能继续为海外华人服务；另一方面也说明，传统海外华文传媒要想扩大话语权，更好地服务华人，实现传播全球化，促进全球华人信息的共享，传播中华文化，维系族群认同，就必须借助新媒体的全球传播特点，满足新生代对网络资讯的需求，从而更好地维护华人的权益，促进当地主流社会对华人的理解，推动中华文化的传播，实现中华文化与其他文化的交流。

四、星洲媒体集团全媒体融合的经验与启迪

星洲媒体集团利用专业化的编采队伍和迅速及时的信息传播优势，积极向新媒体领域拓展，其所取得的显著成效，以及因应新媒体传播规律而推出的信息创新服务，为其他海外华文传媒的发展提供了诸多启示。

网络传播迅速、及时、快捷，而且海量传播。随着电信技术的发展，网站成本也日益下降，这为大量华文网站的涌现与发展提供了机会。许多华文网站利用网络传播的各种有利条件，不仅为海外华人提供当地有针对性的服务信息，还向世界各地的华人提供信息，推动了海外华文传媒的全球化传播。如星洲媒体集团在坚持独家报道内容的同时，也着手完成网络的更新改造，策划创设新的网络媒体，在网上传播了海量信息和大量独家新闻，是迄今为止人们了解马来西亚华人社会、东南亚华人，以及东南亚各国与中国关系的权威网络资料来源渠道。它逐渐建立了跨媒体传播的综

合性平台，集报纸、电视、手机、网络于一体，打造出适应新时代、新受众需求的媒体航母。

星洲媒体集团的发展历程表明，新媒体不断涌现不仅有力地推动了海外华文传媒朝网络化、综合化和全球化的方向发展，而且将极大地促进海外华文传媒业的发展，有助于它们开拓新的受众群，扩大服务的范围，增强影响力，促进中华文化在海外的传播，帮助当地主流社会了解华人社会，减少误解，增进理解。

媒体融合虽然对海外华文传媒形成了强烈冲击，但也为其提供了新的发展机遇。从星洲媒体集团的发展经验来看，其利用马来西亚厚实的受众群，紧紧抓住新媒体迅速发展的契机，在数字信息的传播方面不断开拓，建立相关网站，发布各种消息，由此获得了更多的广告，如电脑、手机、照相机、汽车、房地产等，给集团带来了丰厚利润。此外，该集团充分利用媒体融合的契机，在世界各地开拓市场，弘扬中华文化，实现全球性传播，既扩大了星洲媒体集团的影响，也推动了海外华人对马来西亚华人社会的了解，促成了一个全球性的传播网络。

海外华文传媒在海外通常都是作为少数族群传媒而存在，因此只有站在维护族群利益的角度，反映华人的诉求，才能获得海外华人的支持与拥护，才能增强舆论影响力。星洲媒体集团之所以在马来西亚拥有强大影响力，与其专注于维护华人权益，致力于媒体融合和变革，传播中华文化，实现全球化传播有密切关系。

作为马来西亚最大的华文传媒集团，星洲媒体集团得益于该国华人将近两百年对华文教育的坚守与耕耘，从中获得庞大的受众群。在满足马来西亚华人社会的基础上，星洲媒体集团把视角转向世界，以文化传播为理念，以维护华人权益为己任，不仅继续在马来西亚增强影响力，而且在海外华人中开拓新的发展空间，把视野放到全球华人社会上，特别关注中国移民的动向，并以他们作为新的传播对象，从而取得了卓越成就。星洲媒体集团今天的辉煌与成功，说明只要海外华文传媒努力变革，顺应时代发展潮流，就能拓展生存和发展的空间，就会收获丰硕果实。星洲媒体集团在媒体融合方面所取得的成就，其开阔的视野、博大的文化胸襟以及卓越的传媒管理，值得中国传媒和海外华文传媒借鉴。

注释：

①《马来西亚发展状况》，http：//www.cmc.gov.my/facts _ figures/stats/

index. asp。

②马来西亚通讯与多媒体委员会统计小组：《主要统计：使用者教育水平统计》（Main Findings：Educations level of users），《家庭互联网应用状况调查结果（2005）》。转引自郭倚幸：《马来西亚网络中文新闻媒体突破政府管制之研究》，暨南大学学士学位论文，2006 年。

参考文献：

［1］彭伟步：《星洲日报研究》，上海：复旦大学出版社 2008 年版。

［2］《汤本：看待问题视野要广　中文报章应放眼世界》，《星洲日报》2004 年 11 月 10 日。

［3］《张晓卿：与印尼华社迎全球化挑战，共同找回文化记忆》，《印尼星洲日报》2007 年 1 月 17 日。

［4］《刘鉴铨：整合资源共享平台　三集团合并发挥协同效益》，《星洲日报》2007 年 2 月 6 日。

［5］李慎之：《华人世界需要世界性华文报体制》，《星洲日报》2001 年 6 月 11 日。

全媒体时代海外华文传媒发展探析：一个 PEST 分析的方法

焦何结

互联网技术日新月异，移动通信技术也是突飞猛进，各种传媒形态异彩纷呈，传统意义上单一形态的媒体迎来了全媒体时代。传统媒体的生存环境在全媒体时代发生了巨大的变化。海外华文传媒是我国传媒在海外的延伸，作为传媒行业中一种特殊的存在，其担负着塑造良好国家形象、促进我国与所在国的沟通交流、维系中华民族的精神血脉等重要使命。因此在全媒体时代，把握海外华文传媒生存大环境的变化，分析其面临的挑战和存在的机遇，寻求其生存发展新天地具有重要的意义。

一、全媒体时代海外华文传媒生存环境分析

由于海外华文传媒的传媒形态多样，而不同的形态又具有不同的传播特点，因此本文不就其生存的微观环境作详细概述，而只从大处着眼，用 PEST 分析法就海外华文传媒当前的宏观生存环境作大致分析。

PEST 分析是指宏观环境的分析，P 是政治（Political System），E 是经济（Economic），S 是社会（Social），T 是技术（Technological）。在分析一个组织所处的背景的时候，通常是通过这四个因素来分析其所面临的状况，并提出相应的对策。从总体上把握海外华文传媒的宏观环境，并评价这些因素对海外华文传媒的战略目标和战略制定的影响，能使我们对全媒体时代中海外华文报纸的发展方向有一个更为明晰的部署。

（一）政治环境（Political Factors）

海外华文传媒作为中国媒体在海外的延伸，一方面肩负着塑造良好的中国形象，提升我国在国际上的影响力的重要使命；另一方面还要关注所在国华侨华人的生存发展状况，维护海外中华同胞的权利，同时要以负责任的形象在所在国发展壮大，关心当地的发展建设，促进国与国之间的友好关系。因此，中国本土的政治环境和所在国的政治环境同时对海外华文传媒起着影响作用。所在国对中国的态度是友好还是排斥，两国的交往关

系如何都直接影响着海外华文传媒在当地的生存状况。所在国政府所提倡的文化策略是强势地推介本国文化，大力同化各民族，还是提倡文化的多元化，以一种兼容并包的态度接纳外来移民的文化，这些都对海外华文传媒的生存发展有不可忽视的作用。

全媒体时代可说是在经济全球化浪潮的推动中产生的，随着各国间经济交往的不断深入，各国政治之间的相互影响力也不断增强，可谓“牵一发而动全身”。全媒体时代，信息的传递突破时间和空间的限制，跨越国界，其传播速度之快和影响范围之广前所未有，因此媒体对政治环境波动或变化的感知力更加敏锐。全媒体时代，借助发达的信息技术和多样的传播形态，海外华文传媒能以更快的速度和更积极的姿态对国家大事作出反应。

（二）经济环境（Economic Factors）

2007年由美国次贷危机引发的金融风暴席卷全球，世界范围内很多国家和地区身受重创，经济不断萎靡。经济的发展好坏又直接影响着媒体生存，伴随着经济危机而来的是媒体广告收入的不断缩减，发行量的大幅下滑，虽然少数媒体逆流而上，在严峻的经济形势下发行量还有小幅度的上升，但并不能改变经济不景气对整个传媒行业造成的重创。特别是海外华文传媒在这种情况下更是举步维艰。由于受众数量少，且结构复杂多样，分布不集中，所以海外华文传媒的经营一向艰难，在这种打击下多数海外华文传媒更是难以突破重围。而中国的力量在此次经济危机中受到世界瞩目，有行业人士认为“中国国运兴，中华文明受到尊重，全球汉学兴，汉语热，华文传媒也随之兴盛”[①]。在全媒体环境下，海外华文传媒可以通过传媒变革，利用多种传播形态在“中国因素”的推动下有所作为，不断地开拓新的受众群体，寻找新的赢利模式，借祖国经济发展的“春风”强大自身。

（三）社会文化环境（Sociocultural Factors）

海外华文传媒作为一种相对特殊的媒体存在，所处的社会文化环境十分复杂。首先，由于海外华文传媒的读者基本上是所在国的华侨华人，而各个国家和地区的华侨华人数量参差不齐，且各自的背景复杂多样，所关注的焦点也不一样，这就增加了海外华文传媒准确定位读者的难度。其次，在海外侨居多年的华侨华人后代受当地文化的影响很大，对华文的掌握程度也更低，甚至第二三代侨居者已经无法掌握华文，对中华民族的文化形成了一种不易穿透的隔阂，这就对海外华文传媒的影响力造成了很大的威胁。此外，各国的宗教信仰状况也在不同程度上影响海外华文传媒的发展。海外华文传媒为赢得受众将会受到宗教潜移默化的影响，从而带上明显的宗教痕迹。在全媒体时代，如何对信息进行整合，通过不同的信息渠道将信息传递给具有不同特点的受众群，在尊重文化多样性的前提下如何更好地传承中华文化也是海外华文传媒所应考虑的问题。

（四）技术环境（Technological Factors）

在全媒体时代，传统媒体单一的传播形态在与多媒体传播形态的对比中相形见绌。数字技术和网络技术的迅速发展，对产业结构的变革起了巨大的推动作用。新时代传媒经济的发展和兴盛是以技术创新为基础的，而传媒经济的不断发展又反过来推动技术的革新。对新媒体的强势冲击，传统媒体应采取积极的态度，寻求相互间的合作，通过媒介融合寻求出路。传统媒体和新兴媒体可以相辅相成，共谱海外华文传媒的发展新篇章。

二、海外华文传媒在全媒体时代的发展新策略

上文分析了海外华文传媒在全媒体时代所处的宏观环境，接下来笔者将结合案例从经营意识转变、内容整合、渠道拓展、服务提升四个方面简要概述华文传媒在全媒体时代的发展新策略。

（一）经营意识转变

在全媒体时代，传媒行业的核心词有两个：一是合作，一是创新。各种传播媒体形态在视同行为对手的同时，更应该将对方看成合作者，发现彼此的优势和劣势，实现优势互补。特别是对于处在所在国主流媒体之外的海外华文传媒更应该在行业间寻求合作。海外华文传媒一方面可以积极主动地加强与所在国主流媒体的合作，借助对方广泛的影响力来提升自己，同时也能促进两国关系的友好发展；另一方面，不同的海外华文传媒传播形态之间也可以找到互补的地方，传统媒体借助新媒体的平台，新媒体分享传统媒体的内容资源，共同打造强势的海外华文传媒传播体系。

意识是行动的先导，意识观念转变了，才能站在更高的位置把握整个传媒行业的大局，从而结合自身的特点开拓自身发展的新天地。关于这一点，“凤凰卫视总裁刘长乐认为，华文传媒决胜于‘全媒体时代’，应该在观念上、意识上有全媒体的概念，在组织结构上做到全媒体化，实现内容资源和传播通道的全媒体化，最后才是呈现出来全媒体化形态的产品”②。

走在传媒革命前沿的凤凰新媒体已经拥有综合门户凤凰网、手机凤凰网和凤凰视频三大平台。

在全媒体时代，只有认识到了传播环境的变化，采取主动的态度迎接传媒新时代的到来，才能在激烈的竞争中谋得一席生存之地。传媒行业的经营如逆水行舟，不进则退。

（二）内容整合

全媒体时代，各种新的信息技术为受众提供了前所未有的多感官享受，但“内容为王”的经营理念仍然是很多媒体不断发展的不二法门。网络爆炸，受众跌入了信息的海洋，一方面受众有无限的信息资源，另一方面，五花八门的信息带来的信息压力不容小觑，受众被各种信息淹没，寻求有用信息的难度不断增大。不同的媒体形态有自身的独特之处，传统的纸媒以深度报道见长，而网络媒体以自身的实时性可以对正在发生的新闻事件进行全天候的滚动报道，各有千秋。在全媒体时代如何整合信息内容，为受众提供完整、高效、精准的信息就成为媒体需要探寻的方向。全媒体时代，传统意义上被动的受众日益变成主动的信息发布者、传播者、搜索者，网络方便快捷和低门槛的特性为受众把握信息的主动权提供了可能，受众在此意义上更应该被称为“信息消费者”，是媒体服务的对象和必须争取的目标。

由于海外华文传媒的服务对象多是移居国外的华侨华人，埋藏在他们内心深处的民族特性决定了祖国、家乡始终是他们的牵挂。在事件发生后，如何以最快的速度和最适合的形式为这些信息消费者提供信息服务，就成了海外华文传媒赢得关注和忠诚度的努力方向。纸媒可以对网络上关注度高的议题进行深度报道，利用纸媒可以方便读者深度思考这一特点来引导舆论的方向。同时，网络媒体也可以对报纸上的议题搜集受众的意见，利用自身互动性强的特点疏导舆论，找出意见的风向标。

相对于老一代的华侨华人，年轻的中华民族后裔已经在不同程度上受到侨居国文化的同化，对中华大地的亲近性已没有祖辈那么强烈，而且年青一代对于信息的获取方式和老一辈也有很大区别。在这种情况下，海外华文传媒应积极探索这些年轻的信息消费者对中华民族的什么信息感兴趣，同时也应借助网络等新兴媒体使中华文化呈现出丰富多彩的内容形式，吸引他们的注意力，培养年轻华侨华人对于祖国的热爱，加固若隐若现的民族情感纽带。网络的出现为传播中华文化提供了新方式，也为热爱中华文化者提供了不受时空限制的便利条件。例如，华东师范大学设立的汉语学习网界面清新脱俗，以传统的中国元素做点缀，彰显中国传统文化的源远流长。该网站以英语、韩语、日语三种语言为元语言，并有懂外语的老师为学员提供在线服务，对远离中国的汉语爱好者来说是一个很好的学习平台。如果不是处于网络时代，这种跨地域的在线学习方法是无法想象的。

（三）渠道拓展

全媒体时代，受众接收信息的渠道变得多元化，在传统的纸媒、电视台、电台之外，电脑、车载广播和手机等成为新兴的信息接收终端。与传统的信息接收方式相比，电脑、手机这些新的信息渠道最大的特点就是将信息的主动权交到受众手上，为信息消费者提供了不受时空限制的信息服务。同时，在生活节奏飞快的现代社会，平板电脑、手机等携带方便的信息终端还适时地填补了受众的碎片化时间，满足了受众随时随地了解社会动态的需求。在这种时代背景下，不同的媒体传播形态应积极寻求合作，通过合作将自身的优势发挥到极致，在成就合作方的同时也提升了自己的影响力。2011 年 9 月在重庆举办的第六届世界华文传媒论坛上，很多业内人士都达成共识——“合则多赢”，打造海外华文传媒的“命运共同体”。后危机时代，经济疲软，接着是全媒体兴盛这股浪潮，全世界的华文传媒积聚了突破传统的变革力量。“更多媒体人加快走上新媒体发展和多媒体融合的道路。习惯纸墨的老编们，换上了鼠标键盘；拿着笔的手，开始操作相机和摄像机；一份报纸的容量，通过网络报、手机报被无限放大。”③

“报网融合”为传统报纸的发展注入了新的活力，手机报、报纸网络版的推出不仅增加了报纸的知名度，而且带动了纸质版报纸的销售量。同时，网络电视的出现也解决了电视新闻易逝问题，给了受众回放的机会，通过信息渠道的拓展，赢得了更广泛的受众。此外，网络新闻的可评论功能为信息接收者提供反馈和相互之间的交流开辟了渠道，可以使媒体更好地把握舆论的走向和受众的关注焦点，随机应变地作出反应，增强自身的公信力和影响力。

（四）服务提升

早在 2001 年首届世界华文传媒论坛上，凤凰卫视资讯台总编辑兼首席评论员阮次山曾说：“面对新世纪的挑战，我认为没有永恒的报纸，也没有永恒的电子媒体，只有永恒的读者（受众）。”④海外华文传媒和其他所有的媒体一样，在遵守行业道德的前提下都是以受众的需求为目的，旨在扩展更大的受众群体。受众的支持和信任是媒体生存的根本。

在全媒体时代，海外华文传媒如何在新的传播环境下更好地满足受众的信息需求，是媒体求得发展必须关注的议题。如果说主流媒体的受众群体是大众，那么海外华文传媒的受众群体就是“小众”，伴随全媒体时代而来的是受众群体的进一步细化，受众需要个性化的信息服务。特别是随着博客、微博等自媒体的产生，信息消费已经进入了“定制化”服务时代。全媒体时代，一切的传媒变革都是为了满足丰富多样的终端需求，给信息消费者提供更优质的信息服务。网络媒体可以通过用户的搜索记录来判断用户的个人特点，从而通过多种渠道（如电子邮箱、手机短信等）向用户推介他可能感兴趣的信息。由于海外华文传媒的受众背景复杂，来自不同地域或者具有不同社会文化背景的人可能会侧重于不同的信息。华文传媒可以根据这些受众的不同特点，将其分为几个小群体，再将所有的信息分为几个板块，与划分的几个受众小群体一一对应。科学技术是生产力，可以推动一个时代的发展，怎样利用科技来发展传媒行业，为信息消费者提供更个性化、更贴心的服务是媒体需要不断探索的。

三、海外华文传媒迎接时代挑战的意义

海外华文传媒对其所扮演的角色和所处的重要地位早已达成了共识，那么在全媒体时代，海外华文传媒准确把握传播环境的变化，不断变革以求自身发展又具有怎样的意义呢？

首先，对受众而言，远离祖国侨居海外的华侨华人可以变被动为主动，通过多样化的终端搜索自己想了解的信息，不会再因为时空的限制而中断和祖国的联系。多种传播形态可以为受众提供更方便快捷的信息，让其快速地掌握与祖国有关的信息，在满足其信息需求的同时也满足了其感情需求。其次，对海外华文传媒自身而言，在全媒体时代，不断突破传统束缚，引发自身变革，这就顺应了时代潮流，拓宽了狭窄的生存空间，开辟了一片发展新天地。再次，对整个华文传媒行业而言，在全媒体时代，各媒体为寻求发展，积极寻求彼此间的合作，这样可以优势互补，携手共赢，有助于形成良性竞争的行业环境，共同努力建设和谐侨社。最后，对我们的祖国而言，全媒体时代海外华文传媒间的积极合作有助于建立强大的海外华文传播体系，从而有利于华文传媒争夺国际话语权，在国际性事件中有力地表明我国的立场，维护国家利益。

注释：

①郭招金：《全球化浪潮中海外华文传媒的定位与角色》，http：//www. fcm. chinanews. com. cn/2001－09－16/2/139. html。

②张冬冬：《华媒十年之变革篇：华文传媒决胜于“全媒体时代”》，http：//www. chinanews. com/hr/2011/09－11/3320734. shtml。

③魏晞：《后危机时代“合则多赢” 华媒打造“命运共同体”》，http：//www. chinanews. com/hr/2011/09－13/3321974. shtml。

④邢利宇：《阮次山：建立全球华文传媒协作网络》，http：//www. fcm. chinanews. com. cn/2001－09－18/2/266. html。

参考文献：

［1］郭招金：《全球化浪潮中海外华文传媒的定位与角色》，http：//www. fcm. chinanews. com. cn/2001－09－16/2/139. html。

［2］王菲：《媒介大融合》，广州：南方日报出版社 2007 年版。

［3］张冬冬：《华媒十年之变革篇：华文传媒决胜于“全媒体时代”》，http：//www. chinanews. com/hr/2011/09－11/3320734. shtml。

［4］魏晞：《后危机时代“合则多赢” 华媒打造“命运共同体”》，http：//www. chinanews. com/hr/2011/09－13/3321974. shtml。

［5］邢利宇：《阮次山：建立全球华文传媒协作网络》，http：//www. fcm. chinanews. com. cn/2001－09－18/2/266. html。

海外华文报纸新传媒发展策略

冯　琼

海外华文报纸应海外华人的精神需求和信息需求发展，伴随着时间的推移，经历了一个较为漫长的发展阶段。在遭受新媒体的冲击之下，海外华文报纸积极应对，迎接挑战，但未来海外华文报纸如何继续发展，面对发展机遇该如何走出正确的路子，这是迫切需要解决的问题。

一、海外华文报纸呈现的发展特点

海外华文传媒是伴随着华人、华文应运而生的。理论上解释海外华文传媒是：在中国大陆、香港、台湾、澳门之外，以汉语为主要传播方式的大众传播媒介。近几年来，海外华文报纸在持续平稳的发展过程中呈现出以下三大特点：

（一）移民催生新受众群，华文报业集团化

中国社科院在2010年发布了《全球化政治与安全》报告，其中显示中国已经成为世界上最大的移民输出国。中国海外侨胞数量的急剧增长不仅在全球范围内掀起了一番“华语热”的高潮，而且带动了海外华文传媒的快速发展。目前，海外开办的中文学校和学习汉语的人数都在增加，意大利已有百余所中小学开设了初级汉语课程，还有一些高中把汉语纳入正式的教学大纲，汉语课的课时等同于甚至超过了英语课时。报考汉语专业的学生也逐年递增，以罗马大学为例，从2008年到2012年的这4年间，学习汉语的学生人数超过了此前20余年学生人数的总和。[①]目前中国已经在96个国家和地区建立了322所孔子学院和369个孔子学堂。专家预测，到2013年底全球学汉语的人数将达1.5亿。汉语越来越受到重视，学习汉语的受众越来越多，这也为当地的华文传媒输送了新的受众群。

海外华文报纸发展至今已经将近200年，据不完全统计，海外共有52个国家和地区发展华文报刊，累计总数达到400多种，正在出版的印刷物有500多种，其中日报多达100多家，期刊180多家，各类刊物230多种[②]，可见海外华文报纸仍有发展的空间。特别是东南亚华文报业集团化

趋势明显加强，马来西亚星洲媒体集团、南洋报业集团、香港明报集团合并组成明报集团，同时在香港和马来西亚上市，成为海外华文出版业的巨头。

（二）逐渐融入主流社会，引导社会舆论

海外华文报纸很长一段时间内在不同的社会环境中生存，难与本地的主流媒体相抗衡，华文报纸只有逐渐融入当地主流媒体才不至于被边缘化。意大利一家华文报纸关于吴邦国访意的一篇社论标题中写道“吴邦国委员长访意带去中国热……”这篇社论并非转载，标题的“去”字使读者产生了距离感，意大利的报纸报道吴邦国委员长到访，应是“来”而非“去”。旅意华文报纸新闻标题很多时候刻意强调“意大利”或“意大利某地”，在报道中国大陆新闻时，却大多采用“我国”，可见华文报纸并没有把自身立场置于主流社会当中。这样不仅损害华文报纸在主流媒体中的地位和形象，更不利于发挥媒体的影响力。

海外华文报纸想要在一朝一夕内占据主导地位，把华文思想和信息灌输到异域的主流文化中是十分艰难的，特别是在异域主流文化盛行，东西方文化存在根深蒂固的差异性以及西方人对华人存有曲解的情况下，但是近几年来海外华文报纸逐渐融入主流媒体，融入主流社会，对真实的社会现状进行全面、翔实、客观的报道。《欧洲时报》和法国本地著名的期刊《巴黎竞赛周刊》合作，出版以中国为主题、法文为主的《巴黎竞赛周刊·中国周刊》，受到了法国等主流社会的欢迎。在《巴黎竞赛周刊·中国周刊》的成功先例之后，法国最大的传媒集团阿谢特与中国新闻社合作，出版季刊《深度中国》，主要内容是介绍中国的经济发展，为国际社会了解中国提供了良好的渠道。

海外华文报纸作为海外华侨华人精神的依托，承担着维护华人利益的责任。如纽约中餐馆“芥蓝鼠”事件：纽约“新福建”餐馆出售芥蓝鸡肉，一位顾客认为所购买的鸡肉形似老鼠，就向美国 CW11 电视台投诉。电视台记者未加查证便进行渲染和煽情式报道，在华人提出抗议后，又找了一个所谓的“专家”说了倾向性极强的含糊判断。这一事件，对当事餐馆乃至许多中餐馆都带来了严重的负面效应，引起华人和华人社团的愤怒与抗议。当时，美国《侨报》作为华文报纸积极予以澄清，呼吁美国媒体客观公正，并用媒体的声音牢牢把华侨华人的力量集中在一起坚决抵抗。[③]又如在“3·14”中国西藏打砸抢烧事件发生之后，CNN 网站发表了一张图片，把反映暴徒投掷石块攻击军车的部分裁剪掉，而仅显示军车在路上行驶，前面有人在奔跑的图像。西方舆论在西藏问题上的立场遭到了海外华文报纸坚决批评，法国《欧洲时报》和新加坡《联合早报》分别发表文章，对一些西方舆论在西藏问题上的立场予以批评。可见，在新的国际舆论格局中，华文传媒逐渐成为一支独特的舆论导向力量，争取主流话语权，引导社会正面舆论。

（三）传播大陆资讯，社会地位提高

海外华文报纸一直担负着文化传承、促进华人与当地人沟通的重要作用。随着求学经商的群体逐渐增多，他们对来自国内的信息也就更加期盼。华文报纸能够为这些群体提供有效的资讯、政策、财经、投资等服务。2012 年 7 月伦敦奥运会举办期间，由中国新闻社、欧洲时报社联合推出《奥运快报》创刊号，以奥运会为主要报道对象，开辟《奥运快报》、《奥运语录》、《华人故事》等多个栏目，对奥运会进行全方位报道，以丰富的内容服务全球华侨华人，并且通过图片、视频等传播形式在第一时间发布比赛新闻，以华文的形式呈现给华侨华人和当地欧洲居民，把中国的美好形象展现在全球观众或读者面前，海外华文报纸的社会地位逐渐受到重视，社会地位也明显提高了。

二、新媒体对海外华文报纸的冲击

海外华文报纸在新媒体愈演愈烈的分众、碎片化的格局中遭到了前所未有的发展瓶颈。新媒体对于华文报纸来说，带来的是资源、市场、受众等多方面的冲击。

首先是受众的分流。网络时代和移动互联网的诞生，使得媒体格局发生了变化，受众把注意力从传统媒体中分流向及时更新、内容海量的网络。美国皮尤研究中心“卓越新闻计划”美国新闻业年度报告官网发布了“2012 年新闻媒体状况报告”，报告中显示美国人已经完全走入数字时代。美国有超过 3/4 的成年人拥有一台手提电脑或者台式电脑，除此之外，有 44% 的美国人拥有一台智能手机；18% 的人成为平板电脑的所有者，而这个数字在 2011 年夏天时仅达到 11%。人们使用这些设备的一个重要功能就是浏览新闻，51% 左右的智能手机拥有者使用手机获取新闻，56% 的平板电脑拥有者也是这样做。将近 1/4 的美国人，大约占人口的 23%，现在主要依靠多重数码设备获取新闻。新闻网站有了最大幅度的增长，而印刷媒体的受众则出现了持续下降的趋势，较之于前一年下降了 5% 左右。④因受到社会同化、当地华人出生率、当地华人向外移民等因素的制约，固守华文报纸的受众数量原本就不多，新媒体的受众分流对海外华文报纸无疑是雪上加霜。目前欧洲大多数国家的网民总数已经占到欧洲总人口的50%以上，而年青一代大都从网络上摄取信息而非报纸。

其次是广告商的分流。由于海外华文报纸所获得的信息来源有限，很多报纸都以周报的方式免费发行，广告固然是重要的经济来源之一。除了直接刊登发布广告外，还以短文、采访、专题等形式间接宣传收取广告费，或者与国内有关部门合作商谈，刊登投资环境、招商专案等专版广告，因此海外华文报纸的赢利来源主要依靠广告，但仅依靠广告很难保证经营收入。比如新西兰报业，以大量广告为主配以少量的阅读信息，勉强支持报业的生存，在新媒体瓜分市场的情况下，报业只能压低广告价格抢夺市场，结果就是报纸报道的内容很少、很空洞。

新媒体能够带来受众和广告商分流的原因主要是它本身所具备的传播方式和内容形态的优势。从传播方式来讲，新媒体可以使每个人都成为大众传播的传播者，任何人在任何时候任何地点都可以进行传播，突破了传统主流媒体的话语权壁垒。从内容形态上看，新媒体传播的内容更“小众化”，把社区中的信息“碎片化”、“分众化”，掌握不同受众的喜好精准投放。新媒体本身所具有的这些优势，让广告商们嗅到了商机，新媒体的受众多了，广告产品的目标消费群集中了，他们愿意把对华文报纸的注意力投入到新媒体领域中。

尽管海外华文报纸积极应对新技术带来的冲击，但有些报业集团仍然顶不住经济发展带来的“严冬”，如澳大利亚的《自立快报》创办了8年，受到了资源分割因素的影响最终宣布停刊；墨尔本的华文报刊大多采用了免费发放的方式。面对这场新媒体带来的风暴，该如何真正迎接挑战，应对困境，这是传统海外华文报纸最艰巨的任务。

三、海外华文报纸的应对策略

报业与新媒体并不完全排斥，而是具有互补性。从2009年的数据来看，91%的日本人依然喜欢读报纸，其千人中报纸拥有量高达612份；在经济发达的北欧国家中，瑞典、丹麦、挪威与芬兰的报纸千人中拥有量分别高达575、485、576和482份，这些发达国家对报纸的忠实阅读稳住了全球报业大局。北欧的丹麦、芬兰、挪威、瑞典四国的传统报纸在国民成人中的每日阅读率平均高达80%。这其中，瑞典成人每日读报率高达83%，世界排名第三；挪威为82%，排名第四；芬兰为79%，排名第七；

丹麦为73.8%，排名第十。[5]这表明，在新媒体特别发达的时代，报纸和新媒体可以共同繁荣。在遭受新媒体的冲击之后，海外华文报纸以积极的心态迎接挑战，融入新媒体、新格局中，并且取得了良好的成效。海外华文报纸的应对策略可以从以下三个角度来分析：

（一）以华人受众为本位的报网联合

以华人受众为本位，即以华人为中心，把受众作为传播的出发点和归宿，根据受众的兴趣、需求确定传播内容及其形式。新媒体时代下，互联网成为海外华侨华人传播、交流信息最好的平台，华文报纸成为海外聚居者维系族群、社区最好的工具，有着强大的凝聚力。海外华侨华人通过不受空间束缚的传播技术，建立和维护族群的共同意识，在虚拟的华文网络媒体上寻找自身文化的本土化，从而使他们在所在国依然享有传播中华民族文化和保持中华民族文化身份的文化空间。因此，华人受众从海外华文网络中摄取内容，同时也是传播中华文化的特殊使者。

报网联合的核心是报社作为媒体和受众的互动中心，作为信息的聚合者，即信息的聚合、互动平台。目前，众多的社会议程设置往往是通过网络先发起，网络和报纸既是内容的提供平台，又是信息聚合平台。在这个信息平台上，以华人为中心，最大程度地维护并满足受众获取信息的需要，是海外华文报网联合的意义所在。

在网络媒体的席卷下，《联合日报》是最早上网的一份报纸，于1995年8月开设了“联合日报网”。《联合日报》是新加坡华人社区中最受欢迎的报纸之一，在新加坡读者人数达到了七八十万，主导了新加坡华文报业市场。“联合日报网”是《联合日报》的第一个“副产品”，通过网络这个媒介突破地域的限制，分销网络限制，每天不间断地将《联合早报》的优质新闻和评论带给全球近百万名网友；及时更新《联合日报》上的新闻、评论，用年青一代的语言和年轻人进行交流，用年轻人关心的话题吸引他们的眼球，满足了“内容为王”时代受众对“内容”的期盼和要求。报网联合的推广方式突破了新加坡华人读者数量的限制，把读者市场扩大到包括北美、日本、中国在内的全球华文读者群，《联合日报》在短短两年的时间内就一跃成为具有国际影响力的世界级华文报。

除此之外，美国的《星岛日报》开办了“星岛环球网”，《世界日报》开设了“世界日报网”，一时间周报也都推出网络版，并以主报的形式进行网络发行。网络电子版的华文信息传播速度快，覆盖范围广，内容丰富，使得海外华文报纸拥有了信息的主动权，打破了传统媒体“被动”、信息传输单一化的议程设置。互给互补的报网联合方式对华文传媒读者而言是多元化的选择，对报业集团本身而言是双赢的渠道。

（二）跨媒介多资源整合

在媒介融合的大趋势下，资源的有效整合是海外华文报纸冲出重围的途径之一，跨媒介合作不仅能让华文传媒优势互补，让人才、管理、资产等优化配置，还能迅速提升媒介集团的品牌竞争力和无形资产，形成规模经济，增强市场竞争力。部分媒体集团加速内部的多资源整合，向全球化方向发展。

加拿大《环球华报》在温哥华和多伦多两地同时发行，是加拿大第一份由中国大陆新移民创办的全国性华文报纸。《环球华报》推出了自主独立开发的海外华文传媒第一份数字化报纸，实现了跨媒体的多元出版，并创立了“环球华网”，网站点击量迅速跃居同类网站领先地位。它每周通过网络发送精选《环球 e 周刊》，推出 3G 版手机报。经过 10 年的发展，《环球华报》已经成为集报纸、网络、专刊为一体的媒体集团——环球华媒集团，建立了政治新闻、财经新闻等中心。除此之外，印度尼西亚的《国际日报》与中国的《人民日报·海外版》、香港的《文汇报》和《香港商报》等多家媒体合作发行；欧洲较有规模的报纸则以本体为中心，在欧洲其他国家内发行地方版，实现全球华媒资源的有效整合。

全球性、跨媒体的华文传媒集团——马来西亚星洲媒体（该媒体集团经过合并现包括南洋报业集团、星洲媒体集团、明报集团），是海外华文传媒最具影响力的媒体集团，承担着传播社会信息的责任，报道所在国信息、华人社区信息以及全球范围内的最受关注的信息。星洲媒体集团着眼于世界，在金边创办《柬埔寨星洲日报》，在巴布亚新几内亚创办《国民日报》（英文），并和常青集团旗下的姐妹报刊，包括香港《明报》、纽约《明报》、洛杉矶《明报》等联合，是一个全球化的海外华文传媒集团。2012 年 2 月 3 日，马来西亚《星洲日报》举行“星洲媒体社交网络推介礼”活动，表示星洲媒体推出《星洲日报》官方电子书、“星洲日报新浪微博”、“星洲伴我行新浪 X 微博”及“星洲伴我行”iPad 应用程式，从新平台出发与网民互动，实现传播运作服务多元化。星洲媒体主动与新媒体融合，促进与读者的互动和信息传播，架设新的桥梁，加强中马两国人民交流，为中马合作关系深入发展作出新的贡献。[⑥]

在全球范围内的资源整合，有利于把华媒资源集中在一起，尽可能全面覆盖，即使华人再少的地方也都能够阅读到华文信息。这对华媒而言，是新的机遇，也是新的平台。

（三）出版内容复合型的华文报纸

以纽约的《世界日报》为例，由于新媒体的迅速发展，这个已成功立足30余年的华文报纸也感受到了新媒体的强烈冲击。

为了适应新的发展要求，纽约《世界日报》在内容上把握“三种语言”和“在地化”的策略。《世界日报》的“三种语言”包括：“英语”，即报道美国时政经济资讯；“中文”，即报道港、澳、台和大陆的消息；“方言”，也就是《世界日报》社长张汉升提到的“在地化”，即“只有报道好华人在美国安身立命这块地方的当地新闻和资讯，让他们翻开报纸有所得，这样的报纸才能真正‘不可代替’”。《世界日报》的“三种语言”中，“在地化”的投入是最大的，仅纽约社区新闻就需要十几位记者来回奔忙，张汉升说道：“近十年来，纽约的华人比过去人数翻了不止一倍，新移民和老侨们来自家乡不同地方，但不管他们来自哪里，生活、消费、教育、移民政策、福利政策，这些与华人读者最切身相关的当地新闻，就是华文读者共通的最大交集。”⑦在《世界日报》作出一定成绩之后，美国政治人物都将《世界日报》视为接触华人选民的捷径。奥巴马当选美国总统后，接受的第一家华文传媒专访就是《世界日报》。

在2008年中国遭受汶川地震时期，《世界日报》进行版面调整，从第一版到第十二版包括大陆版新闻全部刊登汶川地震的灾情，开设了一个专门的赈灾账户，呼吁所有华人伸出援手，并且报道国家领导人在第一时间赶赴现场指挥救灾，让海外华人看到了一个真实、开放的中国，对祖国有更深的理解。《世界日报》还联合网络，开发网络电子版不断充实当地资讯，在主流社会中声音越来越大，牢牢稳固了其在主流社会的地位。

四、海外华文报纸发展建议

从海外华文报纸目前在全球的发展情况来看，其受到各方挤压比较严重，特别是在受众群逐年流失的情况下，华文报纸的发展更是举步维艰，笔者根据现实环境和发展趋势，提出以下几点建议：

（一）建立报业的立体式营销网络

媒介融合所带来的结果是，媒介与媒介之间的界限将会变得模糊，单一形态、单一经营的媒介将会被现实所淘汰。海外华文报纸可以充分利用海外市场的优势，向与传媒相关的产业方向拓展，实现多元化经营，如利用跨媒介的优势进行平面广告与网络在线广告的捆绑销售，实现赢利；发展报业平台的衍生品，建立起一个立体式的营销模式、内容模式和赢利模式。

（二）培养华文报纸的精英人才

人才资源是媒体资源中最难能可贵的，也是媒体运作过程中的重中之重。新闻队伍要求的人才精英是能够担当起社会责任的精英，也是公正、客观并且具有媒介素养的精英。华文报纸所需要的人才是能够传达社会声音，撰写出有创意、有内涵、有思想的消息和评论的人才，培养这方面的人才可为华文报纸储备资源。

（三）提升国际话语权

加拿大《大华育报》社长马在新说过："加强国际话语权是围绕主导权的一种较量，说到底，主导权的获得与经济实力的强大与否有直接的关系"，"海外华文传媒要加强国际话语权，在新闻报道中首先应该准确地把握海外受众的需求，有的放矢地做报道，选择文章"。[⑧]笔者认为，只有提升国际话语权，华文报纸才有真正的社会意义，让自己立于常青之地，真正发挥新闻媒体喉舌的功能，这也是社会发展的必然产物。

海外华文报纸发展至今，虽仍存在着不足与缺憾，但就其发展总体而言是欣欣向荣的。面对新媒体的冲击，海外华文报纸能够沉着应对，迎接挑战，开创媒体战略新格局，这是一个全新的高度。今后的华文报纸怎么发展，请大家拭目以待。

注释：

①文铮：《意大利汉语引起的思考》，《对外传播》2012 年第 7 期，第 58～60 页。

②郭招金：《全球化浪潮中的海外华文传媒的定位与角色》，《侨园》2001 年第 6 期，第 6～7 页。

③乔妍：《纽约中餐馆遭遇抹黑报道》，《人民日报·海外版》2007 年 2 月 9 日，第 6 版。

④皮尤研究中心：《2012 年美国新闻媒体状况报告》，2012 年 4 月 11 日。

⑤王积龙：《新媒体时代世界报业市场的发展变局》，《中国报业》2011 年第 1 期，第 69～72 页。

⑥柴玺：《星洲媒体促进大马与中国人民的交流》，中新网，2012 年 2 月 3 日，http：//www.chinanews.com/hr/2012/02－03/3644415.shtml。

⑦刘晓静：《纽约〈世界日报〉社长张汉升：我们的“三种语言”》，搜狐网，2009 年 9 月 3 日，http：//news. sohu. com/20090903/n266423522. shtml。

⑧马在新：《海外华人媒体更应争取国际话语权》，中新网，2009 年 9 月 8 日，http：//www. chinanews. com/kong/news/2009/09 -08/1856441. shtml。

参考文献：

［1］彭伟步：《海外华文传媒概论》，广州：暨南大学出版社 2007 年版。

［2］夏春平：《世界华文传媒年鉴 2005》，北京：人民出版社 2005 年版。

［3］裴永刚：《海外华文传媒态势分析》，《当代传播》2005 年第 2 期，第 32 ~33 页。

［4］郭招金：《全球化浪潮中的海外华文传媒的定位与角色》，《侨园》2001 年第 6 期，第 6 ~7 页。

［5］彭伟步：《媒体融合背景下海外华文媒体的开拓与创新——以马来西亚星洲媒体集团为例》，《东南亚纵横》2010 年第 10 期，第 25 ~29 页。

后记

我从1997年开始从事海外华文传媒的研究，只是一次因缘巧合的谈话。1997年我读研究生时，暨南大学东南亚研究所所长曹云华教授在与我交流时，提起暨南大学作为一所侨校，华人历史、社团、教育均有多人研究，唯独传媒研究却少人问津的现象，鼓励我从新闻传播学的视角去研究华侨华人的问题，当时给了我很大启示，从此开始了对华文传媒的关注。曹云华教授是我研究华文传媒的引路人，迄今我很感谢他的指点。

刚开始研究华文传媒时，我感觉很痛苦。一是因为国内很少有人从事这方面的研究，不知如何下手。当时从事这方面研究的均是新马学者，如王慷鼎、崔贵强、卓南生等老先生。因为国内少人做，所以逼得自己闯出一条新路。二是华文传媒的史料较为缺乏，因此唯有辛苦一点，到图书馆阅读东南亚的华文报纸，做书签，写笔记，工作很琐碎，很折磨人。我不是很聪明，但有一点聊以自慰的是，比较勤奋，能坐得住冷板凳，有一种不到彼岸不罢休的精神。一两年下来，慢慢地，我熟悉了东南亚华文报纸的历史、现状、问题等情况后，就开始进行学术思索，在《东南亚研究》上面发文章，直至2005年完成著作《东南亚华文报纸研究》。该书出版后引起马来西亚星洲传媒集团总编辑萧依钊的注意。我受其邀请赴马访问，自始有机会到国外访问，进一步增长了对华侨华人的认识，推动了我对华文传媒的研究，视野扩展到全球的华文传媒，并努力与民族学进行交叉研究，陆续发表了一些论文，出版了四部著作。

说起过去的经历，主要的目的一是感谢他人的帮助，如曹云华教授的指点、程曼丽先生的提携、蒋述卓先生的关爱。二是发一些感慨，觉得做一件事情不容易，需要多年积累和勤奋劳作。一分耕耘，一分收获，学术研究容不得虚华，踏踏实实做好学术积累，才能打下良好的基础。现在暨南大学把华侨华人列为重点发展的特色学科，为我提供了更多机会。我也希望更多人参与到华文传媒的研究当中，从事侨情舆情、华人族群等问题的研究，共同把这一领域做深做强。

《海外华文传媒的多维审视》是一本集体完成的著作，是多人劳动的结果，得到暨南大学新闻与传播学院领导与老师的关心和指导。支庭荣常务副院长、张晋升副院长非常支持书稿出版，并给予经费支持。暨南大学华侨华人研究院陈奕平主任对此书提出了宝贵的修改意见。其他同事也非常关心书稿的出版事宜。我的研究生王昊、周津晶、罗欣、王娜君、陈祥华、焦何结、冯琼、郭冀、赵萍、李贺参与了此书的撰稿工作。此外，还要感谢暨南大学出版社史学英、陈绪泉编辑等人的辛勤劳动。

此书是教育部人文社科重大攻关课题“华侨华人在国家软实力建设中的作用研究”（项目批准号：10JZD0049）子课题“海外华文传媒在建设国家软实力中的作用研究”的阶段性成果，也是广东省人文社会科学重点研究基地——暨南大学海外华文文学与华语传媒研究中心的研究性成果。由于多人参与，写作风格有所不同，质量参差不齐，存在很多不足之处，恳请各位学者和读者提出批评意见。

彭伟步

2013 年 5 月 3 日